今注本二十四史

宋書

梁 沈約 撰

朱紹侯 主持校注

中國社會科學出版社

一四 傳〔七〕

宋書　卷八三

列傳第四十三

宗越　吳喜　黃回

　　宗越，南陽葉人也。[1]本河南人，[2]晋亂，徙南陽宛縣，[3]又土斷屬葉。[4]本爲南陽次門，[5]安北將軍趙倫之鎮襄陽，[6]襄陽多雜姓，倫之使長史范覬之條次氏族，[7]辨其高卑，覬之點越爲役門。[8]

　　[1]南陽：郡名。治所在今河南南陽市。　葉：縣名。治所在今河南葉縣西南。

　　[2]河南：郡名。治所在今河南洛陽市東北。

　　[3]宛縣：治所在今河南南陽市。

　　[4]土斷：東晋南朝爲整頓户籍，廢除僑置郡縣，使北方南下的僑户就地編入所在郡縣的一種措施。

　　[5]次門：二流門閥。

　　[6]安北將軍：官名。爲四安將軍之一，多與兼理軍務的刺史，權任很重。三品。　趙倫之：人名。下邳僮（今安徽泗縣東北僮城）人。本書卷四六有傳。　襄陽：縣名。治所在今湖北襄陽市襄

城區，時爲雍州和襄陽郡治所。

[7]長史：官名。諸公、諸將軍、丞相府皆置，爲幕僚長。品秩隨府主各不同。　范覬之：人名。其事不詳。

[8]點：《建康實録》作"黜"，中華本作"點"，皆通，未知孰是。　役門：猶役户，指尋常百姓家。因當時凡屬士族均有免役特權，而門第低下的庶族則不能。

出身補郡吏。父爲蠻所殺，殺其父者嘗出郡，越於市中刺殺之，太守夏侯穆嘉其意，[1]擢爲隊主。[2]蠻有爲寇盜者，常使越討伐，往輒有功。家貧無以市馬，常刀楯步出，單身挺戰，衆莫能當。每一捷，郡將輒賞錢五千，因此得市馬。後被召，出州爲隊主。[3]世祖鎮襄陽，以爲揚武將軍，領臺隊。[4]元嘉二十四年，[5]啓太祖求復次門，移户屬冠軍縣，[6]許之。二十七年，隨柳元景北伐，[7]領馬幢，隸柳元怙，有戰功，事在《元景傳》。[8]還補後軍參軍督護，[9]隨王誕戲之曰：[10]"汝何人，遂得我府四字。"越答曰："佛貍未死，[11]不憂不得諮議參軍。"[12]誕大笑。

[1]夏侯穆：人名。其事不詳。

[2]隊主：官名。軍事編制隊一級主將，上屬軍主。所指揮的兵力無定員，自數十人至數百人不等。

[3]出州：由郡至州。

[4]世祖：宋孝武帝劉駿廟號。按：劉駿時任寧蠻校尉、雍州刺史。　揚武將軍：官名。五武將軍之一。四品。　臺隊：官署内的軍隊。此指劉駿的親兵衞隊。

[5]元嘉：宋文帝劉義隆年號（424—453）。

[6]冠軍：縣名。治所在今河南鄧州市西北。

[7]柳元景：人名。字孝仁，河東解（今山西臨猗縣）人。本書卷七七有傳。

[8]馬幢：馬隊。幢在南北朝與隊相近，主要用於儀衛，必要時也參加作戰。　柳元怙：人名。柳元景堂兄，曾任梁州刺史。本書卷七七有附傳。

[9]後軍參軍督護：官名。即後軍將軍府參軍督護。參軍督護，三公府、諸王府、持節都督府及將軍開府皆置，不領營兵，地位較低。

[10]隨王：王爵名。王國在今湖北隨州市。　誕：人名。即劉誕。宋文帝第六子。本書卷七九有傳。

[11]佛貍：人名。爲北魏太武帝拓跋燾的小字。《魏書》卷四有紀。

[12]諮議參軍：官名。王府、丞相府、公府、州軍府皆有置者。其位甚尊，在列曹參軍上。州所置者常帶大郡太守，且有越次行府州事者。

隨元景伐西陽蠻，[1]因值建義，[2]轉南中郎長兼行參軍，[3]新亭有戰功。[4]世祖即位，以爲江夏王義恭大司馬行參軍，[5]濟陽太守，[6]尋加龍驤將軍。[7]臧質、魯爽反，[8]越率軍據歷陽。[9]爽遣將軍鄭德玄前據大峴，[10]德玄分遣偏師楊胡興、劉蜀馬步三千，[11]進攻歷陽。越以步騎五百於城西十餘里拒戰，大破斬胡興、蜀等。爽平，又率所領進梁山拒質，[12]質敗走，越戰功居多。因追奔至江陵。[13]時荊州刺史朱脩之未至，[14]越多所誅戮，又逼略南郡王義宣子女，[15]坐免官繫尚方。[16]尋被宥，復本官，追論前功，封築陽縣子，[17]食邑四百戶。遷西陽王子尚撫軍中兵參軍，[18] 將軍如故。大明三年，[19] 轉長水校尉。[20]

[1]西陽：郡名。治所在今湖北黃岡市黃州區。時境內多散布蠻族群落，不時反叛。

[2]建義：舉義。此指劉駿發兵征討弒父自立的元凶劉劭。

[3]南中郎長兼行參軍：官名。即南中郎將府長兼行參軍。時劉駿任南中郎將、江州刺史。長兼，官制用語。指長期兼任某職。秩位低於正員。行參軍，公府、將軍府、州府置，不署曹，無固定職掌。品階低於列曹參軍。

[4]新亭：地名。在今江蘇南京市南，依山臨江，為軍事和交通要地。劉駿的軍隊在此擊敗劉劭。

[5]江夏王：王爵名。王國在今湖北武漢市武昌區。 義恭：人名。即劉義恭。宋武帝劉裕第五子。本書卷六一有傳。

[6]濟陽：郡名。僑置於今江蘇鎮江、無錫二市間。

[7]龍驤將軍：官名。將軍名號。三品。

[8]臧質：人名。東莞莒（今山東莒縣）人。本書卷七四有傳。 魯爽：人名。扶風郿（今陝西眉縣）人。本書卷七四有傳。

[9]歷陽：縣名。治所在今安徽和縣歷陽鎮。

[10]鄭德玄：人名。本為滎陽民眾，元嘉二十七年宋軍北伐時起義響應到坦之。其事見本書卷七二《南平穆王鑠傳》。 大峴：城名。在今安徽含山縣東北。

[11]遣：各本並脫，中華本據《元龜》卷三五一補，今從之。
楊胡興：人名。其事多不詳。按：本書卷八八《薛安都傳》作"楊胡興"，《通鑑》作"楊胡興"。中華本作"楊胡興"，從之。
劉蜀：人名。其事不詳。

[12]梁山：山名。即今安徽和縣南長江西岸的西梁山。

[13]江陵：縣名。治所在今湖北荊州市荊州區。

[14]荆州：治所在今湖北荆州市荆州區。　朱脩之：人名。義陽平氏（今河南桐柏縣）人。本書卷七六有傳。

[15]南郡王：王爵名。王國在今湖北荆州市荆州區紀南城。義宣：人名。即劉義宣。宋武帝劉裕第六子。本書卷六八有傳。

[16]尚方：官署名。掌役使工徒，製造御用刀劍器用，同時監押犯罪的貴族和高級官員。

[17]築陽縣子：子爵名。封邑在今湖北穀城縣北。縣子，子爵名。亦稱開國縣子，食邑爲縣，位在開國伯下。二品。

[18]西陽王：王爵名。王國在今湖北黃岡市黃州區。　子尚：人名。即劉子尚。宋孝武帝劉駿第二子。本書卷八〇有傳。　撫軍中兵參軍：官名。即撫軍將軍府中兵參軍。中兵參軍，諸公、軍府僚屬之一，掌本府中兵曹事務，率本府親兵。其品位隨府主高低不等。

[19]大明：宋孝武帝劉駿年號（457—464）。

[20]長水校尉：官名。西漢武帝始置，爲北軍八校尉之一。後或廢或置。南朝復置，爲侍衛武官，不領兵，以安置勳舊。四品。

竟陵王誕據廣陵反，[1]越領馬軍隸沈慶之攻誕。[2]及城陷，世祖使悉殺城內男丁。越受旨行誅，躬臨其事，莫不先加捶撻，或有鞭其面者，欣欣然若有所得，所殺凡數千人。四年，改封始安縣子，[3]戶邑如先。八年，遷新安王子鸞撫軍中兵參軍，[4]加輔國將軍。[5]其年，督司州豫州之汝南新蔡汝陽潁川四郡諸軍事、寧朔將軍、司州刺史，[6]尋領汝南、新蔡二郡太守。

[1]竟陵王：王爵名。王國在今湖北鍾祥市。　廣陵：縣名。治所在今江蘇揚州市西北蜀崗上。

[2]沈慶之：人名。吳興武康（今浙江德清縣）人。本書卷七

七有傳。

　　[3]始安：縣名。治所在今廣西桂林市。

　　[4]新安王：王爵名。王國在今浙江淳安縣西北。　子鸞：人名。即劉子鸞。宋孝武帝劉駿第八子。本書卷八〇有傳。

　　[5]輔國將軍：官名。將軍名號。三品。

　　[6]督諸軍事：官名。某地區軍政長官，位在都督或監某州諸軍事下，權勢甚重。　司州：宋元嘉中僑置，治所在今河南汝南縣。宋明帝時移治今河南信陽市。　豫州：治所在今安徽壽縣。汝南：郡名。治所在今河南汝南縣。　新蔡：郡名。治所在今河南新蔡縣。宋明帝時僑置於今河南固始縣。　汝陽：郡名。治所在今河南商水縣西北。　潁川：郡名。治所在今河南許昌市東。　寧朔將軍：官名。將軍名號。四品。

　　前廢帝景和元年，[1]召爲游擊將軍，直閣。[2]頃之，領南濟陰太守，[3]進爵爲侯，增邑二百户。又加冠軍將軍，[4]改領南東海太守，[5]游擊如故。帝凶暴無道，而越及譚金、童太壹並爲之用命，誅戮群公及何邁等，[6]莫不盡心竭力。故帝憑其爪牙，無所忌憚。賜與越等美女金帛，充牣其家。越等武人，粗强，識不及遠，咸一往意氣，[7]皆無復二心。帝將欲南巡，明旦便發，其夕悉聽越等出外宿，太宗因此定亂。[8]明晨，越等並入，上撫接甚厚，越改領南濟陰太守，本官如故。

　　[1]前廢帝：即宋孝武帝長子劉子業。本書卷七有紀。　景和：宋前廢帝劉子業年號（465）。

　　[2]游擊將軍：官名。禁軍將領，掌宮衛之任，隸中領軍。四品。　直閣：官名。爲皇帝左右侍衛之官，地位顯要。

〔3〕南濟陰：郡名。僑置，治所在今江蘇鎮江市一帶。

〔4〕冠軍將軍：官名。將軍名號。三品。

〔5〕南東海：郡名。治所在今江蘇鎮江市京口區。

〔6〕何邁：人名。廬江灊（今安徽霍山縣）人，前廢帝何皇后兄弟，娶宋文帝之女新蔡公主，以貴戚居顯官。後因廢帝私納公主入宮，懷疑何邁怨恨，而將其誅殺。本書卷四一有附傳。

〔7〕咸：《南史》作“感”，中華本作“咸”，今從之。

〔8〕太宗：宋明帝劉彧廟號。

越等既爲廢帝盡力，慮太宗不能容之，上接待雖厚，内並懷懼。上亦不欲使其居中，從容謂之曰：“卿等遭罹暴朝，勤勞日久，[1]苦樂宜更，應得自養之地。兵馬大郡，隨卿等所擇。”越等素已自疑，及聞此旨，皆相顧失色，因謀作難。以告沈攸之，[2]攸之具白太宗，即日收越等下獄死。越時年五十八。

〔1〕久：各本並作“夕”，中華本據《南史》改，今從之。

〔2〕沈攸之：人名。吳興武康人。本書卷七四有傳。

越善立營陣，每數萬人止頓，越自騎馬前行，使軍人隨其後，馬止營合，未嘗參差。及沈攸之代殷孝祖爲南討前鋒，[1]時孝祖新死，衆並懼，攸之嘆曰：“宗公可惜，故有勝人處。”而御衆嚴酷，好行刑誅，睚眥之間，動用軍法。時王玄謨御下亦少恩，[2]將士爲之語曰：“寧作五年徒，不逐王玄謨。玄謨尚可，宗越殺我。”

〔1〕殷孝祖：人名。陳郡長平（今河南西華縣）人。本書卷八

六有傳。

[2]王玄謨：人名。太原祁（今山西祁縣）人。本書卷七六有傳。

　　譚金，荒中傖人也。[1]在荒中時，與薛安都有舊，[2]後出新野，[3]居牛門村。及安都歸國，金常隨征討。自北入崤陝，[4]及巴口建義，[5]恒副安都，排堅陷陣，氣力兼人。平元凶及梁山破臧質，[6]每有戰功。稍至建平王宏中軍參軍事，[7]加建武將軍，[8]尋轉龍驤將軍、南下邳太守，[9]參軍如故。孝建三年，遷屯騎校尉、直閣，領南清河太守。[10]景和元年，前廢帝誅群公，金等並爲之用。帝下詔曰：“屯騎校尉南清河太守譚金、強弩將軍童太壹、車騎中兵參軍沈攸之，[11]誠略沈果，忠幹勇鷙，消蕩氛翳，首制鯨凶，宜裂河山，以酬勳義。[12]金可封平都縣男，[13]太壹宜陽縣男，[14]攸之東興縣男，[15]食邑各三百戶。”金遷驍騎將軍，[16]增邑百戶。太壹，東莞人也。[17]自強弩遷左軍將軍，[18]增邑百戶。金、太壹並與宗越俱死。

[1]荒中：地區名。本義荒遠邊地。此特指雍司秦三州交界的蠻族聚居地。　傖人：時南人對北人的蔑稱。

[2]薛安都：人名。河東汾陰（今山西萬榮縣）人。本書卷八八有傳。

[3]新野：郡名。治所在今河南新野縣。

[4]崤陝：地區名。指今河南西部崤山陝縣一帶。宋文帝元嘉二十七年薛安都曾隨柳元景北伐關陝。

[5]巴口：地名。在今湖北黃岡市黃州區東南，即巴河入長江

之口。時薛安都隨柳元景伐五水蠻，轉而由此參加劉駿討伐元凶劉劭之戰，順江下攻建康。

[6]元凶：即劉劭。宋文帝劉義隆長子。本書卷九九有傳。

[7]建平王：王爵名。王國在今重慶巫山縣。　宏：人名。即劉宏。宋文帝第七子。本書卷七二有傳。　中軍參軍事：官名。即中軍將軍府參軍。

[8]建武將軍：官名。五武將軍之一。四品。

[9]南下邳：郡名。僑置於今江蘇鎮江市一帶。

[10]孝建：宋孝武帝劉駿年號（454—456）。　屯騎校尉：官名。西漢武帝始置，爲北軍八校尉之一。後或置或省。南朝復置，爲皇帝侍衛武官，不領營兵，隸中領軍。四品。　南清河：郡名。治所僑置於今江蘇常州市。

[11]強弩將軍：官名。西漢武帝始置，後沿之。宋前期掌宿衛皇帝，明帝以後成爲將軍名號，以軍功得之，無復員限。五品。車騎中兵參軍：官名。即車騎將軍府中兵參軍。時豫章王劉子尚任車騎將軍。

[12]沈（chén）果：沉著果斷。　勇鷙：如鷹一樣勇猛。氛翳：陰霾之氣。　鯨凶：像鯨魚一樣的大凶之人。

[13]平都縣男：男爵名。封邑在今江西安福縣。縣男，即開國縣男，位在開國子下。食邑爲縣，爵前冠以縣名。二品。

[14]宜陽縣男：男爵名。封邑在今江西宜春市。

[15]東興縣男：男爵名。封邑在今江西黎川縣東北。

[16]驍騎將軍：官名。兩漢置爲雜號將軍，魏晉以後爲親軍將領，是護衛皇宮的主要將領之一。四品。

[17]東莞：郡名。治所在今山東莒縣。

[18]左軍將軍：官名。四軍將軍之一，掌宿衛，領營兵千人。四品。宋明帝後多以軍功得官，成爲侍衛武職，不領營兵。

越州里劉胡、武念、佼長生、蔡那、曹欣之，並以將帥顯。劉胡事在《鄧琬傳》。

武念，新野人也。本三五門，[1]出身郡將。蕭思話爲雍州，[2]遣土人龐道符統六門田，[3]念爲道符隨身隊主。後大府以念有健名，[4]且家富有馬，召出爲將。世祖臨雍州，念領隊奉迎。時沔中蠻反，世祖之鎮，緣道討伐，部伍至大堤巖洲，蠻數千人忽至，乘高矢射雨下。[5]念馳赴奮擊，應時摧退，即擢爲參軍督護。其後每軍旅，常有戰功。世祖孝建中，爲建威將軍、桂陽太守。[6]竟陵王誕反，念以江夏王義恭太宰參軍、龍驤將軍，[7]隸沈慶之攻廣陵城。誕出城走，既而復還，念追之不及，坐免官。復以爲冗從僕射，出爲龍驤將軍、南陽太守。[8]前廢帝景和中，爲右軍將軍，[9]直閣，封開國縣男，食邑三百戶。太宗初即位，四方反叛，遣念乘驛還雍州，[10]綏慰西土，因以爲南陽太守。念既至，人情並向之，劉胡遣腹心數騎詐詣念降，於坐縛念，袁顗斬之，[11]送首詣晋安王子勛。[12]念黨袁處珍逃亡至壽陽，[13]爲逆黨劉順所得，[14]考楚備至，秉義不移。後得叛奔劉勔，[15]太宗嘉之，以爲奉朝請。[16]追贈念冠軍將軍、南陽新野二郡太守，封綏安縣侯，[17]食邑四百戶。泰始四年，[18]綏安縣省，改封邵陵縣。[19]

[1]三五門：晋時部分地區實行三丁抽二、五丁抽三的兵役制度，南北朝時因稱必須服役的人家爲“三五門”。

[2]蕭思話：人名。南蘭陵（今江蘇常州市武進區）人。本書卷七八有傳。

[3]龐道符：人名。其事不詳。　六門田：田地名。襄陽有水利工程六門堰，原爲西漢召信臣主持修建，西晉杜預又加修治，可灌漑良田數千頃。即指此田。

[4]大府：泛指上級官府。

[5]沔中蠻：今湖北西北部漢水流域的蠻族。沔，沔水，即漢江及其上源，時屬雍州刺史部。　大堤：城名。在今湖北宜城市。巖洲：確址待考。

[6]建威將軍：官名。五威將軍之一。四品。　桂陽：郡名。治所在今湖南郴州市。

[7]太宰參軍：官名。即太宰府參軍。

[8]冗從僕射：官名。東漢以宦官任之，掌皇宮宿衛。魏晉後因其名改用士人，南朝屬中領軍。五品。

[9]右軍將軍：官名。四軍將軍之一，掌宿衛，爲護衛皇帝的主要禁軍將領。四品。宋明帝後漸成爲侍衛武職。

[10]雍州：治所在今湖北襄陽市襄城區。

[11]袁顗：人名。陳郡陽夏人。本書卷八四有傳。

[12]晉安王：王爵名。王國在今福建福州市。　子勛：人名。即劉子勛。宋孝武帝第三子。本書卷八〇有傳。

[13]袁處珍：人名。其事不詳。　壽陽：縣名。治所在今安徽壽縣。

[14]劉順：人名。曾爲殿中將軍，又任豫州刺史殷琰司馬，力勸殷琰反叛宋明帝，並親率馬步八千於宛唐與臺軍作戰。後兵敗歸順宋明帝。其事見本書卷八七《殷琰傳》。按：《南齊書》卷二六作“劉從”，蓋避梁諱而改。

[15]劉勔：人名。彭城人。本書卷八六有傳。

[16]奉朝請：官名。魏晉後成爲加官名號，用以安置閑散官員。

[17]綏安縣侯：侯爵名。侯國在今江蘇宜興市西南。

[18]泰始：宋明帝劉彧年號（465—471）。

[19]邵陵：縣名。治所在今湖南邵陽縣。

佽長生，廣平人也。[1]出身爲縣將，大府以其有膂力，召爲府將。朱脩之拒魯秀於峴南，[2]長生有戰功，稍見任使。太宗初，爲建安王休仁司徒中兵參軍，[3]加寧朔將軍。南討有功，封遷陵縣侯，[4]食邑八百户。後爲張悦寧遠司馬、寧蠻校尉。[5]泰始五年，卒，追贈征虜將軍、雍州刺史。[6]

[1]廣平：郡名。治所在今河南鄧州市東南。

[2]魯秀：人名。扶風郿人，魯爽之弟。歸宋後，曾爲輔國將軍、汝南太守。後參與臧質之叛，兵敗被殺。本書卷七四有附傳。

[3]建安王：王爵名。王國在今福建建甌市南松溪南岸。　休仁：人名。即劉休仁。宋文帝第十二子。本書卷七二有傳。

[4]遷陵縣侯：侯爵名。侯國在今湖南保靖縣東北。

[5]張悦：人名。吴郡吴（今江蘇蘇州市）人。曾任雍州刺史、寧遠將軍。本書卷四六和卷五九皆有其附傳。　寧遠司馬：官名。即寧遠將軍府司馬。司馬爲軍府高級幕僚，掌參贊軍務，管理府内武職，位僅次於長史。　寧蠻校尉：官名。掌管雍州的少數民族事務。領兵，設府於襄陽，多由雍州刺史兼任。四品。

[6]征虜將軍：官名。武官名號，亦作爲高級文職的加官。三品。

蔡那，南陽冠軍人也。[1]家素富，而那兄局善接待賓客，客至無少多，皆資給之，以此爲郡縣所優異，蠲其調役。那始爲建福戍主，[2]漸至大府將佐。太宗初，爲建安王休仁司徒中兵參軍，南討。那子弟皆在襄陽，爲劉胡所執，[3]胡每戰輒懸之城外，那進戰愈猛。以功封平陽縣侯，[4]食邑五百户。稍至劉韞撫軍司馬、寧蠻校尉，[5]加寧朔將軍。泰豫元年，[6]以本號爲益州刺史、宋寧太守，[7]未拜，卒。追贈輔師將軍，[8]餘如故，謚曰平侯。

[1]冠軍：縣名。治所在今河南鄧州市。

[2]戍主：官名。爲戍的主將，掌守禦之事。戍多設於邊境軍事要地，隸屬於州。

[3]劉胡：人名。南陽涅陽人，時爲建安王劉休仁安西中兵參軍，馮翊太守。後任豫州刺史，起兵反叛宋明帝，失敗而死。本書卷八四有附傳。

[4]平陽縣侯：侯爵名。侯國在今湖北丹江口市西北。

[5]劉韞：人名。宋武帝劉裕姪孫。宋明帝朝曾任撫軍將軍、雍州刺史，於宋順帝時謀反被誅。本書卷五一有附傳。

[6]泰豫：宋明帝劉彧年號（472）。

[7]益州：治所在今四川成都市。　宋寧：郡名。宋元嘉十年置，寄治成都縣，在今四川成都市。

[8]輔師將軍：官名。宋明帝時改輔國將軍置。三品。

曹欣之，新野人也。積勤勞，後廢帝元徽初，[1]爲軍主。[2]以平桂陽王休範功，封新市縣子，食邑五百户。[3]爲左軍驍騎將軍，[4]加輔國將軍。元徽四年，以本號爲徐州刺史、鍾離太守，[5]進號冠軍將軍。順帝昇明二年，[6]徵爲散騎常侍、驍騎將軍。[7]三年，卒。

[1]後廢帝：即劉昱。宋明帝劉彧長子。本書卷九有紀。　元

徽：宋後廢帝劉昱年號（473—477）。

[2]軍主：官名。軍的主將，所統兵力無定員，自數百至萬人不等。無固定品階。

[3]桂陽王：王爵名。王國在今湖南郴州市。　休範：人名。即劉休範。宋文帝劉義隆第十八子。本書卷七九有傳。　新市縣子：子爵名。封邑在今湖北京山縣。

[4]左軍驍騎將軍：官名。左軍將軍和驍騎將軍的合稱。按：本書他卷及《南史》均單記曹欣之爲驍騎將軍，疑“左軍”爲衍字。

[5]徐州：治所在今江蘇徐州市。　鍾離：郡名。治所在今安徽鳳陽縣東北臨淮關。

[6]順帝：即劉準。宋明帝劉彧第三子。本書卷一〇有紀。昇明：宋順帝劉準年號（477—479）。

[7]散騎常侍：官名。三國魏初置，後沿置。兩晋時爲門下重職，出入宮禁，參掌機密。南朝職以侍從和收轉文書奏事，地位較輕。三品。

　　吳喜，吳興臨安人也。[1]本名喜公，太宗減爲喜。
　　初出身爲領軍府白衣吏。[2]少知書，領軍將軍沈演之使寫起居注，[3]所寫既畢，闇誦略皆上口。演之嘗作讓表，未奏，失本。喜經一見，即便寫赴，無所漏脱，演之甚知之。因此涉獵《史》《漢》，頗見古今。演之門生朱重民入爲主書，[4]薦喜爲主書書史，[5]進爲主圖令史。[6]太祖嘗求圖書，[7]喜開卷倒進之，太祖怒，遣出。

[1]吳興：郡名。治所在今浙江湖州市吳興區。　臨安：縣名。治所在今浙江臨安市。

[2]領軍：官名。即領軍將軍。掌禁衛軍及京都諸軍。三品。

白衣：無官職的士人或給役小吏。

[3]沈演之：人名。吳興武康人，本書卷六三有傳。 起居注：皇帝的言行録。

[4]朱重民：人名。其事不詳。按《南史》作“朱重人”，蓋避諱唐太宗李世民而改。 主書：官名。即主書令史。尚書、中書等署屬官，掌文書檔案。

[5]主書書史：主書的屬史。《南史》作“主書吏”。本書卷九四《王道隆傳》有“爲主書書吏”。中華本本傳作“主書書史”，從之。

[6]主圖令史：官名。尚書、中書、秘書等署屬官，掌宮廷圖書。晋時爲八品，後秩不詳。

[7]太祖：宋文帝劉義隆廟號。

　　會太子步兵校尉沈慶之征蠻，[1]啓太祖請喜自隨，使命去來，爲世祖所知賞。世祖於巴口建義，喜遇病，不堪隨慶之下。事平，世祖以喜爲主書，稍見親遇，擢爲諸王學官令，[2]左右尚方令，[3]河東太守，[4]殿中御史。[5]大明中，黟、歙二縣有亡命數千人，[6]攻破縣邑，殺害官長。豫章王子尚爲揚州，[7]在會稽，[8]再遣主帥，[9]領三千人水陸討伐，遂再往，失利。世祖遣喜將數十人至二縣，誘説群賊，賊即日歸降。

[1]太子步兵校尉：官名。東宮侍從武官，掌步兵，爲太子三校尉之一。

[2]學官令：官名。掌諸王學校教育。

[3]尚方令：官名。掌製造新奇貴重手工藝品及御用刀劍兵器。七品。

[4]河東：郡名。僑置，治所在今湖北松滋市西北。

[5]殿中御史：官名。即殿中侍御史。居宮殿中糾察非法，隸御史臺。七品。

[6]黟：縣名。治所在今安徽黟縣。　歙：縣名。治所在今安徽歙縣。

[7]豫章王：王爵名。王國在今江西南昌市。　揚州：治所在今江蘇南京市。此指揚州刺史。

[8]會稽：郡名。治所在今浙江紹興市。

[9]遣："遣"下各本並衍"爲"字，中華本據《元龜》卷二一五刪，今從之。下文明帝與劉勔、張興世、齊王詔文亦有"再遣爲主帥語"，"爲"字並刪。

太宗初即位，四方反叛，東兵尤急。[1]喜請得精兵三百，致死於東。上大說，即假建武將軍，簡羽林勇士配之。議者以喜刀筆主者，不嘗爲將，不可遣。中書舍人巢尚之曰：[2]"喜昔隨沈慶之，屢經軍旅，性既勇決，又習戰陳，若能任之，必有成績。諸人紛紛，皆是不別才耳。"喜乃率員外散騎侍郎竺超之、殿中將軍杜敬真馬步東討。[3]既至永世，[4]得庾業、劉延熙書，[5]送尋陽王子房檄文。[6]與喜書曰："知統戎旅，已次近路，卿所在著名，今日何爲立忠於彼邪？想便倒戈，共受河山之賞。"喜報書曰："前軀之人，忽獲來翰，披尋狂惑，[7]良深悵駭。聖主以神武撥亂，德盛勳高，群逆交扇，滅在晷刻。君等勳義之烈，世荷國恩，事愧鳴鴞，不懷食椹。[8]今練勒所部，星言進邁。[9]相見在近，不復多陳。"

[1]東兵：指以會稽太守、尋陽王劉子房爲首的東部反叛勢力。另以江州刺史、晉安王劉子勛爲首的西部反叛勢力亦稱"南賊"。

[2]中書舍人：官名。中書省屬官。初與通事共掌收轉文書章奏，後合爲一官，名中書通事舍人，漸奪草擬、發布詔令之任，直接聽命於皇帝，把握政務中樞，勢傾天下。七品。　巢尚之：人名。魯郡人。於宋孝武帝至宋明帝時，久任中書通事舍人，被封邵陵縣男。本書卷九四有附傳。

[3]員外散騎侍郎：官名。初爲正員之外添差之散騎侍郎，後成定員官。屬散騎省，爲閑散之職。　竺超之：人名。時爲吳喜軍副，餘事不詳。　殿中將軍：官名。侍衛武職，不典兵。六品。杜敬真：人名。其事亦見本書卷八四《孔覬傳》，餘事不詳。

[4]永世：縣名。治所在今江蘇溧陽市南。

[5]庾業：人名。新野人，父庾彥達曾任益州刺史。庾業歷任豫章太守、太常卿等職，時參與反對宋明帝的叛亂行動，兵敗被殺。事見本書卷八四《孔覬傳》。　劉延熙：人名。彭城吕（今江蘇銅山縣）人，父劉道產、兄劉延孫皆爲著名將臣。本人曾任臨海、義興太守，後因反叛宋明帝，失敗被殺。事見本書卷八四《鄧琬傳》。

[6]尋陽王：王爵名。王國在今江西九江市。　子房：人名。即劉子房。宋孝武帝第六子。本書卷八〇有傳。

[7]披尋：翻閲探求。

[8]事愧鳴鴞，不懷食椹：典出《詩·魯頌·泮水》：「翩彼飛鴞，集於泮林，食我桑椹，懷我好音。」言貓頭鷹發出惡聲，但止於太學之林，食其桑椹，則應感恩而化，改惡歸善。此言反叛者頑固不化，尚不如鴞鳥。

[9]星言：星焉。謂披著星星，泛言急速。

　　喜孝武世見驅使，常充使命，性寬厚，所至人並懷之。及東討，百姓聞吳河東來，便望風降散，故喜所至克捷，事在《孔覬傳》。遷步兵校尉，[1]將軍如故。封竟陵縣侯，[2]食邑千户。東土平定，又率所領南討，遷輔國將軍、尋陽太守。[3]南賊退走，喜追討平定荊州，遷前軍將軍，[4]增邑三百户。泰始四年，改封東興縣侯，[5]户邑如先。

[1]步兵校尉：官名。西漢武帝始置，爲北軍八校尉之一。後沿置。南朝職任漸輕，爲皇帝侍從武官，不領營兵，用以安置勳舊武臣。四品。

[2]竟陵縣侯：侯爵名。侯國在今湖北潛江市。

[3]尋陽：郡名。治所在今江西九江市西南。

[4]前軍將軍：官名。四軍將軍之一，掌宮禁宿衛。四品。

[5]東興：縣名。治所在今江西黎川縣東北。

仍除使持節、督交州廣州之鬱林寧浦二郡諸軍事、輔國將軍、交州刺史。[1]不行，又除右軍將軍、淮陵太守，假輔師將軍，兼太子左衛率。[2]五年，轉驍騎將軍，假號、太守、兼率如故。其年，虜寇豫州，喜統諸軍出討，大破虜於荊亭，[3]僞長社公遁走，戍主帛乞奴歸降。[4]軍還，復以本位兼左衛將軍。[5]六年，又率軍向豫州拒索虜，加節、督豫州諸軍事，假冠軍將軍，驍騎、太守如故。明年，還京都。

[1]使持節：官名。凡重要軍事長官出征、出鎮時，加使持節，可誅殺二千石以下官員。　交州：治所在今越南北寧省仙遊縣東。廣州：治所在今廣東廣州市。　鬱林：郡名。治所在今廣西桂平市西南。　寧浦：郡名。治所在今廣西橫縣西南。

[2]太子左衛率：官名。晋武帝分太子衛率而置，領精兵萬人，

宿衛東宮，亦任征伐。五品。

　　[3]荆亭：地名。在今安徽潁上縣。

　　[4]長社公：北魏將領封號。所指何人不詳。查《魏書》有長社侯而無長社公。　帛乞奴：人名。其事不詳。《南齊書》卷二七有"昇乞奴"，當爲同人而異音。又本書卷四五有"帛氏奴"，宋文帝時益州五城縣人，與此處非一人。

　　[5]左衛將軍：官名。禁衛軍主要統帥，屬中領軍，掌宮禁宿衛。四品。

　　初喜東征，白太宗得尋陽王子房及諸賊帥，即於東梟斬。東土既平，喜見南賊方熾，慮後翻覆受禍，乃生送子房還都，凡諸大主帥顧琛、王曇生之徒，[1]皆被全活。上以喜新立大功，不問也，而内密銜之。[2]及平荆州，恣意剽虜，贓私萬計，又嘗對賓客言漢高、魏武本是何人。[3]上聞之，益不説。其後誅壽寂之，[4]喜内懼，因啓乞中散大夫，[5]上尤疑駭。至是會上有疾，爲身後之慮，以喜素得人情，疑其將來不能事幼主，乃賜死，時年四十五。喜將死之日，上召入内殿與共言謔，酬接甚款。既出，賜以名饌，并金銀御器，敕將命者勿使食器宿喜家。上素多忌諱，不欲令食器停凶禍之室故也。

　　[1]顧琛：人名。吳郡吳人。先後任東海太守、吳郡太守，反叛宋明帝，失敗後投降，任中散大夫。本書卷八一有傳。　王曇生：人名。琅邪臨沂人。歷任吏部尚書、太常卿、吳興太守，於明帝初反叛，戰敗歸降，任中散大夫。本書卷九三有附傳。

　　[2]密銜之：暗地裏心中懷恨。

　　[3]漢高、魏武：指漢高祖劉邦及魏武帝曹操。二人皆出身微

賤，後憑才能終有天下。此指吳喜有野心。

[4]壽寂之：人名。吳興人，任前廢帝主衣，參預弑帝謀。宋
明帝即位後任羽林監、南泰山太守等職，後被誅殺。本書卷九四有
附傳。

[5]中散大夫：官名。掌顧問應對，無職事，多處老疾之人。

喜未死一日，上與劉勔、張興世、齊王詔曰：[1]

吳喜出自卑寒，少被驅使，利口任詐，輕狡萬
端。自元嘉以來，便充刀筆小役，賣弄威恩，苟取
物情，[2]處處交結，皆爲黨與，衆中常以正直爲詞，
而内實阿媚。每仗計數，運其佞巧，甘言説色，曲
以事人，不忠不平，彰於觸事。從來作諸署，主意
所不協者，覓罪委頓之，[3]以示清直。而餘人恣意
爲非，一不檢問，故甚得物情。

[1]張興世：人名。竟陵竟陵人。本書卷五〇有傳。　齊王：
即蕭道成。南蘭陵人，時任散騎常侍、太子左衛率。後於順帝時爲
相國、録尚書事，封齊王，總攬朝政。進而滅宋建齊，爲齊高帝。
《南齊書》卷一、二有紀。

[2]物情：世情民心。

[3]覓（mì）罪，尋求罪名。覓，同“覓”。　委頓：歸罪於
（主上）。委，推諉。頓，留止。

昔大明中，黟、歙二縣有亡命數千人，攻破縣
邑，殺害官長。劉子尚在會稽，再遣主帥，領三千
精甲水陸討伐，再往失利。孝武以喜將數十人至二
縣説誘群賊，[1]賊即歸降。詭數幻惑，乃能如此，

故每豫驅馳，窮諸狡憝。及泰始初東討，正有三百人，直造三吳，[2]凡再經薄戰，而自破岡以東至海十郡，[3]無不清蕩。百姓聞吳河東來，[4]便望風自退，若非積取三吳人情，何以得弭伏如此。其統軍寬慢無章，放恣諸將，無所裁檢，故部曲爲之致力。[5]觀其意趣，止在賊平之後，應力爲國計。喜初東征發都，指天畫地，云得劉子房即當屏除，袁標等皆加斬戮，[6]使略無生口。既平之後，緩兵施恩，納罪人之貨，誘諸賊帥，令各逃藏，受賄得物，不可稱紀。聽諸賊帥假稱爲降，而擁衞子房遂得生歸朝庭。收羅群逆，皆作爪牙，撫接優密，過於義士。推此意，正是聞南賊大盛，殷孝祖戰亡，人情大惡，慮逆徒得志，規以自免。喜善爲姦變，每以計數自將。於朝廷則三吳首獻慶捷，[7]於南賊則不殺其黨，頗著陰誠。當云東人恇怯，望風自散，皆是彼無處分，非其苦相逼迫，保全子房及顧琛等，足表丹誠。進退二塗，可以無患。

[1]孝武：劉駿謚號。公元453年至464年在位。本書卷六有紀。

[2]三吳：地區名。指吳、吳興、會稽三郡，相當於今江蘇太湖以東、以南和浙江紹興、寧波一帶。

[3]破岡：河渠名。三國吳開鑿。在今江蘇南部，西起句容市東南，通赤山湖及秦淮河，東至丹陽市西南延陵鎮。

[4]吳河東：即吳喜。因其任河東太守而稱之。

[5]部曲：漢時爲軍隊編制，亦借指軍隊。魏晉以後部曲則成

爲私人家兵的代稱。

[6]袁標：人名。陳郡陽夏人。父袁淑於文帝時任太子左衛率，爲劉劭宮變所殺。袁標時任晋陵太守，反叛宋明帝，兵敗投降，任劉韞冠軍將軍府主簿。事見本書卷七〇《袁淑傳》、卷八四《鄧琬傳》。

[7]則：各本並作“時”。孫彪《考論》云：“時疑則訛。”孫説是，今從中華本改正。

南賊未平，唯以軍糧爲急。西南及北道斷不通，東土新平，商運稀簡，朝廷乃至鬻官賣爵，以救災困。斗斛收斂，猶有不充。喜在赭圻，[1]軍主者頓偷一百三十斛米。初不問罪，諸軍主皆云宜治，喜不獲已，[2]止與三十鞭，又不責備。凡所曲意，類皆如此。

[1]赭圻：城名。在今安徽繁昌縣西北長江南岸。時劉子勛、鄧琬派勁兵在此與官軍沈攸之、吳喜等對壘。

[2]不獲已：不得已。

喜至荆州，公私殷富，錢物無復孑遺。[1]喜乘兵威之盛，誅求推檢。[2]凡所課責，既無定科，又嚴令驅蹙，皆使立辦。[3]所使之人，莫非姦猾，因公行私，迫脅在所，入官之物，侵竊過半，納資請託，不知厭已。西難既殄，便應還朝，而解故槃停，託云扞蜀。[4]實由貨易交關，事未回展。[5]又遣人入蠻，矯詔慰勞，賕伐所得，一以入私。[6]又遣部下將吏，兼因土地富人，往襄陽或蜀、漢，屬託郡縣，侵官害民，興生求利，千端萬緒。從西還，大艑小艒，爰及草舫，錢米布絹，無船不滿。[7]自喜以下，迨至小將，人人重載，莫不兼資。[8]

[1]孑遺：變故後僅存的人或物。

[2]誅求：强制徵收，需索。　推檢：審問追查。

[3]定科：明確規定的法令條例。　驅蹙：驅趕促迫。

[4]解故：借故解説。　槃停：盤桓滯留。　扞蜀：抵禦蜀地（反叛勢力）。

[5]貨易交關：貨物交易。交關，交易。　回展：貨物到手。

[6]賧（tàn）伐：一作"賧罰"，向少數民族（特指南方）以贖罪的名義徵斂財物。

[7]艑：大船。　艒：小船。　草舫：打魚的簡陋之船。舫，並連起來的船隻。

[8]兼資：兩倍或兩倍以上的資産。

喜本小人，多被使役，經由水陸，州郡殆徧。所至之處，輒結物情，妄竊善稱，聲滿天下，密懷姦惡，人莫之知。喜軍中諸將，非劫便賊，唯云："賊何須殺，但取之，必得其用。"雖復羸弱，亦言："健兒可惜，天下未平，但令以功贖罪。"處遇料理，反勝勞人，此輩所感唯喜，莫云恩由朝廷。凶惡不革，恒出醜聲，勞人義士，相與嘆息，並云："我等不愛性命，擊擒此賊，朝廷不肯殺去，反與我齊。今天下若更有賊，我不復能擊也。"此等既隨喜行，多無功效，或隱在衆後，或在幔屋中眠。[1]賊既破散，與勞人同受爵賞。既被詰問，辭白百端，云："此輩既見原宥，擊賊有功，那得不依例加賞。"褚淵往南選諸將卒，[2]喜爲軍中經爲賊者，就淵求官，倍於義士。淵以喜最前獻捷，名位已通，又爲統副，難相違拒，是以得官受賞，反多義人。義人雖忿喜不平，又懷其寬弛。往歲竺超之聞四方反叛，人情畏賊，無敢求爲朝廷行者，乃慨然攘步，[3]隨喜出征，爲其軍副。身經臨敵，自東還，失喜意，說超之多酒，不堪驅使，遂相委棄。高敬祖年雖少宿，[4]氣力實健，其有處分，爲軍中所稱。喜薄其衰老，云無所施。正以二人忠清，與己異行。超之爲人，乃多飲酒，計喜軍中主帥，豈無飲酒者，特是不利超之，故以酒致言耳。敬祖既無餘事，直云年老，託爲乞郡，[5]潛相遣斥。其餘主帥，並貪濁諂媚之流，皆提攜東西，不相離捨。喜聞天壤間有罪人死或應繫者，必啓以入軍，皆得官爵，厚被處遇。應入死之人，緣己得活；非唯得活，又復如意，人非木石，何能不感。設令吾攻喜門，此輩誰不致力，但是喜不敢生心耳。喜軍中人皆是喜身爪牙，豈關於國。

[1]幔屋：帳蓬。

[2]褚淵：人名。河南陽翟人。娶宋文帝女爲妻，歷任顯職。時爲吏部尚書，明帝派他往前綫軍中，"選將帥以下勳階得自專決"。明帝以後至南朝齊，均處朝廷重臣。《南齊書》卷二三有傳。

[3]攘步：猶言挺身而出。

[4]高敬祖：人名。其事不詳。　少宿：年歲稍大。宿，謂年

齒高。

[5]乞郡：請求到地方官府任職。

　　喜自得軍號以來，多置吏佐，是人加板，[1]無復限極。爲兄弟子姪及其同堂群從，乞東名縣，連城四五，皆灼然巧盜，侵官奪私。亡命罪人，州郡不得討，崎嶇蔽匿，必也黨護，臺州符旨，[2]殆不復行。船車牛犢，應爲公家所假借者，託之於喜，吏司便不敢問。它縣奴婢，入界便略。百姓牛犢，輒牽殺噉。州郡應及役者，並入喜家。喜兄茹公等悉下取錢，[3]盈村滿里。諸吳姻親，就人間徵求，無復紀極，百姓嗷然，人人悉苦。喜具知此，初不禁呵。[4]

[1]板：官制用語。指地方軍政長官自行選用官員，官員未經吏部正式任命，而由州、府的戶曹行板文委派。

[2]臺：朝廷禁省及中樞政權機構的代稱。　符：公文程式。尚書省、三公府、大將軍府及州府所下公文皆可稱符。

[3]茹公：人名。即吳茹公。吳興臨安人，曾任黟縣令。事見本書卷八四《孔覬傳》。

[4]初不：從來沒有，並沒有。

　　索惠子罪不甚江惢，[1]既已被恩，得免憲辟，[2]小小忤意，輒加刑斬。張悅賊中大帥，[3]逼迫歸降，沈攸之録付喜，云："殺活當由朝廷。"將帥征伐，既有常體，自應執歸之有司。喜即便打鎖，解襦與著，對膝圍棋，仍造重義，私惠招物，觸事如斯。

張靈度凶愚小人，[4]背叛之首，喜在西輒恕其罪，私將下都，與之周旋，情若同體。狼子野心，獨懷毒性，遂與柳欣慰等謀立劉褘。[5]吾使喜録之，而喜密報令去，去未得遠，爲建康所録。[6]喜背國親惡，乃至於是。

[1]索惠：人名。其事不詳。　江念：人名。濟陽考城人。在南齊曾任諮議參軍，餘事不詳。

[2]憲辟：法紀。

[3]張悦：人名。吴郡吴人。其在南郡太守任上，歸附晋安王劉子勛，任僞職吏部尚書，與鄧琬共輔政，反叛宋明帝。事敗，殺鄧琬歸降。事見本書卷八四《鄧琬傳》。

[4]張靈度：人名。除本卷所記，餘事不詳。按：《南朝五史人名索引》認爲張靈度即本書卷八八所記張靈慶，曾於薛安都反叛時爲朝廷戰死，追贈寧朔將軍、冀州刺史。疑非是。

[5]柳欣慰：人名。河東解人。爲著名將帥柳元景從侄，因謀立廬江王劉褘爲帝，被宋明帝所誅。其事見本書卷七九《廬江王褘傳》。　劉褘：人名。宋文帝劉義隆第八子。本書卷七九有傳。

[6]建康：此指建康縣府。建康時爲京城所在，在今江蘇南京市。　録：逮捕。

初從西反，[1]圖兼右丞，[2]貪因事物，以行私詐，吾患其諂曲，抑而不許。從此怨懟，[3]意用不平。

[1]反：同“返”。

[2]右丞：官名。即尚書右丞。尚書省佐官，與左丞共掌尚書都省庶務，率諸都令史監督稽核諸尚書曹、郎曹政務，糾舉彈劾百

官。六品。

[3]怨懟（duì）：怨恨。

　　喜西救汝陰，[1]縱肆兵將，掠暴居民，姦人婦女，逼奪雞犬，虜略縱橫，緣路官長，莫敢呵問。脱誤有縛録一人，喜輒大怒。百姓呼嗟，人人失望。近段佛榮求還，[2]乃欲用喜代之。西人聞其當來，皆欲叛走，云：“吴軍中人皆是生劫，若作刺史，吾等豈有活路？既無他計，正當叛投虜耳。”夫伐罪弔民，用清國道。豈有殘虐無辜，剥奪爲務，害政妨國，罔上附下，罪釁若此，而可久容？臧文仲有云：[3]“見有善於其君，如孝子之養父母；見有惡於君，若鷹鸇之逐鳥雀。”耿弇不以賊遺君父，[4]前史以爲美談。而喜軍中五千人，皆親經反逆，攜養左右，豈有奉上之心？

[1]汝陰：郡名。治所在今安徽阜陽市。

[2]段佛榮：人名。京兆人。時任輔師將軍、豫州刺史，史稱“莅任清謹，爲西土所安”。本書卷八四有附傳。

[3]臧文仲：人名。即臧孫辰。春秋時魯國正卿，歷事莊、閔、僖、文四君，老成持重，維護宗法禮治，對外主張示親於諸侯。其思想較爲守舊，且相信占卜靈異。其事多見《左傳》《論語》。

[4]耿弇：人名。扶風茂陵（今陝西興平市）人。東漢初輔佐劉秀建國的主要功臣之一。在進攻割據青州的張步時，有人勸他“閉營休士”，等待劉秀來救。他説：“乘輿且到，臣子當擊牛釃酒以待百官，反欲以賊虜遺君父邪？”後果大破張步。《後漢書》卷一九有傳。

喜意志張大，每稱漢高、魏武本是何人。近忽通啓，求解軍任，乞中散大夫。喜是何人，乃敢作此舉止。且當今邊疆未寧，正是喜輸蹄領之日。[1]若以自處之宜，當節儉廉慎，静掃閉門，不與外物交關，專心奉上，何得以其蜼螭，[2]高自比擬。當是自顧惌爨，事宣遝遝，又見壽寂之流徙，施脩林被擊，[3]物惡傷類，内懷憂恐，故興此計，圖欲自安。

[1]輸蹄領：指報效盡力。

[2]蜼（wèi）螭（chī）：喻微賤之人。蜼，一種長尾猿。螭，古代傳説中無角的龍。

[3]施脩林：人名。其事不詳。

朝廷之士及大臣藩鎮，喜殆無所畏者，畏者唯吾一人耳。人生脩短，不可豫量，若吾壽百年，世間無喜，何所虧損？若使吾四月中疾患不得治力，天下豈可有喜一人？尋喜心迹，不可奉守文之主，豈可遭國家間隙有可乘之會邪？[1]世人多云，"時可畏，國政嚴"。歷觀有天下，御億兆，杖威齊衆，何代不然？[2]故上古象刑，民淳不犯，後聖懲僞，易以剠墨。[3]唐堯至仁，不赦四凶之罪；[4]漢高大度，而急三傑之誅。[5]且太公爲治，先華士之刑；[6]宣尼作宰，肆少正之戮。[7]自昔力安社稷，功濟蒼生，班劍引前，[8]箾鼓陪後，[9]不能保此者，歷代無數。養之以福，[10]十分有一耳。至若喜之深罪，其得免乎？

[1]守文之主：能遵循法度的君主，也泛指繼體之君，與受命創制的帝王相對應。　間隙：新舊君主交替的空隙。

[2]御億兆：統治億萬民衆。　杖威齊衆：依杖威權震懾力，整齊天下民衆。

[3]象刑：相傳上古無肉刑，僅使犯人穿上與衆不同的服飾，以羞辱之，謂之象刑。如犯墨罪者蒙皂巾，犯劓刑者赭其衣，犯大辟罪者布衣無領等。　剕墨：古代的一種肉刑，刺破面額，再涅以墨，也稱“墨刑”。剕，同“黥”。

[4]唐堯：傳説中上古陶唐氏部落首領，爲黃帝嫡裔，被推舉擔任炎黃部落聯盟首領。名放勛，史稱唐堯。　四凶：傳説中堯時四個惡名昭彰的部族首領，爲渾敦、窮奇、檮杌、饕餮，被“投諸四裔，以禦魑魅”（《左傳》文公十八年）。另《尚書·舜典》與此不同，以共工、驩兜、三苗、鯀爲四凶。後世多用以形容凶狠貪婪的朝臣。

[5]漢高：指漢高祖劉邦。　三傑：指幫助劉邦打天下的三位著名將帥韓信、英布和彭越，後均被加以謀反罪名而誅死。

[6]太公：即西周初姜尚，在滅商之戰中擔任統帥，因功被分封於齊，時尊稱爲太公望。　華士之刑：典出《韓非子·外儲説右上》：狂矞華士東海人，立議不臣天子，不友諸侯，耕作而食之。太公封於齊，聞其賢，三召不見，乃執而殺之。《荀子·宥坐》亦載其事。

[7]宣尼：人名。即孔子。他終生聚徒講學和游歷各國，僅在五十歲後短期從政，由中都宰升任魯國司寇。這時魯國人少正卯聚徒講學，與孔子持論相反，且影響很大，使孔門“三盈三虛”。於是孔子將其誅殺。　肆：古時處死刑後陳尸於市。

[8]班劍：有紋飾的劍。或曰以虎皮飾之。漢制朝服帶劍，此處指由持劍武士組成的儀仗。

[9]箛鼓：胡箛與戰鼓。借指軍樂。

[10]養之以福：對臣民優容寬待。

　　夫富之與貴，雖以功績致之，必由道德守之，故善始者未足稱奇，令終者乃可重耳。凡置官養士，本在利國，當其爲利，愛之如赤子；及其爲害，畏之若仇讎，[1]豈暇遠尋初功，而應忍受終敝耳？將之爲用，譬如餌藥，當人羸冷，資散石以全身，及熱勢發動，去堅積以止患。[2]豈憶始時之益，不計後日之損；存前者之賞，抑當今之罰。非忘其功，勢不獲已耳。喜罪釁山積，志意難容，雖有功效，不足自補，交爲國患，焉得不除？且欲防微杜漸，憂在未萌，不欲方幅露其罪惡，[3]明當嚴詔切之，令自爲其所。卿諸人將相大臣，股肱所寄，賞罰事重，應與卿等論之。卿意並謂云何？

及喜死，發詔賵賜。[4]

　　子徽民襲爵。齊受禪，[5]國除。

[1]仇讎：仇人。

[2]餌藥：服藥。　羸（léi）：衰病困憊。　散石：古代藥名。配劑中主要有紫石英、白石英、赤石脂、鐘乳石、琉磺等五種礦石，因又稱五石散。服後宜吃冷食，亦稱寒食散。

[3]不欲方幅露其罪惡：不願意用正式詔令暴露他的罪惡。方幅，方形箋冊。古代典誥、詔命、表奏等重要文書皆用方形箋冊。

[4]賵賜：御賜布帛財物助人辦喪事。

[5]受禪（shàn）：王朝更迭的一種形式，由新皇帝承受舊皇帝讓給的帝位。

黃回，竟陵郡軍人也。出身充郡府雜役，稍至傳教。[1]臧質爲郡，轉齋帥。[2]及去職，將回自隨。質爲雍州，回復爲齋帥。質討元凶，回隨從有功，免軍户。[3]質在江州，[4]擢領白直隊主。隨質於梁山敗走向豫章，[5]爲臺軍主謝承祖所録，[6]付江州作部，[7]遇赦得原。回因下都，於宣陽門與人相打，[8]詐稱江夏王義恭馬客，鞭二百，付右尚方。會中書舍人戴明寶被繫，[9]差回爲户伯，[10]性便辟勤緊，奉事明寶，竭盡心力。明寶尋得原赦，委任如初，啓免回，以領隨身隊統，知宅及江西墅事。[11]性有功藝，[12]觸類多能，明寶甚寵任之。

[1]傳教：傳達郡守教令的小吏。

[2]齋帥：官名。在皇帝、諸王及州郡長官左右擔任侍衛及灑掃鋪設等職務，地位較低。

[3]軍户：魏晉南北朝的賤民階層。士兵及其家屬的户籍屬於軍府，稱"軍户"。入軍户後，世代爲兵，無人身自由，社會地位低下。一般情況下，軍户不能轉爲平民户籍。

[4]江州：治所在今江西九江市西南。

[5]豫章：郡名。治所在今江西南昌市。

[6]謝承祖：人名。其事不詳。

[7]作部：官署名。掌製作兵器，常役使勞役刑徒。

[8]宣陽門：建康城南面正門。

[9]戴明寶：人名。南東海丹徒（今江蘇鎮江市丹徒區）人。本書卷九四有傳。

[10]户伯：五人之長。漢制兵吏五人一户竈，置一伯，户伯亦稱火伯。此指刑徒中五人所立的一頭目。

[11]知宅：兼管住宅。　江西墅：戴明寶在江西的別墅。江西，時泛指長江下游北岸淮水以南地區。按：戴明寶任宣城太守，正在此地區。墅，別墅。家宅以外另置的田莊及游息之所。

[12]功藝：《南史》作"巧藝"，中華本作"功藝"，今從之。

　　回拳捷果勁，勇力兼人，在江西與諸楚子相結，[1]屢爲劫盜。會太宗初即位，四方反叛，明寶啓太宗使回募江西楚人，得快射手八百，假回寧朔將軍、軍主，隸劉勔西討。於死虎破杜叔寶軍，[2]除山陽王休祐驃騎行參軍、龍驤將軍。[3]攻合肥，[4]破之，累遷至將校，以功封葛陽縣男，[5]食邑二百户。

[1]楚子：當地土著男子。因這裏原爲楚地，故稱。

[2]死虎：地名。即死虎塘，一名宛塘。在今安徽壽縣東南。杜叔寶：人名。京兆杜陵人。宋文帝時青冀二州刺史杜坦之子。時杜叔寶爲豫州刺史殷琰長史、梁郡太守，挾持殷琰反叛宋明帝，並成爲對抗建康臺軍的主要將領。事見本書卷八七《殷琰傳》。

[3]山陽王：王爵名。王國在今江蘇淮安市。　休祐：人名。即劉休祐。宋文帝劉義隆第十三子。本書卷七二有傳。

[4]合肥：縣名。治所在今安徽合肥市西。

[5]葛陽縣男：男爵名。封邑在今江西弋陽縣西。

　　後廢帝元徽初，桂陽王休範爲逆，回以屯騎校尉領軍隸齊王，於新亭創詐降之計，事在《休範傳》。回見休範可乘，謂張敬兒曰：[1]"卿可取之，我誓不殺諸王。"敬兒即日斬休範。事平，轉回驍騎將軍，加輔師將軍，進爵爲侯，改封聞喜縣，[2]增邑千户。四年，遷冠軍將軍、南琅邪濟陽二郡太守。[3]建平王景素反，[4]回又率軍前討，假節。[5]城平之日，回軍先入，又以景素讓張倪奴。[6]回增邑五百户，進號征虜將軍，加散騎常侍，太守如故。明年，遷右衛將軍，常侍如故。

[1]張敬兒：人名。南陽冠軍（今河南鄧州市西北）人，以軍功進身，於後廢帝時爲越騎校尉，親斬桂陽王劉休範。封襄陽縣侯。入南齊官至開府儀同三司，被齊武帝誅殺之。《南齊書》卷二五有傳。

[2]聞喜：縣名。治所在今山西聞喜縣東北。此時爲虛設，無實土。

[3]南琅邪：郡名。治所在今江蘇句容市西北。　濟陽：郡名。治所在今河南蘭考縣東北堌鎮。此時爲虛設，無實土。

[4]建平王：王爵名。王國在今重慶巫山縣。　景素：人名。即劉景素。其父爲宋文帝第七子劉宏。本書卷七二有附傳。

[5]假節：官名。假以節杖，爲一種象徵地位權力的政治待遇。地方軍事長官有使持節、持節、假節之分。使持節得殺二千石以下，持節得殺無官位人，假節唯有軍事得殺犯軍令者。

[6]張倪奴：人名。時任右衛殿中將軍，率軍攻陷京口，擒斬劉景素。以功封築陽縣侯。

沈攸之反，以回爲使持節、督郢州司州之義陽諸軍事、平西將軍、郢州刺史，[1]給鼓吹一部，[2]率衆出新亭爲前鋒。未發，而袁粲據石頭爲亂，[3]回與新亭諸將帥任候伯、彭文之、王宜興、孫曇瓘等謀應粲。[4]粲事發，候伯等並乘船赴石頭，唯曇瓘先至得入，候伯等至，而粲已平。回本期詰旦率所領從御道直向臺門，^[5]攻齊王於朝堂，事既不果，齊王撫之如舊。回與宜興素不協，慮或反告，因其不從處分，斬之。宜興，吳興人也。形狀短小，而果勁有膽力。少年時爲劫不須伴，郡討逐圍繞數十重，^[6]終莫能擒。太宗泰始中，爲將，在壽陽間擊索虜，每以少制多，挺身深入，無所畏憚。虜衆值宜興，皆引避不敢當。稍至寧朔將軍、羽林監。^[7]以平建平王景素功，封長壽縣男，^[8]食邑三百户。至是爲屯騎校尉，加輔國將軍。

[1]郢州：治所在今湖北武漢市武昌區。　義陽：郡名。治所在今河南信陽市。　平西將軍：官名。四平將軍之一，多爲持節都督或刺史兼理軍務的加官。三品。

[2]鼓吹：演奏鼓吹樂（軍樂）的樂隊。宫廷儀仗用之，亦賜有功大臣，成爲一種禮遇。

[3]袁粲：人名。陳郡陽夏人。本書卷八九有傳。　石頭：城名。在今江蘇南京市西清涼山。負山面江，形勢險固，爲建康軍事要塞。唐以後漸廢。

[4]任候伯：人名。臨淮人。時任輔國將軍，後任行湘州府事，爲蕭道成派刺史吕安國誅殺。事見本書卷八九《袁粲傳》。

[5]詰旦：平明，清晨。　臺門：建康宫城之門，時蕭道成入守朝堂，在臺門之內。

[6]郡討逐：丁福林《校議》引《南史》卷四〇《黄回傳》作“郡縣討逐”。

[7]羽林監：官名。掌宿衛送從。五品。

[8]長壽縣男：男爵名。封邑在今湖北鍾祥市。

回進軍未至郢州，而沈攸之敗走，回至鎮，進號鎮西將軍，[1]改督爲都督。[2]回不樂停郢州，固求南兗，[3]遂率部曲輒還。改封安陸郡公，[4]增邑二千户，并前三千七百户。改都督南兗徐兗青冀五州諸軍事、鎮北將軍、南兗州刺史，[5]加散騎常侍，持節如故。

[1]鎮西將軍：官名。四鎮將軍之一，多授予持節都督。三品。如爲持節都督者則進爲二品。

[2]都督：官名。地方軍政長官。稱都督諸州軍事，領駐在州刺史，兼理民政。位在督諸軍事和監諸軍事上，並分使持節、持節、假節三種，職權各有不同。

[3]南兗：州名。治所在今江蘇揚州市西北。此指爲南兗州刺史。

[4]安陸郡公：公爵名。公國在今湖北安陸市。郡公，公爵名。即開國郡公。食邑爲郡，位在開國縣公上。一品。

[5]兗：州名。治所在今山東兗州市。　青：州名。治所在今山東青州市。　冀：州名。僑置於今山東濟南市歷城區，後地入北魏，宋明帝時與青州合僑置於鬱洲，在今江蘇連雲港市東雲臺山一帶。　鎮北將軍：官名。四鎮將軍之一，多授予出鎮方面的持節都督。三品，爲持節都督者則進爲二品。

齊王以回終爲禍亂，乃上表曰："黃回出自厮伍，本無信行，仰值泰始，謬被驅馳，階藉風雲，累叨顯伍。[1]及沈攸之作逆，事切戎機，臣闇於知人，冀其搏噬，遣統前鋒，竟不接刃。軍至郢城，乘威迫脅，陵掠所加，必先尊貴。武陵王馬器服咸被虜奪，[2]城內文武，剥剔靡遺。及至還都，縱恣彌甚，先朝御服，猶有二興，弓劍遺思，尚在車府，^[3]回遂啓求，以擬私用，僭侮無厭，罔顧天極。^[4]又廣納逋亡，多受劫盜，親信此等，並爲爪牙。觀其凶狡，憂在不測。惡積罪著，非可含忍，應加剗除，^[5]以明國憲。尋其釁狀，實宜極法，但嘗經將帥，微有塵露，罪疑從輕，事炳前策，請在降減，特原餘嗣。^[6]臣過荷隆寄，言必馨誠，謹陳管穴，式遵弘典，伏願聖明，特垂允鑒。^[7]臣思不出位，誠昧甄才，追言既往，伏增慚恧。"^[8]

［1］厮伍：執賤役的軍户。　風雲：比喻時勢。　累叨（tāo）顯伍：屢次叨據顯赫官職。叨，貪也。

［2］武陵王：王爵名。王國在今湖南常德市。此指劉贊，宋明帝第九子。本書卷八〇有傳。

［3］車府：官署名。隸尚書省駕部，主乘輿諸車，長官爲車府令、丞。

［4］僭侮：越禮犯上。　天極：天道的極限。

［5］剗：同"剗"。

［6］塵露：風塵霜露之勞。　特原餘嗣：特別赦免嫡子以外的後代。

［7］隆寄：寄托重任。　馨誠：竭誠。　管穴：謙詞。自稱狹隘的識見。　式遵：效法遵守。

［8］甄才：甄別人才。　慚恧（nǜ）：慚愧。

詔曰："黃回擢自凡堅，夙負疵釁，貰以憲綱，收其搏噬。^[1]雖勤效累著，而屢懷干紀。新亭背叛，投拜寇場，異規既扇，廟律幾殆，幸得張敬兒提戈直奮，元惡受戮。^[2]及景素結逆，履霜歲久，乃密通音譯，潛送器杖，氛沴克霽，[3]狡謀方顯。每存容掩，冀能悛革，故裂茅升爵，均榮勳寵。[4]凶詖有本，險慝滋深，搆誘敬兒，志相攻陷，悖圖未遂，很戾彌甚。[5]近軍次郢鎮，劫逼府主，兼挾私計，多所徵索，主局咨疑，便加捶楚，專肆暴慢，罔顧彝則。[6]膺牧西蕃，徽賁惟厚，曾不知感，猶懷忿怨。[7]李安民述任河、濟，[8]星管未周，貪據襟要，苦祈回奪。[9]黷謁弗已，叨侈無度，遂請求御輿，僭擬私飾。[10]又招萃賊黨，初不啓聞，傷風蠹化，莫此之甚。[11]宜明繩裁，肅正刑書，便收付廷尉，[12]依法窮治。"

[1]凡豎：平庸奴僕。比喻出身低賤。　疵纇：缺點，過失。賞：寬大，赦免。　收其搏噬：用其戰場搏殺之功效。

[2]新亭背叛：實際爲黃回僞降劉休範，乘機斬殺之。此欲加罪，有違實情。　寇場（yì）：敵寇的一邊。場，田界。引申爲邊界。　元惡：指劉休範。

[3]氛沴（lì）克霽：惡氣得到肅清。喻叛亂平定。

[4]悛（quān）革：悔改從新。　裂茅：即裂土分茅。謂帝王分封土地。

[5]凶詖：凶惡邪僻。　險慝（tè）：奸險邪惡。　很戾：即狠戾。凶惡殘暴。

[6]郢鎮：地名。即郢州治所，在今湖北武漢市武昌區。　府主：指郢州刺史劉贊。　主局：刺史屬下官署。　彝則：常道，法度，經常的準則制度。

[7]膺牧西蕃：指黃回被任以都督郢州司州之義陽諸軍事、鎮西將軍、郢州刺史之職。　徽賁：指區別等級的封號、旌旗、服飾等。

[8]李安民：人名。蘭陵人。宋後期武將，得蕭道成信任，任使持節督北討軍事、冠軍將軍、南兗州刺史，後轉任郢州刺史。《南齊書》卷二七有傳。

[9]星管未周：不到一年。星，指二十八宿。管，指十二律管。　襟要：關鍵要害之地。　回奪：轉變主張。指重新任命。

[10]黷謁：濫請貪求。　叨侈：貪婪奢侈。　僭擬私飾：指冒用僭越以滿足私欲。

[11]招萃：招納聚集。　傷風蠹化：傷害敗壞風俗教化。

[12]廷尉：官名。中央司法審判機構長官。三品。

　　回死時，年五十二。子僧念，尚書左民郎，[1]竟陵相。[2]未發，從誅。

[1]尚書左民郎：官名。尚書省諸郎曹之一，長官稱郎，亦稱郎中，屬左民尚書，掌土木工程及户籍。六品。

[2]竟陵：王國名。在今湖北鍾祥市。　相：官名。王國置相，由朝廷選置，爲國家委派行政長官。品秩隨民户多少而異。

　　回既貴，祇事戴明寶甚謹，[1]言必自名。每至明寶許，[2]屏人獨進，未嘗敢坐。躬至帳下及入内，料檢有無，[3]隨乏供送，以此爲常。

[1]祇事：恭敬事奉。

[2]明寶許：明寶所在的處所。許，處所。

[3]料檢：查點。

　　先是，王藴爲湘州，[1]潁川庾佩玉爲藴寧朔府長史、長沙内史。[2]藴去職，南中郎將、湘州刺史南陽王翽未之任，[3]權以佩玉行府州事。先遣中兵參軍、臨湘令韓幼宗領軍戍防湘州，[4]與佩玉共事，不美。及沈攸之爲逆，佩玉、幼宗各不相信，幼宗密圖，佩玉知其謀，襲殺幼宗。回至郢州，遣輔國將軍任候伯行湘州事，候伯以佩玉兩端，輒殺之。湘州刺史吕安國之鎮，[5]齊王使安國誅候伯。

[1]王藴：人名。琅邪臨沂人。於後廢帝時任寧朔將軍、湘州刺史，後參與沈攸之叛謀，被殺。本書卷八五有附傳。　湘州：治所在今湖南長沙市。此指湘州刺史職。

[2]庾佩玉：人名。其事多見本卷。　内史：官名。西晉改諸王國相爲内史，掌民政。五品。

[3]南中郎將：官名。多用宗室諸王，或兼荆、江、湘等州刺史，職權頗重。　南陽王：王爵名。王國在今河南南陽市。　翽：人名。即劉翽。宋明帝第十子。本書卷九〇有傳。

[4]臨湘：縣名。治所在今湖南長沙市。　韓幼宗：人名。其事多見本卷。

[5]吕安國：人名。廣陵廣陵人。宋後期武將，屢出重鎮，以功封湘南縣男。入齊爲朝中重臣。《南齊書》卷二九有傳。

彭文之，泰山人也。[1]以軍功稍至龍驤將軍。討建平王景素功，封葛陽縣男，食邑三百户。順帝初，爲輔國將軍、左軍將軍、南濮陽太守、直閤，[2]領右細杖盪主。[3]沈攸之平後，齊王收之下獄，賜死。

[1]泰山：郡名。治所在今山東泰安市。

[2]南濮陽：郡名。南朝宋僑置於今江蘇常州市武進區一帶。

　　[3]細杖：官名。即細杖主。領細杖隊，掌宫廷侍衛，多以直閤將軍領之。　盪主：別帥，副將。

　　孫曇瓘，吳郡富陽人也。[1]驍果有氣力，以軍功稍進，至是爲寧朔將軍、越州刺史。[2]於石頭叛走，逃竄經時，後於秣陵縣禽獲，[3]伏誅。

　　[1]吳郡：治所在今江蘇蘇州市。　富陽：縣名。治所在今浙江富陽市。
　　[2]越州：治所在今廣西合浦縣東北。
　　[3]秣陵：縣名。治所在今江蘇南京市江寧區南秣陵鎮。

　　回同時爲將者，臨淮任農夫、沛郡周寧民、南郡高道慶，[1]並以武用顯。[2]農夫稍至强弩將軍。太宗初，以東討功，封廣晋縣子，[3]食邑五百户。東土平定，仍又南討，增邑二百户。歷射聲校尉，[4]左軍將軍。時桂陽王休範在江州，有異志，朝廷慮其下，以農夫爲輔師將軍、淮南太守，[5]戍姑孰以防之。[6]休範尋率衆向京邑，奄至近道，農夫棄戍還都。休範平，以戰功改封屛陵縣侯，[7]增邑千户，并前千七百户。出爲輔師將軍、豫州刺史，尋進號冠軍將軍。明年，入爲驍騎將軍，加通直散騎常侍。[8]前世加官，唯散騎常侍，無通直員外之文。太宗以來，多因軍功至大位，資輕加常侍者，往往通直員外焉。[9]五年，加征虜將軍，改通直爲散騎常侍，驍騎如故。其年卒，追贈左將軍，[10]常侍如故，謚曰貞肅。候伯，即農夫弟也。

[1]臨淮：郡名。治所在今江蘇盱眙縣東北。　任農夫：人名。其事多見本卷。　沛郡：治所在今江蘇沛縣。　周寧民：人名。其事多見本卷。　南郡：治所在今湖北荆州市荆州區。　高道慶：人名。其事多見本卷。

[2]顯：各本並作“顧”，中華本據孫彪《考論》改，今從之。

[3]廣晋縣子：子爵名。卦邑在今江西鄱陽縣北。

[4]射聲校尉：官名。侍衛武官，不領兵，隸中領軍。四品。

[5]淮南：郡名。東晋後僑置於今安徽當塗縣。

[6]姑孰：城名。一名“南洲”。在今安徽當塗縣。

[7]屠陵縣侯：侯爵名。侯國在今湖北公安縣西。

[8]通直散騎常侍：官名。西晋武帝時使員外散騎常侍二人與散騎常侍通員當值，故名。東晋職同散騎常侍，參平尚書奏事，位頗重。南朝屬集書省，多以衰老之士擔任，以收納轉呈文書奏事爲主，地位驟降，常爲加官。三品。

[9]員外：官制用語。指正員以外之官，如員外散騎常侍等。多用以安置退免臣僚，無實際職事。

[10]左將軍：官名。漢爲重號將軍，不常置。時或爲軍府名號，用作加官。三品。

　　周寧民於鄉里起義討薛安都，亦以軍功至軍校。泰始初，封贛縣男，[1]食邑三百户。官至寧朔將軍、徐州刺史、鍾離太守。[2]

[1]贛縣男：男爵名。封邑在今江西贛州市。

[2]鍾離：郡名。治所在今安徽鳳陽縣東北。

　　高道慶亦至軍校驍游，[1]以平桂陽王休範功，封樂安縣男，[2]食邑三百户。建平王景素反，道慶領軍北討，而與景素通謀。及事平，自啓求增邑五百户，詔加二百，并前五百户。道慶凶險暴横，求欲無已，有失其意，輒加捶拉，往往有死者，朝廷畏之如虎狼。齊王與袁粲等議，收付廷尉，賜死。

[1]驍游：官名。驍騎將軍和游擊將軍的合稱。
[2]樂安縣男：男爵名。封邑在今江西德興市東北。

史臣曰：夫豎人匹夫，[1]濟其身業，非世亂莫由也。以亂世之情，用於治日，其得不亡，亦爲幸矣。

[1]豎人匹夫：有勇無謀、無德無信的微賤之人。

宋書　卷八四

列傳第四十四

鄧琬　袁顗　孔覬

鄧琬字元琬，[1]豫章南昌人也。[2]高祖混，曾祖玄，並爲晋尚書吏部郎。[3]祖潛之，鎮南長史。[4]父胤之，世祖征虜長史，[5]吏部郎，彭城王義康大將軍長史、豫章太守，[6]光禄勳。[7]

[1]元琬：據中華本校勘記云《南史》《建康實録》皆作"元琰"，與此不同。

[2]豫章：郡名。治所在今江西南昌市。　南昌：縣名。治所在今江西南昌市。

[3]尚書吏部郎：官名。尚書省吏部郎曹長官，屬吏部尚書，主管官吏的選任銓叙調動事務，並對五品以下官吏的任免有建議權。六品。

[4]鎮南長史：官名。即鎮南將軍府長史。長史，諸公、位從公者及位不從公而爲名號大將軍者皆置，爲幕僚長。

[5]世祖：宋孝武帝劉駿廟號。即帝位前曾任征虜將軍。　征

虜長史：官名。即征虜將軍府長史。

[6]彭城王：王爵名。王國在今江蘇徐州市。　義康：人名。即劉義康。宋武帝劉裕第四子。本書卷六八有傳。

[7]光祿勳：官名。掌宮殿門戶名籍，時不復有前代的選舉和宿衛之責。三品。

珫初爲州西曹主簿，[1]南譙王義宣征北行參軍，[2]轉參軍事，又隨府轉車騎參軍，[3]仍轉府主簿，[4]江州治中從事史。[5]世祖起義，版珫爲輔國將軍、南海太守，[6]率軍伐蕭簡於廣州，[7]攻圍踰年，乃克。以臧質反，[8]爲廣州刺史宗愨所執，[9]値赦原。珫弟璩，[10]與臧質同逆，質敗從誅，珫弟環亦坐誅。珫在遠，又有功，免死遠徙，仍停廣州。久之得還，除給事中，[11]尚書庫部郎，[12]都水使者，[13]丹陽丞，[14]本州大中正。[15]大明七年，[16]車駕幸歷陽，[17]追思在藩之舊，下詔曰：“故光祿勳、前征虜長史鄧胤之體局沈隱，[18]累任著績。朕昔當藩重，首先佐務，心力款盡，弗忘于懷。往歲息璩凶悖，自取誅翦，沿恩及珫，特免釁戮。今可擢爲給事黃門侍郎，[19]以旌胤之宿誠。”

[1]西曹：官署名。公府、丞相府、將軍府及州府皆置，掌署用府吏事。　主簿：官名。中央及州郡府均置，典領文書簿籍，經辦事務，在掾史中地位較高。

[2]南譙王：王爵名。王國在今安徽巢湖市居巢區東南。　義宣：人名。即劉義宣。宋武帝劉裕第六子。本書卷六八有傳。　征北行參軍：官名。即征北將軍府行參軍。晉初制度，中央除拜者爲參軍，諸府自辟者爲行參軍。後行參軍亦可除拜，唯品階低於參

軍。參軍亦作“參軍事”，掌參謀軍務，王、公、將軍府及諸州多置爲僚屬。品級自六至九品不等。

[3]隨府轉：官制用語。指府主職務改變，其開府僚屬隨之轉變名義。如此處劉義宣進號車騎將軍，鄧琬即由征北參軍轉車騎參軍。

[4]府主簿：官名。即車騎將軍府主簿。

[5]治中從事史：官名。即治中。爲州之佐吏，掌衆曹文書事。時以幼王出鎮，不親理政事，治中、別駕職權極重。六品。

[6]版：官制用語。亦作“板授”，指不由中央吏部正式任命，而由地方軍政長官自行選用官員，行板文委派。　輔國將軍：官名。將軍名號。三品。　南海：郡名。治所在今廣東廣州市。

[7]蕭簡：人名。南蘭陵人。歷位長沙内史，任南海太守行府事，後孝武帝劉駿派鄧琬討伐，城陷被誅。事見本書卷七八《劉延孫傳》。　廣州：治所在今廣東廣州市。

[8]臧質：人名。東莞莒（今山東莒縣）人。本書卷七四有傳。

[9]宗愨：人名。南陽人。本書卷七六有傳。　廣州刺史：“廣州”各本並作“江州”，中華本據《元龜》卷九二五改，今從之。孫彪《考論》云：“按宗愨時爲廣州刺史，非江州也。”

[10]琬弟璩：人名。《南史》卷四〇《鄧琬傳》作“弟瓊”。

[11]給事中：官名。爲加官，無定員。加此號者得給事宫禁中，分平尚書奏事，爲中朝要職，隷集書省。五品。

[12]尚書庫部郎：官名。亦稱庫部郎中，尚書省庫部曹長官，隷都官尚書，掌戎仗器用的製造和保管。六品。

[13]都水使者：官名。都水臺長官，掌舟船水運河渠灌溉事務。四品。

[14]丹陽丞：官名。一作“丹楊丞”。爲京城所在郡府長官丹陽尹的屬官，協助處理京城行政諸務，地位重要。

[15]大中正：官名。負責評定一地士族内部品級的官員。在郡

中正之上設州大中正，核實郡中正所報士族的品、狀，並有推舉和罷免郡中正的權力。州大中正由司徒選授，主管州內士族品第的評定。

［16］大明：宋孝武帝劉駿年號（457—464）。

［17］歷陽：縣名。治所在今安徽和縣歷陽鎮。

［18］體局：性格器量，人品。　沈隱：深沉凝重。

［19］給事黃門侍郎：官名。東漢合併“黃門侍郎”與“給事黃門”而置，掌侍從左右和關通內外，與侍中平省尚書奏事。魏晉南北朝置爲侍中省或門下省次官，與侍中俱掌門下省。五品。

明年，出爲晉安王子勛鎮軍長史、尋陽內史，[1]行江州事。[2]前廢帝狂悖無道，[3]以太祖、世祖並第數居三以登極位，[4]子勛次第既同，深構嫌隙，因何邁之謀，[5]乃遣使齎藥賜子勛死。使至，子勛典籤謝道遇、齋帥潘欣之、侍書褚靈嗣等馳以告琬，[6]泣涕請計。琬曰：“身南土寒士，蒙先帝殊恩，以愛子見託，豈得惜門户百口，其當以死報效。幼主昏暴，社稷危殆，雖曰天子，事猶獨夫。今便指率文武，直造京邑，與羣公卿士，廢昏立明。”

［1］晉安王：王爵名。王國在今福建福州市。　子勛：人名。即劉子勛。宋孝武帝劉駿第三子。本書卷八〇有傳。　鎮軍長史：官名。即鎮軍將軍府長史。時劉子勛爲鎮軍將軍。　尋陽：王國名。在今江西九江市西南。　內史：官名。西晉改諸王國相爲內史，掌民政。東晉南北朝沿之。五品。

［2］行：官制用語。指官缺未補，暫由他官兼攝其事。　江州：治所在今江西九江市西南。此指江州刺史。

[3]前廢帝：即宋孝武帝長子劉子業。本書卷七有紀。

[4]太祖：宋文帝劉義隆廟號。爲宋武帝劉裕第三子，在少帝劉義符被殺後，由權臣擁立爲帝。世祖劉駿爲宋文帝第三子，以武力推翻元凶劉劭即位爲帝。故此言二者“並第數居三以登極位”。

[5]何邁：人名。廬江灊（今安徽霍山縣）人。其母爲宋武帝劉裕少女劉欣男（豫章公主），其妹爲前廢帝何皇后，其妻爲宋文帝劉義隆第十女劉英媚（新蔡公主）。前廢帝納新蔡公主於後宮，致何邁不滿而欲行廢立。事覺，廢帝誅殺何邁，誣子勛與何邁通謀。本書卷四一有附傳。

[6]典籤：官名。亦稱典籤帥或籤帥。原爲州、府掌管文書的佐吏，由於宋多以年幼皇子出鎮，皇帝委派親信擔任此職，協助處理政事，亦負監察地方之責。後權愈重，皇子亦爲其控制。　謝道遇：人名。其事多在本卷。　齋帥：官名。在皇帝、諸王或州郡長官左右擔任侍衛及灑掃鋪設等職，地位較低。　潘欣之：人名。其事多在本卷。　侍書：官名。皇子屬吏，以善書者出任。　褚靈嗣：人名。其事多在本卷。

景和元年十一月十九日，[1]稱子勛教，即日戒嚴。子勛戎服出聽事，[2]集僚佐，使潘欣之口宣旨曰：“少主昏狂悖戾，並是諸君所見聞。顧命重臣，[3]悉皆誅戮。驅逼王公，幽辱太后。不逞之徒，共成其釁。京師諸王，並見囚逼，委厄虎口，思奮莫因。身義兼家國，豈可坐視橫流？今便欲舉九江之衆，[4]馳檄近遠，以謀王室。於諸君何如？”四座未答，録事參軍陶亮曰：[5]“少主昏狂，醜毒已積。伊、霍行之於古，[6]殿下當之於今。鄱州士子，世習忠節，況屬千載之會，請效死前驅。”衆並奉旨。文武普進位一階。轉亮爲諮議參軍事，領中兵，加寧朔將軍，[7]總統軍事。功曹張沈爲諮議參軍，[8]統作舟艦。參軍事顧昭之、沈伯玉、荀道林等參管書記。[9]南陽太守沈懷寶、岷山太守薛常寶之郡，[10]始至尋陽，與新蔡太守韋希直並爲諮議參軍，[11]領中兵，及彭澤令陳紹宗並爲將帥。[12]

[1]景和：宋前廢帝劉子業年號（465）。

[2]聽事：廳堂。官府治事之所。

[3]顧命：指臨終遺命，多稱前帝王遺詔。

[4]九江：泛指今長江中游湖北廣濟、黃梅一帶的九條江流。

[5]錄事參軍：官名。丞相府、公府、將軍府、州刺史開軍府者皆置，爲錄事曹長官，掌總錄衆曹文簿，舉彈善惡，位在列曹參軍上。七品。　陶亮：人名。其事多在本卷。

[6]伊、霍：代指商代伊尹和西漢霍光。伊尹曾流放商王太甲於桐；霍光廢黜已登帝位的昌邑王劉賀，又立宣帝。後兩人常並稱，泛指能行廢立之事的重臣。

[7]諮議參軍事：官名。丞相府、王府、公府、州軍府皆置，無定員，職掌不定，其位在列曹參軍上。品級依府主地位而定。中兵：官署名。公府、軍府僚屬諸曹之一，掌本府親兵。　寧朔將軍：官名。將軍名號。四品。

[8]功曹：官名。漢朝郡縣置功曹史，省稱功曹，職掌人事，並參與政務。後王府、不開府將軍、郡府皆置。　張沈：人名。其事多見本卷。

[9]顧昭之：人名。其事多見本卷。　沈伯玉：人名。吳興武康（今浙江德清縣）人。本書卷一〇〇有附傳。　荀道林：人名。其事多見本卷。　書記：指文字、書牘、公文等。

[10]南陽：郡名。治所在今河南南陽市。　沈懷寶：人名。吳興武康人，沈攸之侄子，後被斬殺。事另見本書卷七四《沈攸之

傳》。　岷山：郡名。一作“汶山”。漢置郡，治所在今四川茂縣。
查本書《州郡志》無岷山郡，疑此處記載有誤。　薛常寶：人名。
其事多見本卷。

[11]新蔡：郡名。僑置，治所在今河南固始縣東北。　韋希
直：人名。其事不詳。

[12]彭澤：縣名。治所在今江西湖口縣東。　陳紹宗：人名。
其事多在本卷。

　　初，廢帝使荆州録送前軍長史、荆州行事張悦下至
盆口，[1]琬稱子勛命，釋其桎梏，迎以所乘之車，以爲
司馬，[2]加征虜將軍。[3]加琬冠軍將軍，[4]二人共掌内外
衆事。遣將軍俞伯奇率五百人出斷大雷，[5]禁絶商旅及
公私使命。遣使上諸郡民丁，收斂器械，十日之内，得
甲士五千人，出頓大雷，於兩岸築壘。巴東、建平二郡
太守孫沖之之郡，[6]始至孤石，[7]琬以沖之爲子勛諮議參
軍，領中兵，加輔國將軍，與陶亮並統前軍。使記室參
軍荀道林造檄文，[8]馳告遠近。

[1]荆州：治所在今湖北荆州市荆州區。　録送：逮捕押送。
　前軍長史：官名。即前將軍府長史。時荆州刺史爲臨海王劉子
頊，進號前軍。　行事：官制用語。指以他官代行某官職權。此
爲以長史代行刺史職權。　張悦：人名。吴郡吴（今江蘇蘇州市）
人。出身官宦世家，曾任中書吏部郎、侍中、雍州刺史等職。本書
卷四六和卷五九分別有其附傳。　盆口：城名。一名溢口。在今江
西九江市，時爲江州治所。

[2]司馬：官名。州郡長官多帶將軍名號開軍府，置司馬爲高
級幕僚，主軍務。品秩隨府主地位而定。

[3]征虜將軍：官名。武官名號，亦可爲高級文職加官。三品。

[4]冠軍將軍：官名。將軍名號。三品。

[5]俞伯奇：人名。其事不詳。　大雷：戍所名。在今安徽望江縣長江北岸。

[6]巴東：郡名。治所在今重慶奉節縣東。　建平：郡名。治所在今重慶巫山縣。　孫沖之：人名。太原中都（今山西平遥縣）人，曾任右軍將軍。本書卷七四有附傳。

[7]孤石：地名。在今江西彭澤縣長江北岸。

[8]記室參軍：官名。諸王府、公府、將軍府皆置，專掌文疏表章，品級自七品至九品不等。

　　會太宗定亂，[1]進子勛號車騎將軍、開府儀同三司。[2]令書至，諸佐吏並喜，造琬曰：“暴亂既除，殿下又開黃閣，[3]實爲公私大慶。”琬以子勛次第居三，又以尋陽起事，有符世祖，[4]理必萬克。乃取令書投地曰：“殿下當開端門，[5]黃閣是吾徒事耳。”衆並駭愕。琬與陶亮等繕治器甲，徵兵四方。郢州刺史安陸王子綏、荆州刺史臨海王子頊、會稽太守尋陽王子房、雍州刺史袁顗、梁州刺史柳元怙、益州刺史蕭惠開、廣州刺史袁曇遠、徐州刺史薛安都、青州刺史沈文秀、冀州刺史崔道固、湘州行事何慧文、吳郡太守顧琛、吳興太守王曇生、晉陵太守袁標、義興太守劉延熙並同叛逆。[6]

[1]太宗：宋明帝劉彧廟號。

[2]車騎將軍：官名。既是重要軍事統帥，又爲中朝官。位次驃騎將軍，在諸名號大將軍上，多作軍府名號加授大臣。二品。開府位從公者一品。　開府儀同三司：官名。大臣加號，意謂與三司

即太尉、司徒、司空禮制待遇相同，許開設府署，自辟僚屬。

[3]黄閣：建築名。三公代稱。因漢丞相或三公官署廳門塗成黄色，故名。

[4]有符世祖：與當年宋孝武帝之際遇相符。按：孝武帝排行居三，且亦任江州刺史從尋陽起兵，故鄧琬認爲他與劉子勛諸多相類，而若有天命之符。

[5]端門：古代皇宫的正南門。此喻指帝位。

[6]郢州：治所在今湖北武漢市武昌區。　安陸王：王爵名。王國在今湖北安陸市。　子綏：人名。即劉子綏。宋孝武帝第四子，後出繼江夏王劉義恭次子劉叡爲後，封安陸王。本書卷六一有附傳。　臨海王：王爵名。王國在今浙江臨海市章安鎮。　子頊：人名。即劉子頊。宋孝武帝第七子。本書卷八〇有傳。　會稽：郡名。治所在今浙江紹興市。　尋陽王：王爵名。王國在今江西九江市西南。　子房：人名。即劉子房。宋孝武帝第六子。本書卷八〇有傳。　雍州：治所在今湖北襄陽市襄城區。　袁顗（yǐ）：人名。陳郡陽夏人。事見本卷。　梁州：治所在今陝西漢中市。　柳元怙：人名。河東解人，爲著名將帥柳元景從兄。本書卷七七有附傳。　益州：治所在今四川成都市。　蕭惠開：人名。南蘭陵人。本書卷八七有傳。　袁曇遠：人名。曾任南海太守。其事多見本卷。　徐州：治所在今江蘇徐州市。　薛安都：人名。河東汾陰（今山西萬榮縣）人。本書卷八八有傳。　青州：治所在今山東青州市。　沈文秀：人名。吴興武康人。本書卷八八有傳。　冀州：僑置，治所在今山東青州市。　崔道固：人名。清河（今河北清河縣）人。本書卷八八有傳。　湘州：治所在今湖南長沙市。　何慧文：人名。其事多見本卷。　吴郡：治所在今江蘇蘇州市。　顧琛：人名。吴郡吴人。本書卷八一有傳。　吴興：郡名。治所在今浙江湖州市吴興區。　王曇生：人名。琅邪臨沂人。其父王弘之以隱逸見稱。曇生曾任吏部尚書、太常卿等職。本書卷九三有附傳。　晉陵：郡名。治所在今江蘇常州市。　袁標：人名。陳郡陽夏

人。父袁淑於文帝時任太子左衞率，爲劉劭兵變所殺。事見本書卷七〇《袁淑傳》及本卷。　義興：郡名。治所在今江蘇宜興市。劉延熙：人名。彭城吕（今江蘇銅山縣）人，曾任司徒右長史、黃門郎等職。父劉道産官至雍州刺史。本書卷六五有附傳。

　　先是，廢帝以邵陵王子元爲冠軍將軍、湘州刺史，中兵參軍沈仲玉爲道路行事，[1]至鵲頭，[2]聞尋陽兵起，停住，白太宗進止之宜。太宗以子勛起兵，本在幼主，雖疑其不即解甲，不欲先彰同異，[3]敕令進道。信未報，琬聞子元停鵲頭不進，遣數百人劫迎之。乃建牙於桑尾，[4]傳檄京師曰：

[1]邵陵王：王爵名。王國在今湖南邵陽市。　子元：人名。即劉子元。宋孝武帝第十三子，後被宋明帝賜死。本書卷八〇有傳。　中兵參軍：官名。諸公、軍府僚屬之一，掌本府中兵曹事務，兼備參謀咨詢。　沈仲玉：人名。吳興武康人。本書卷一〇〇有附傳。　道路行事：官名。在護送幼王赴任途中，代行刺史職權。

[2]鵲頭：地名。鵲洲在今安徽銅陵縣、繁昌縣之間長江中。按鵲頭爲銅陵縣北鵲頭山，鵲尾爲繁昌縣東北三山，合稱鵲洲，爲江流險要處。

[3]同異：不同。

[4]建牙：出師前樹立軍旗。牙，牙旗，將軍的大旗。　桑尾：地名。在今江西九江市東北長江中，有桑落洲，西爲頭，東爲尾。

　　陽六數艱，雲雷相襲。[1]高皇受歷，時乘雲轡，頓於促路。[2]文祖定祥，係昭睿化，窮於中年。[3]二凶縱禍，三綱理滅，宗王俛首，姑息逆朝，枕戈無聞，偷榮有秩。[4]孝武皇帝釋位泣血，糾義入討，投袂戎首，親戮鯨鯢，九服還輝，兩儀更造。[5]而穹旻不惠，棄離萬國，皇運重替，嗣主荒淫。[6]孤以不才，任居藩長，大懼宗稷，殲覆待日。[7]故招徒楚郢，飛檄京甸，志遵前典，黜幽陟明，庶七廟復安，海昏有紹。[8]豈圖宋未悔禍，弑亂奄臻，遂矯害明茂，篡竊天寶，[9]反道效尤，蔑我皇德，干我昭穆，寡我兄弟，[10]恣鴟鴞之心，蹈倫、穎之志，[11]覆移鼎祚，誣罔天人。藐孤同氣，猶有十三，聖靈何辜，而當乏饗。[12]

[1]陽六：一作“陽九百六”，指灾難和厄運。道家稱天厄爲陽九，地虧爲百六，以四百五十六年爲一“陽九”，二百八十八年爲一“百六”，“大抵歲運值之，終有厄會”。　雲雷：按《易·屯卦》卦象爲《坎》上《震》下，《坎》之象爲雲，《震》之象爲雷，“剛柔始交而難生”，因以“雲雷”喻險難環境。

[2]高皇：指宋開國皇帝劉裕，其廟號爲高祖。　受歷：接受天命，統治天下。歷，歷數，帝王繼承的次序。古代迷信之説，認爲帝位相承和天象運行次序相應。　頓：停頓。　促路：喻短途，短促的人生。按：指劉裕即皇位不到三年而去世。

[3]文祖：指宋文帝劉義隆，其廟號爲太祖。　係昭睿化：聖明的教化普照天下。　翦於中年：指宋文帝於四十七歲被其子劉劭逆殺。

[4]二凶：指謀結弑父的宋文帝長子劉劭和次子劉濬。其事見本書卷九九《二凶傳》。　三綱：中國古代社會最根本的倫理規範，謂君爲臣綱、父爲子綱、夫爲妻綱，合稱三綱。　俛首：低頭。表

示恭順之狀。　逆朝：迎受而朝拜。　枕戈：枕著武器。謂報仇情殷意切。

[5]孝武：宋世祖劉駿謚號。　釋位：離去本職，與治王之政事。《左傳》昭公二十六年：“諸侯釋位，以間王政。”　泣血：泪盡血出。形容極度悲傷。　投袂：甩袖。形容激動奮發。　戎首：禍首。　鯨鯢：比喻凶惡之敵。　九服：本指王畿以外的九等地區，此謂全國各地。　兩儀：指天和地。

[6]穹旻不惠：穹蒼不順。謂上天不護佑。　棄離萬國：暗喻皇帝死去。　重替：再一次更替。　嗣主：指宋前廢帝劉子業。

[7]孤：侯王對自己的謙稱。　不才：自謙没有才能。　藩長：諸侯王的長兄。　宗稷：宗廟社稷。　待日：等待時日。

[8]京甸：地區名。古代國都城外百里以内稱“郊”，郊外稱“甸”。合指京都地區。　七廟：泛指帝王供奉祖先的宗廟。《禮記·王制》：“天子七廟，三昭三穆，與太祖之廟而七。”此爲王朝的代稱。　海昏有紹：海昏侯之後有一位英明的君主接續。按：西漢昭帝死後，昌邑王劉賀爲帝，不久淫亂被廢，劉詢即位爲漢宣帝，勵精圖治，使王朝中興。後漢宣帝封劉賀爲海昏侯。

[9]悔禍：撤去所加的灾禍。　奄臻：突然而至。　明茂：光明茂德（之人）。　天寶：皇位。丁福林《校議》云：“《通鑑》卷一三〇作‘大寶’。考《易·繫辭下》：‘聖人之大寶曰位。’疑作‘大寶’者是也。”

[10]蔑：輕視。　干我昭穆：衝犯干亂宗法制度。古代宗法制度，宗廟中神主以始祖居中，往下每代遞爲昭穆，分左右排列。實際反映了現實政治生活中的繼承制度。宋明帝爲孝武帝之弟，叔父不應承繼侄子（前廢帝）而登帝位，劉子勛於此表示不滿。所以這場皇室内亂實際上是宋文帝系統（宋明帝等）與宋孝武帝系統（劉子勛等）的權力之爭。　寡：以爲軟弱、弱小。

[11]鴟鴞：鳥名。俗稱貓頭鷹。常用以比喻貪惡之人。　倫、穎：人名。此指西晋宗室司馬倫和司馬穎。趙王司馬倫是司馬懿第

九子，曾因晋惠帝而自立；成都王司馬穎是晋武帝第十六子，曾自封皇太弟遥控朝政。二人都對導致西晋滅亡的“八王之亂”起了推波助瀾的作用。

[12]藐孤同氣：幼弱的同父孤兒。指劉子勛等兄弟諸王。　乏饗：缺乏祭品。指宋孝武帝的帝業無人繼承。

昔隆周弛御，晋、鄭是依；[1]盛漢中陵，居、章抗節。[2]支苗輕屬，猶或忘軀，况孤忝惟臣子，情地兼切，號感一隅，心與事痛。[3]是用飲血袵金，誓復宗祀。[4]今遣輔國將軍諮議領中直兵孫沖之、龍驤將軍陳紹宗，[5]率螭虎之士，組甲二萬，沿流電發，逕取白下。[6]龍驤將軍領中直兵薛常寶、建威將軍領中直兵沈懷寶，[7]長戟萬刃，羽騎千群，徑出南州，直造朱雀。[8]寧朔將軍諮議領中直兵陶亮、龍驤將軍焦度，總中黄之旅，梟雄三萬，風掩江介，雲臨石頭。[9]建威將軍張洌、龍驤將軍何休明，[10]提育、獲之徒，勁悍之卒，邪趨金陵，北指閶闔。[11]龍驤將軍張係伯、龍驤將軍陳慶，[12]勒輕鋭五千，强弩一萬，飛鋒班濆，齊會西明。[13]冠軍將軍、尋陽内史鄧琬，撮湘、雍之兵，勇敢四萬，授律總威，飆集京邑。征虜將軍領府司馬張悦，蒼兕千艘，水軍五萬，大董群校，絡繹繼道。[14]冠軍將軍豫章内史劉衍、寧朔將軍武昌太守劉弼、寧朔將軍西陽太守謝稚、建威將軍領中直兵晋熙太守閻湛之，[15]皆掃境勝兵，薦誠請效。後將軍、郢州刺史安陸王子綏懷恩纏慕，鞠旅先辰。[16]冠軍將軍、湘州刺史邵陵王子元席驪陵波，整衆遄至。[17]前將軍、荊州刺史臨海王子項練甲陝西，獻徒萬數。[18]輔國將軍、冠軍長史、長沙內史何慧文，見拔先皇，誠深投袂。[19]冠軍將軍、雍州刺史袁顗，不謀同契，雷發漢南。[20]建武將軍、順陽太守劉道憲，懷忠報慨，不遠三千。[21]梁、益、青、徐、兗、豫、吳、會，皆密介歸誠，誓爲表裏。[22]孤親總燕徒，十有餘萬，白羽咽川，霜鋒照野，金聲振谷，鳴鼙聒天。[23]凡諸將帥，皆忠無匿情，智無遺計，果榦剛鷙，譎略多奇。水陸長驅，數道並進，發舟踰險，背水爭先。以此衆戰，孰能斯禦，推此義銳，滄海可堙。[24]

[1]弛御：放鬆對馬的駕御。比喻統治削弱。　晋、鄭：國名。晋國和鄭國。春秋時期周天子衰弱，晋和鄭是距離較近的兩個姬姓諸侯，東周從政治和經濟上都對他們依賴甚多。

[2]陵：陵遲，陵夷。即衰落。　居、章：人名。即西漢齊悼惠王劉肥的兒子劉章和劉興居。呂后執政時，二人對諸呂擅權不滿，屢爲抗爭。呂后死後，二人又與大臣合謀，誅殺諸呂。後劉章被封爲城陽王，劉興居被封爲濟北王。　抗節：堅守節操。

[3]忝：謙詞。即愧。　情地：親族和地位。　號感：感慨號哭。　隅：角落。指京城之外的駐地。

[4]飲血：飲血酒，爲盟誓之事。　袵金：以兵器爲臥席，隨時準備迎敵。袵，臥席。　宗祀：對祖宗的祭祀。此指帝位。

[5]中直兵：官名。即中直兵參軍。東晋末至宋公、軍府僚屬，改置原中兵參軍爲中直兵參軍，兼領中兵、直兵二曹，掌親兵衛隊。　龍驤將軍：官名。將軍名號。三品。

〔6〕螭（chī）虎：龍與虎。比喻勇猛的將士。　白下：城名。在今江蘇南京市北金川門外、幕府山南麓，北臨大江，爲建康北郊的軍事要地，常置戍於此。

〔7〕建威將軍：官名。領兵之官，爲五威將軍之一。四品。

〔8〕南州：時以姑孰（今安徽當塗縣）爲南州。此地爲南豫州的治所。　造：到……去。　朱雀：城門名。即朱雀門。一名大航門。首都建康城南面城門，約在今江蘇南京市中華門内、秦淮河岸。

〔9〕焦度：人名。南安（今甘肅隴西縣）氐人。以武勇聞名，多任軍職，以功封東昌縣子。《南齊書》卷三〇有傳。　中黄：亦稱中黄伯。古勇士名，此泛指勇士。　石頭：城名。一名石首城。在今江蘇南京市西清涼山，本楚威王所置金陵邑，後孫權重築改名。其城負山面江，控扼江險，南臨秦淮河口，固若虎踞。

〔10〕張洌：人名。其事多見本卷。　何休明：人名。其事不詳。

〔11〕育、獲：皆人名。指古代力士夏育、烏獲。　金陵：地名。東晋王導謂“建康古之金陵”，後人因之作爲今江蘇南京市的別稱。　閶闔：城門名。六朝都城建康仿漢魏洛陽，設城門十二座，其西城墻最北一座門，名閶闔門。

〔12〕張係伯：人名。其事不詳。　陳慶：人名。其事多見本卷。

〔13〕班瀆：戍名。在今江蘇南京市和鎮江市之間。　西明：城門名。爲建康城西面中間的一座城門。

〔14〕蒼兕：傳説中的水獸名，善奔突，能覆舟。借指水軍。董：統率。

〔15〕劉衍：人名。東莞莒人。爲佐助宋武帝的功臣劉穆之的孫子。事見本書卷四二《劉穆之傳》。　武昌：郡名。治所在今湖北鄂州市。　劉弼：人名。宋皇室子孫。事見本書卷五一《長沙景王道憐傳》。　西陽：郡名。治所在今湖北黄岡市黄州區。　謝稚：

人名。陳郡陽夏人。士族高門謝氏後代。事見本書卷五二《謝景仁傳》。　晉熙：郡名。治所在今安徽潛山縣。　閭湛之：人名。其事分見本書卷八七《殷琰傳》及本卷。

[16]後將軍：官名。軍府名號，用作加官。三品。　懷恩纏慕：情意深厚，難捨難分。　鞠旅：向軍隊發出出征號令。猶誓師。　先辰：在早晨以前。辰，通“晨”。

[17]席颿（fān）：船帆。席，船帆。颿，同“帆”。亦船帆。此借指帆船。　遄（chuán）：快，迅速。

[18]前將軍：官名。軍府名號，用作加官。三品。　陝西：地區名。古指陝（今河南陝縣）以西。此爲借稱，取“自陝而東者，周公主之；自陝而西者，召公主之”之意，指鎮撫西方的柱臣。

[19]冠軍長史：官名。即冠軍將軍府長史。時邵陵王子元爲冠軍將軍。　見拔先皇：爲先皇（宋孝武帝劉駿）所提拔。

[20]同契：相合，投合。　漢南：地區名。指漢水之南。

[21]建武將軍：官名。五武將軍之一。四品。　順陽：郡名。治所在今河南淅川縣南。　劉道憲：人名。其事多見本卷。　不遠三千：不顧路途遥遠。三千，泛言數目之多。

[22]梁：州名。治所在今陝西漢中市東。　兗：州名。治所在今山東兗州市。　豫：州名。治所在今安徽壽縣。　吳、會：地區名。本爲吳、會稽二郡的合稱。此泛指今太湖和錢塘江以東地區。　表裏：内外呼應。

[23]烝徒：衆人，百姓。烝，衆，衆多。　白羽：古代軍帥所執的指揮旗，又稱白旄。此泛指軍旗。　鼙：古代軍中所用的一種小鼓。　聒天：喧擾之聲通天。

[24]義銳：義氣風發銳不可擋的軍隊。　堙（yīn）：同“堙”。堵塞。

諸君或荷寵前朝，感恩舊日；[1]或弈世貞淳，[2]

見危授命，而逼迫寇手，效節莫由。今大軍密邇，形援已接，見幾而作，豈俟終日？[3]便宜轉禍趣福，[4]因變立功。夫旦、奭與三監並時，[5]金、霍與上官共主，邪正粗雜，何世無之。[6]但績亮則名播，姦騁則道消耳。[7]紀季入齊，陳平歸漢，身尊譽遠，明誓是哀，成範全規，殷監匪遠。[8]若玩咎惟休，告舍罔悟，則誅及五族，有殄無遺。[9]軍科爵賞，信如曒日，巫山既燎，芝艾共烟，幸遵良塗，無守毀轍。[10]檄到宣告，咸使聞知。

購太宗萬户侯，布絹二萬匹，金銀五百斤，其餘各有差。

[1]荷寵：承受恩寵。　弈世：累世，歷代。弈，通“奕”。

[2]淳：堅持操守，純粹質樸。

[3]見幾：看見事情的苗頭或預兆。　俟：等待。

[4]便（biàn）宜：謂斟酌事宜，不拘陳規，自行決斷處理。趣：趨向，奔赴。趣，同“趨”。

[5]旦、奭：人名。即西周初政治家周公姬旦、召公姬奭。他們在周武王去世、成王年幼時，共同攝政，粉碎東方叛亂，穩定了局勢。　三監：周武王滅商後，以商舊都封給紂子武庚，並以武王弟管叔、蔡叔、霍叔在周圍監視，稱爲三監。後來三監對周公旦攝政不滿，聯合武庚，發動叛亂。

[6]金、霍：指西漢昭帝時大臣金日（mì）磾（dī）、霍光。漢武帝死後，昭帝即位，他們同受遺詔輔政，平息燕王旦與上官桀、桑弘羊串通謀反的事件，維護了政局穩定。　上官：指上官桀。漢武帝晚年任左將軍，同霍光一起爲昭帝輔政大臣。後圖謀廢帝，被族滅。　粗雜：混雜。粗，同“糅”。

[7]績亮：功績輝映。　姦騁：奸邪放縱。

[8]紀季入齊：事見《左傳》莊公三年。紀國姜姓，在今山東壽光市南。齊强紀弱，公元前691年，紀侯之弟紀季帶著酅地歸入齊國而爲附庸，紀國一分爲二。次年，紀侯不願屈從齊國，把自己所屬土地全部給了紀季，從此紀國歸齊。　陳平：人名。西漢初大臣。他初追從項羽，後歸劉邦，大受任用。　明誓：明白的誓言。袞（bāo）：同"褒"。嘉獎，稱贊。　殷監：同"殷鑒"。謂殷人子孫應以夏的滅亡爲鑑戒。後泛指可以作爲借鑑的教訓。匪：不。

[9]玩咎惟休：玩忽灾禍而不停止。　告舍罔悟：被警告而不覺悟。　五族：謂五服内的親族。　殄：滅絶。

[10]皦日：明亮的太陽。用於表誓。　巫山：山名。在重慶、湖北兩省市邊界，長江穿流其中，形成三峽。此爲比喻之辭，非實指。　芝艾共烟：猶言玉石俱焚。芝草和艾草，常用來比喻貴賤、賢愚、良莠。此謂同歸於盡。　毀轍：覆車之轍。

太宗遣荆州典籤邵宰乘驛還江陵，[1]經過襄陽，[2]袁顗馳書報琬，勸勿解甲，并奉表勸子勛即位。[3]郢州承子勛初檄，及聞太宗定大事，即解甲下標。[4]繼聞尋陽不息，而顗又響應，郢府行事録事參軍荀卞之大懼，[5]慮爲琬所咎責，即遣諮議領中兵參軍鄭景玄率軍馳下，[6]并送軍糧。琬乃稱説符瑞，造乘輿御服，云松滋縣生豹自來，[7]柴桑縣送竹有"來奉天子"字，[8]又云青龍見東淮，白鹿出西岡。[9]令顧昭之撰爲《瑞命記》。立宗廟，設壇場，[10]矯作崇憲太后璽，[11]令群僚上僞號於子勛。泰始二年正月七日，[12]即位於尋陽城，改景和二年爲義嘉元年。[13]

〔1〕邵宰：人名。後曾任龍驤將軍等職。事多見本卷。

〔2〕襄陽：城名。在今湖北襄陽市襄城區。時爲雍州治所，袁顗爲刺史駐此。

〔3〕解甲：卸下盔甲。謂停止戰鬥。　奉表：上表。

〔4〕定大事：此指宋明帝誅殺前廢帝，於建康即皇帝位。　下標：降下軍旗。標，旗幟。

〔5〕荀卞之：人名。曾任烏程縣令。事多見本卷。

〔6〕鄭景玄：人名。前曾任虎賁中郎將等職。事多見本卷。

〔7〕松滋：縣名。南朝共有三松滋，治所一在今安徽霍邱縣東，屬南豫州；一在今江西九江市東，屬江州；一在今湖北松滋市西北，屬荆州。此處當指江州之松滋。

〔8〕柴桑：縣名。治所在今江西九江市西南。

〔9〕青龍、白鹿：古時皆以爲祥瑞之物。　東淮：淮水以東。西岡：河名。在今江蘇鹽城市西北。

〔10〕立宗廟：按古代宗法制，祇有天子所在纔能設立宗廟，纔能祭祀皇室列祖列宗，同時亦取得政治和皇族的繼承權。　壇場：古代設壇舉行祭祀、繼位、盟會、拜將等大典的場所。築土爲壇，壇旁平地爲場。中華本原文作“壇埸”，今據《南史》卷四〇《鄧琬傳》改。

〔11〕矯作崇憲太后璽：“璽”後佚一“令”字。按：古文上下二字重複，則用“々”號表示，易被忽略。　崇憲太后：指宋文帝淑媛、宋孝武帝生母路惠男。丹陽建康人。本書卷四一有傳。

〔12〕泰始：宋明帝劉彧年號（465—471）。

〔13〕景和：宋前廢帝劉子業年號（465）。按：劉子業改元當年十一月被殺，故實際上沒有景和二年。因劉子勛不承認宋明帝泰始年號，故仍沿舊年號。

以安陸王子綏爲司徒、驃騎將軍、揚州刺史,[1]尋陽王子房車騎將軍,臨海王子頊衞將軍,[2]並開府儀同三司。邵陵王子元撫軍將軍。[3]其日雲雨晦合,行禮忘稱萬歲。取子勛所乘車,除脚以爲輦,[4]置偽殿之西,其夕有鳩棲其中,鴉集其憳。[5]又有秃鶖集城上。[6]子綏拜司徒日,雷電晦冥,震其黄閤柱,鴟尾墮地,又有鴟棲其帳上。[7]以鄧琬爲左將軍、尚書右僕射,[8]張悦領軍將軍、吏部尚書,[9]征虜將軍如故,進袁顗號安北將軍,加尚書左僕射。[10]臨川内史張淹爲侍中。[11]府主簿顧昭之、武昌太守劉彌並爲黄門侍郎,[12]廬江太守王子仲委郡奔尋陽,[13]亦爲黄門侍郎。鄱陽内史丘景先、廬陵内史殷損、西陽太守謝稚、後軍府記室參軍孫詵、長沙内史孔靈産、參軍事沈伯玉、荀道林並爲中書侍郎。[14]荀卞之爲尚書左丞,[15]府主簿江乂爲右丞。[16]府主簿蕭寶欣爲通直郎。[17]琬大息粹、悦息洵並正員郎,粹領衞尉,洵弟洌司徒主簿。[18]建武將軍、領軍主、晋熙太守閭湛之加寧朔將軍。廬陵内史王僧胤爲秘書丞。[19]桂陽太守劉卷爲尚書殿中郎。[20]褚靈嗣、潘欣之、沈光祖,中書通事舍人。[21]餘諸州郡,並加爵號。

[1]司徒:官名。名譽宰相,或與丞相、相國並置,加録尚書事銜者得爲真宰相,其府處理全國日常行政事務。一品。　驃騎將軍:官名。居諸名號將軍之首,僅作爲軍府名號,無具體職掌。揚州:治所在今江蘇南京市。

[2]衞將軍:官名。位在諸名號大將軍之上,多作爲軍府名號,無具體職掌。二品。開府者位從公,一品。

[3]撫軍將軍：官名。將軍名號，位比四鎮將軍。三品。

[4]脚：車脚。即車輪。　輦：帝王后妃所乘的車。

[5]鳩：鳥名。指斑鳩、布穀鳥等。　鴞：鳥名。俗稱猫頭鷹，古人認爲是惡聲之鳥、禍鳥。　幨：車前的帷幔。

[6]禿鶖：鳥名。古人認爲性極貪惡。

[7]晦冥：昏暗，陰沉。　鴟尾：古代宫殿屋脊兩端的裝飾性構件，外形如蚩（一種海獸）尾，象徵辟除火灾。鴟，鳥名。鴟鷹。

[8]左將軍：官名。軍府名號，用作加官。三品。　尚書右僕射：官名。尚書令爲宰相之任，不親庶務，尚書省日常政務由左、右僕射主持，諸曹奏事由二僕射審議聯署，左僕射居右僕射上。三品。

[9]領軍將軍：官名。掌禁衛軍及京都諸軍。三品。　吏部尚書：官名。尚書省吏部曹長官，職掌文職官吏任免考選，位列曹尚書之上。三品。

[10]安北將軍：官名。四安將軍之一，多爲加官。三品。

[11]臨川：郡國名。治所在今江西撫州市臨川區。　張淹：人名。吳郡吳人，張悦侄。曾任太子左衛率、東陽太守，被封廣晉縣子。本書卷四六有附傳。　侍中：官名。屬門下省，掌直侍左右，奏事應對。三品。

[12]黄門侍郎：官名。秦和西漢爲郎官加“給事黄門”的省稱，亦稱“黄門郎”。爲中朝官，侍從顧問皇帝。東漢與給事黄門合爲一官，遂成爲“給事黄門侍郎”的省稱。宋爲門下省次官，四人。

[13]廬江：郡名。治所在今安徽舒城縣。　王子仲：人名。其事不詳。

[14]鄱陽：郡國名。治所在今江西鄱陽縣。　丘景先：人名。吳興人，曾任殿中郎。其事多見本卷。　廬陵：郡國名。治所在今江西吉水縣東北。　殷損：人名。其事不詳。　後軍府：官署名。

即後將軍府。時安陸王劉子綏爲後軍將軍開府。　孫詵：人名。太原中都（今山西平遥縣）人。《南史》卷七二有附傳。　孔靈産：人名。會稽山陰（今浙江紹興市）人，曾任晋安太守、太中大夫等官，以善星術著稱。事見《南齊書》卷四八《孔稚珪傳》。　中書侍郎：官名。三國魏始置，擬詔出令，職任機要。南朝事權悉歸中書舍人，侍郎職閑官清。五品。

[15]荀卞之：張森楷《校勘記》云：“《符瑞志》有烏程令苟卞之於大明七年言甘露降，疑即一人。‘荀’‘苟’未知孰是。”　尚書左丞：官名。尚書省佐官，位次尚書，監察糾彈尚書令、僕射、尚書等，號稱“監司”。分管宗祀、朝儀、選授官吏等奏事文書，職權甚重。六品。

[16]江乂：人名。後曾任沈攸之荆州長史。事見《南史》卷四五《張敬兒傳》。

[17]蕭寶欣：人名。其事不詳。　通直郎：官名。通直散騎侍郎、通直正員郎的省稱。屬集書省，掌侍從，爲加官。

[18]息：兒子。　衛尉：官名。專掌宮禁及京城防衛。三品。

[19]建武將軍：上文言閭湛之爲建威將軍，建威將軍地位高於建武將軍，若此時閭湛之爲建武將軍，等於降號，原因不明，故丁福林《校議》認爲“二者間應有一誤”。　領：官制用語。多爲暫攝之意，常以卑官領高職。　軍主：官名。軍的主將，統兵自數百人至萬人以上不等。　王僧胤：人名。其事不詳。　秘書丞：官名。秘書省次官，掌典籍圖書的管理和校定，爲清要之官。六品。

[20]桂陽：郡名。治所在今湖南郴州市。　劉卷：人名。東莞莒人。宋開國元勳劉穆之重孫。其事亦見本書卷四二《劉瑀傳》。　尚書殿中郎：官名。尚書省殿中曹長官的通稱，直屬尚書左僕射，爲親近皇帝的文學侍從官員，常代擬詔敕。六品。

[21]沈光祖：人名。曾任晋安王劉子勛典籤。餘事不詳。　中書通事舍人：官名。亦稱中書舍人，中書省屬官，時除收納轉呈文書章奏外，漸奪中書侍郎草擬之任，職微權重，成爲皇帝集權工

具。七品。

　　琬性鄙闇,[1]貪吝過甚,財貨酒食,皆身自量校。[2]
至是父子並賣官鬻爵,使婢僕出市道販賣,酣歌博
奕,[3]日夜不休。大自矜遇,[4]賓客到門者,歷旬不得
前。内事悉委褚靈嗣等三人,群小横恣,競爲威福,士
庶忿怨,内外離心矣。

　　[1]鄙闇:鄙俗昏昧。

　　[2]量校:(親自)稱量核實。

　　[3]博奕:局戲和圍棋。博,博戲,又叫局戲,爲古代的一種
游戲,六箸十二棋。奕,同“弈”。圍棋。

　　[4]矜遇:自恃受到恩遇。

　　太宗遣散騎常侍、領軍將軍王玄謨領水軍南討,[1]
吳興太守張永爲其後繼。[2]又遣寧朔將軍尋陽内史沈攸
之、寧朔將軍江方興、龍驤將軍劉靈遺率衆屯虎檻。[3]
時東賊甚急,[4]張永、江方興回軍東討。尚書下符曰:[5]

　　[1]散騎常侍:官名。三國魏始置,兩晋爲門下重職,參掌機
密,職任比侍中。南朝散騎省改名集書省,職以侍從和收轉奏書爲
主,地位驟降。三品。　王玄謨:人名。太原祁縣(今山西祁縣)
人。本書卷七六有傳。

　　[2]張永:人名。吳郡吳人,屢任重職。本書卷五三有附傳。

　　[3]沈攸之:人名。吳興武康人。本書卷七四有傳。　江方興:
人名。濟陽考城(今河南民權縣)人。事見本卷。　劉靈遺:人
名。襄陽人。事見本卷。　虎檻:洲名。在今安徽繁昌縣東北長

江中。

[4]東賊：指以行會稽郡事孔覬、吳郡太守顧琛等爲首的反對宋明帝的勢力，因其在建康以東，故稱。

[5]符：公文程式。始於晉，時尚書所下公文稱符。

夫晦明遞運，崇替相沿，帝宋之基，懋業維永，聖祖重光，氤氳上業。[1]狂昏承祀，國維以紊，毒流九縣，釁穢三靈，[2]搢紳戮辱，黔庶塗炭，人神同憤，朝野泣血。[3]聖上明睿在躬，膺符握曜，眷懷家國，夙夜劬勞，懼社稷湮蕪，彝倫左衽。[4]天威雷發，氛沴冰消，殄凶譙門，不俟鳴條之旅；[5]殲虐牧野，無勞孟津之鉞。[6]華、夷即晏，晷緯遄光，鏗鏘聞於管絃，趨翔被於冠冕，同軌仰化，異域懷風。[7]劉子勛昏世稱兵，義同蔇惡，明朝不戢，罔識邪正。[8]窺窬畿甸，逼遏兩江，陵上無君，暴於遐邇。[9]王赫斯怒，興言討違，命彼上將，治兵薄伐。[10]

[1]晦明：昏暗與光明。　崇替：興盛與衰落。　懋業：盛業。重光：累世盛德，輝光相承。　氤（yīn）氳（yūn）：烟雲彌漫、陰陽氣合之狀。

[2]狂昏：指宋前廢帝劉子業。　國維以紊：國家大綱紊亂不整。　九縣：九州。　三靈：指天、地、人。亦指天神、地祇、人鬼。

[3]搢紳：指有官職或做過官的人。　黔庶：百姓，平民。泣血：無聲痛哭，淚如血涌。

[4]聖上：指宋明帝劉彧。　明睿：明智通達。　膺符：受有

符命。符，指帝王受命於天的符命。　曜：七曜。指日、月、五星。“七曜普照天下”，也是天意的象徵。　劬（qú）勞：勞苦。彝倫：人倫法度。　左衽：衣襟向左。指古代某些少數民族的服裝。

[5]氛沴（lì）：灾惡之氣。　殄（tiǎn）：消滅。　譙門：建有瞭望樓的城門。此隱喻誅殺前廢帝不動干戈，實際劉子業於華林園竹林堂是被左右追殺。另此譙門可能與《御覽》卷八二引《帝王世紀》“（湯）逐禽桀於焦”的記載有關。　鳴條之旅：指商湯伐夏桀，戰於鳴條之野。鳴條，地名。在今河南封丘縣東。

[6]牧野：地名。在今河南淇縣。周武王率軍討伐商紂，商軍倒戈，“以開武王”，即於此。　孟津之鉞：周武王東征，先經過孟津（今河南孟津縣）會合各路諸侯，仗黃鉞而誓。此喻不勞外兵而解決劉子業政權。

[7]晏：安定。　晷緯：日與星。比喻皇恩。　趨翔：即趨蹌。形容步趨中節。古時朝拜晉謁須按一定的節奏和規則行步。亦指朝拜。　懷風：心懷風化而歸順。

[8]明朝不戢：遇到聖明之朝仍不收兵。戢，收藏兵器。　罔識：不識。

[9]窺窬：亦作“窺蹸”。覬覦，分外希求。　畿甸：王畿京郊。　兩江：地區名。泛指江左（江東）和江右（江西）的大片地區。

[10]王赫斯怒：見《詩·大雅·皇矣》。原謂周文王赫然大怒對群臣命令。此借用其語。　薄伐：迫伐。

　　今遣寧朔將軍、尋陽內史沈攸之，輕銳七千，飛舟先邁。龍驤將軍劉靈遺，羽林虎旅，連鋒繼造。假節、督南討前鋒諸軍事、冠軍將軍、兗州刺史殷孝祖，[1]驅濟、河勁卒，[2]電擊雷動。使持節、車騎將軍、江州刺史曲江縣開國侯王玄謨，[3] 烝徒五萬，董統前師。使持節、侍中、司徒、揚州刺史建安王休仁，[4] 擁神州之衆，總督群帥。龍驤將軍劉勔、寧朔將軍劉懷珍，[5] 步騎五千，直指大雷。[6] 寧朔將軍柳倫、司州刺史龐孟虯，淮、潁突騎，邪趣西陽。[7] 使持節、驃騎大將軍、豫州刺史山陽王休祐，[8] 總勒步師，連旗百萬，河舟代馬，遄鶩江濆，[9] 越棘吳鉤，交曜畿服。[10] 笳鼓動坤維，金甲震雲漢，掎角相望，水陸俱發。[11] 冠軍將軍武念，率雍、司之銳，已據樊、沔。[12] 徐州刺史申令孫，提彭、宋剽勇，陵壑焱奮。[13] 皇上當親馭六師，降臨江服，旌旆掩雲，舳艫咽海。[14]

[1] 假節：官名。假以節杖。地方都督有使持節、持節、假節三種，使持節得殺二千石以下，持節可殺無官位人，假節唯有軍事得殺犯軍令者，三者職權範圍不同。監、督軍亦然。　督諸軍事：地方軍政長官分爲三等，都督、監或督某某諸軍事，地位高下不等，都督最高，督最低。　殷孝祖：人名。陳郡長平（今河南西華縣）人。本書卷八六有傳。

[2] 濟、河：濟水和黃河。時兗州刺史轄今山東西南部，正處於兩水之間。

[3] 使持節：官名。見上"假節"注。　曲江縣開國侯：侯爵名。侯國在今廣東韶關市南。開國侯，初指侯爵中開國置官食封者，後僅爲爵位名。食邑爲縣或郡，故爵前常冠以所封郡縣名。分開國郡侯、開國縣侯二級，位在開國公下。二品。

[4] 建安王：王爵名。王國在今福建建甌市南松溪南岸。　休仁：人名。即劉休仁。宋文帝劉義隆第十二子。本書卷七二有傳。

[5]劉勔：人名。彭城人。本書卷八六有傳。　劉懷珍：人名。平原人。屢任武職，以功封廣晉縣侯。《南齊書》卷二七有傳。

[6]大雷：戍所名。在今安徽望江縣。

[7]柳倫：人名。其後曾一度反叛宋明帝，佐助殷琰。事見本書卷八七《殷琰傳》。　司州：治所原在洛陽。宋僑置，治所初在今河南汝南縣，後改在今河南信陽市。　龐孟虬：人名。宋孝武帝時曾任虎賁中郎將、屯騎校尉等職。此時實已投奔劉子勛，反叛宋明帝，後兵敗逃入蠻中。其事見本書卷七七《顏師伯傳》和卷八七《殷琰傳》。　淮、潁：指淮水和潁水流域。

[8]驃騎大將軍：官名。居諸名號將軍之首，多加於權臣元老，以示尊崇，開府置僚屬，不領兵。一品。　山陽王：王爵名。王國在今江蘇淮安市。　休祐：人名。即劉休祐。宋文帝劉義隆第十三子。本書卷七二有傳。

[9]遄鶩江濆：急速奔馳於江邊。濆，河旁高地。

[10]越棘吳鈎：越地所產的戟和吳地所產的劍。形容武器精良。棘，通“戟”。鈎，兵器，形似劍而曲。　曜：同“耀”。畿服：指天下。畿，王畿。服，九服。

[11]箛鼓：軍中樂器。　坤維：指西南方。《淮南子》：“坤維在西南。”　金甲：金屬鎧甲。　雲漢：銀河，天河。亦泛指高空，雲霄。　掎角：分兵互相呼應。

[12]武念：人名。新野（今河南新野縣）人。軍將出身，多有軍功，官至南陽太守，後爲袁顗所斬。本書卷八三有附傳。樊、沔：地區名。指樊城和沔水一帶。樊城在今湖北襄陽市樊城區。沔水即漢水。

[13]申令孫：人名。魏郡魏（今河北大名縣）人。其父申坦亦曾任徐州刺史。本書卷六五有附傳。　彭、宋：地區名。今河南商丘市至江蘇徐州市一帶。彭，彭城，在今江蘇徐州市。宋，古宋國地，約轄今豫、皖、蘇、魯交界地域。　陵塗：路途馳奔。　焱（yàn）奮：迅疾奮勇。

[14]江服：地區名。古代指長江流域。　舳艫：船頭和船尾的並稱。多泛指前後首尾相接的船。

　　昔吳、楚連衡，燕、淮勁悍，[1]塵擾區内，聲沸秦中，[2]霧散埃滅，豈非先鑒。而嬰彼孤城，以待該天之網，迫此烏合，以抗絡宇之師。[3]雲羅四掩，霜鋒交集，猶勁飆之拂細草，烈火之掃寒原，燋卷之形，[4]昭然已著。朝廷惻愍我僚吏，哀矜我士民，並亦何辜，拘誤迷黨。故加宣示，令得自新。如其淪惑不改，抵冒王威，同焚既至，雖悔奚補。奉詔以四王幼弱，[5]不幸陷難，兵交之日，不得妄加侵犯，若有逼損，誅翦無貸。左右主帥，嚴相衛奉，詿誤之罪，[6]一無所問。

[1]吳、楚連衡：指西漢景帝時吳王劉濞聯結楚、趙等六個諸侯國，共同發動叛亂。　燕、淮勁悍：指西漢初年淮南王英布和燕王盧綰南北呼應，先後反叛。　勁悍：勁兵悍卒。

[2]區内：區夏之内。古代對中原地區的稱呼。　秦中：地區名。指今陝西中部。西漢建都於此。

[3]該天：包天，遮天。　絡宇：包羅宇宙。

[4]燋卷：枯萎卷縮。燋，通“焦”。

[5]四王：指尋陽王子房、安陸王子綏、臨海王子頊和邵陵王子元。

[6]詿誤：牽累，連累。

　　琬遣孫沖之率陳紹宗、胡靈秀、薛常寶、張繼伯、焦度等前鋒一萬，[1]來據赭圻。[2]沖之於道與子勛書曰：

“舟楫已辦，器械亦整，三軍踴躍，人争效命，便欲沿流挂颿，直取白下。願速遣陶亮衆軍，兼行相接，分據新亭、南州，則一麾定矣。”[3]乃加沖之左衛將軍，[4]以陶亮爲右衛將軍，統諸州兵俱下。郢州軍主鄭景玄、荆州軍主劉亮、湘州軍主何昌、梁州軍主柳登、雍州軍主宗庶等合二萬人，[5]一時俱下。亮本無幹略，聞建安王休仁自上，殷孝祖又至，不敢進，屯軍鵲洲。[6]

[1]胡靈秀：人名。其事多見本卷。 張繼伯：人名。其事均在本卷。

[2]赭圻：城名。在今安徽繁昌縣西北長江南岸。

[3]新亭：地名。在今江蘇南京市南。地近江濱，依山築城壘，爲軍事和交通重地。

[4]左衛將軍：官名。負責宮禁宿衛，爲禁衛軍主要統帥之一。權任很重，亦統兵出征。四品。右衛將軍同之。

[5]劉亮：人名。彭城人。後曾任梁、益二州刺史，封順陽縣侯。本書卷四五有附傳。 何昌：人名。其事不詳。 柳登：人名。其事不詳。 宗庶：人名。其事不詳。

[6]鵲洲：在今安徽銅陵、繁昌二縣之間長江中，爲江流險要處。

時琬遣閻湛之來寇廬江，臺軍主、龍驤將軍段佛榮受命討之。[1]更使佛榮領鐵騎一千，回軍南討。三月三日，水陸攻赭圻，亮等率衆來救，殷孝祖爲流矢所中死，軍主朱輔之、申謙之、張靈符並失利，[2]輔之副正員將軍皇甫仲遠、謙之副虎賁中郎將徐稚賓並没。[3]孝祖支軍主范潛率五百人投亮。[4]時東軍已捷，江方興復還虎檻，建安王休仁遣方興、劉靈遺各領三千人助赭圻，以方興領孝祖軍，沈攸之代孝祖爲前鋒都督。[5]沖之謂陶亮曰：“孝祖梟將，一戰便死。天下事定矣，不須復戰，便當直取京都。”亮不從。太宗遣員外散騎侍郎王道隆至赭圻督戰。[6]孝祖死之明日，建安王休仁又遣軍主郭季之馬步三千就攸之，[7]攸之乃率季之及輔國將軍步兵校尉杜幼文、寧朔將軍屯騎校尉垣恭祖、龍驤將軍朱輔之、員外散騎侍郎高遵世、馬軍主龍驤將軍頓生、段佛榮等三萬人，詰旦進戰，奮擊，大破之，斬獲數千，追奔至姥山而反。[8]沖之等於湖、白口築二城，[9]爲軍主張興世所拔。[10]陶亮聞湖、白二城陷没，大懼，急呼沖之還鵲尾，留薛常寶代沖之守赭圻。先於姥山及諸岡分立營砦，亦悉敗還，共保濃湖。[11]濃湖即在鵲尾。

[1]臺軍：時對中央禁軍的稱呼。　段佛榮：人名。京兆（今陝西西安市）人。本卷有附傳。

[2]朱輔之：人名。曾爲南汝陰太守，餘事不詳。　申謙之：人名。其事多見本卷。　張靈符：人名。曾以功封上饒縣男。其事多見本卷。

[3]輔之副：朱輔之的副手。　正員：官制用語。指正式編制以內的官員，相對於“員外”而言。　皇甫仲遠：人名。其事不詳。　虎賁中郎將：官名。屬領軍，無營兵。五品。　徐稚寶：人名。其事不詳。

[4]支軍：主力部隊以外的別部。　范潛：人名。其事不詳。

[5]前鋒都督：官名。即都督前鋒諸軍事。統率前鋒部隊。

[6]員外散騎侍郎：官名。初爲正員之外添差，無員數，後爲

定員官。多爲閑散職。　王道隆：人名。吳興烏程（今浙江湖州市
吳興區）人。本書卷九四有傳。

　　[7]郭季之：人名。其事多見本卷。

　　[8]步兵校尉：官名。侍衛武官，不領營兵。四品。　杜幼文：
人名。京兆杜陵（今陝西西安市長安區）人。以軍功爲驍騎將軍，
封邵陽縣男。爲後廢帝誅殺。本書卷六五有附傳。　屯騎校尉：官
名。侍衛武官，不領營兵。四品。　垣恭祖：人名。略陽桓道（今
甘肅隴西縣）人。著名武將垣護之次子，後爲梁、南秦二州刺史。
事見本書卷五〇《垣護之傳》。　高遵世：人名。後於泰始三年隸
沈攸之北圍彭城，爲北軍戰殺。事見本書卷七四《沈攸之傳》。
頓生：人名。其事多見本卷。　姥山：地名。在今安徽繁昌縣
東北。

　　[9]湖、白口：地名。即巢湖吸白水之口，在今安徽繁昌縣
江岸。

　　[10]張興世：人名。竟陵竟陵（今湖北潛江市）人。本書卷
五〇有傳。

　　[11]濃湖：湖名。在今安徽繁昌縣西。今已堙。

　　時軍旅大起，國用不足，募民上米二百斛，錢五
萬，雜穀五百斛，同賜荒縣除。[1]上米三百斛，錢八萬，
雜穀千斛，同賜五品正令史；[2]滿報，若欲署四品在
家，[3]亦聽。上米四百斛，錢十二萬，雜穀一千三百斛，
同賜四品令史；[4]滿報，若欲署三品在家，亦聽。上米
五百斛，錢十五萬，雜穀一千五百斛，同賜三品令史；
滿報，若欲署内監在家，[5]亦聽。上米七百斛，錢二十
萬，雜穀二千斛，同賜荒郡除；若欲署諸王國三令在
家，[6]亦聽。

[1]斛：古代量制單位名。宋一斛等於十斗，約合今三萬毫升。

同賜荒縣除：此爲"入粟除官"，即用糧食或錢買官的一種制度。賜，賜官。荒縣，荒遠之縣的官職。除，除官，任官。

[2]正令史：官名。佐理案牘文書的官吏。簡稱令史。秦漢魏晉南北朝省、臺、府、寺諸官署多置，掌文書，稱正令史，高於書令史，爲流内官。

[3]滿報：官職已滿。　署四品在家：給予官秩而没有實授職任，在家不入官衙。署，原指試充某官職，後表示僅有官名而未授實職。

[4]四品令史：官名。令史爲諸官府屬吏的泛稱。蘭臺、尚書臺、三公府、大將軍府、諸公及開府位從公者皆置。按：此"四品"非指令史職品，而是其所屬府主的官品，上言"五品正令史"和下言"三品令史"同。宋頗有實權的内臺正令史爲八品，外臺正令史僅九品。

[5]内監：官名。對殿中監、内殿中監等近侍小臣的稱呼。七品。

[6]王國三令：官名合稱。宋指王國所置典祀令、學官令和典衛令。其品級隨王國等級而不同。

瓉又遣輔國將軍、豫州刺史劉胡率衆三萬，[1]鐵騎二千，來屯鵲尾。胡宿將，屢有戰功，素多狡詐，爲衆推伏，攸之等甚憚之。時胡鄉人蔡那、佼長生、張敬兒各領軍隸攸之在赭圻，[2]胡以書招之，那等並拒絶。胡因要那等共語，陳説平生，那等詰誚，説令歸順。胡回軍入鵲尾，無他權略。輔國將軍吳喜平定三吳，[3]率所領五千人，并運資實，至于赭圻，於戰鳥山築壘，[4]分遣千人，乘輕舸二百，與佼長生爲游軍。

[1]劉胡：人名。南陽涅陽（今河南鄧州市東北）人。本卷有其附傳。

[2]蔡那：人名。南陽冠軍（今河南鄧州市西北）人。以軍功官至寧蠻校尉，封平陽縣侯。本書卷八三有附傳。　佼長生：人名。廣平（今河南鄧州市東南）人。縣將出身，以功封遷陵縣侯。本書卷八三有附傳。　張敬兒：人名。南陽冠軍人。以軍功進身，曾任南陽太守、雍州刺史，封襄陽縣公。後入南齊，被殺。《南齊書》卷二五有傳。

[3]吳喜：人名。吳興臨安（今浙江臨安市）人。本書卷八三有傳。　三吳：指吳、吳興、會稽三郡，相當於今江蘇太湖以東以南和浙江紹興、寧波一帶。

[4]戰鳥山：山名。又名戰鳥圻、孤圻、靈山。在今安徽繁昌縣西北長江南岸。

薛常寶糧盡，告胡求援。三月二十九日，胡率步卒一萬，夜斫山開道，以布囊運米，來餉赭圻。平旦至城下，猶隔小塹，未能得入。沈攸之率衆軍攻之，軍主郭季之、荀僧韶，[1]幢主韓欣宗等，[2]率衆三千，爲攸之勢援。胡發所由橋道，[3]僧韶等接楯行戰，復橋得渡。軍主劉沙彌輕騎深入，[4]至胡麾下，遂見殺。攸之策馬陷陳，回還，爲追騎所刺，馬軍主段佛榮、武保救之得免。[5]並殊死戰，多所傷殺。胡衆大敗，捨糧棄甲，緣山遁走。乘勝追之，斬獲甚衆，胡被創，僅得還營。常寶惶懼無計，遣信告胡，欲突圍奔出。四月四日，胡自率數千人迎之，常寶等開城突圍走。攸之率輔國將軍沈懷明、軍主周普孫、江方興、申謙之等諸軍悉力擊之。[6]吳喜率衆來赴，爲胡別軍所圍，甚急。有人來捉喜馬，將蔡保以刀斫之，[7]斷手，然後得免。正員將軍幢主卜伯宗、江夏國侍郎幢主張渙力戰没陳。[8]伯宗，益州刺史天與子也。攸之、喜等苦戰移日，常寶、張繼伯、胡靈秀、焦度等皆被重創，走還胡軍。赭圻城陷，斬僞寧朔將軍南陽太守沈懷寶、僞奉朝請領中舍人督戰謝道遇，[9]納降數千。陳紹宗單舸奔西岸，與其部曲俱還鵲尾。建安王休仁自虎檻進據赭圻。劉胡遣陳紹宗、陳慶率輕艓二百，大艦五十，出鵲外挑戰。[10]吳喜、張興世、佼長生等擊之。喜支軍主吳獻之飛舸衝突，所向摧陷，斬獲及投水死甚多，追至鵲裏而還。[11]太宗慮胡等或於步路向京邑，使寧朔將軍、廣德令王藴千人防魯顯。[12]

[1]軍主郭季之：各本並作“郭秀之”，中華本據上文改正，今從之。　荀僧韶：人名。潁川人。曾任司徒參軍，爲武將殷孝祖之甥。本書卷八六《殷孝祖傳》作“葛僧韶”，誤，見中華本該卷校勘記。

[2]幢主：官名。爲幢的主將，所領人數與隊主相近，主要用於儀衛，必要時也參戰。　韓欣宗：人名。其事不詳。

[3]發所由橋道：挖掘對方所經由的路橋。發，開挖，掘發。

[4]劉沙彌：人名。其事不詳。

[5]武保：人名。其事不詳。

[6]沈懷明：人名。吳興武康人。爲沈慶之侄孫，以功封吳興縣子，官至南兖州刺史。本書卷七七有附傳。　周普孫：人名。其事多見本卷。

[7]蔡保：人名。其事不詳。

[8]卜伯宗：人名。吳興餘杭人。本書卷九一有附傳。　江夏

國侍郎：官名。諸王國置侍郎，掌贊相威儀，通傳教令。或分置左、右。八品。時劉子綏出繼劉義恭後，爲江夏王。　張渙：人名。其事不詳。　没陳：陣亡。陳，同"陣"。

[9]奉朝請：官名。原爲兩漢給予退休大臣、列侯的一種政治優待，西晉時爲加官名號，東晉獨立爲官。宋屬散騎省，安置閑散，所施漸濫。　中舍人：官名。即太子中舍人。東宮屬官，與太子中庶子共掌東宮文翰，侍從規諫太子，檢奏更直名册等事務，職如黄門侍郎。四員。六品。

[10]輕艓：小船。　大艦：大型的戰船。

[11]吴獻之：人名。其事不詳。　鵲裏：鵲洲之裏。

[12]廣德：縣名。在今安徽廣德縣西南。　王藴：人名。琅邪臨沂人，爲王彧（景文）侄子。後以功封吉陽縣男，官至湘州刺史。本書卷八五有附傳。　魯顯：地名。確址不詳。疑在今安徽蕪湖市西魯港。

時胡等兵衆强盛，遠近疑惑。太宗欲綏慰人情，遣吏部尚書褚淵至虎檻選用將帥以下，[1]申謙之、杜幼文因此求黄門郎，[2]沈懷明、劉亮求中書郎。[3]建安王休仁即使褚淵擬選，上不許，曰："忠臣殉國，不謀其報。臨難以干朝典，豈臣下之節邪？"

[1]褚淵：人名。河南陽翟（今河南禹州市）人。爲宋外戚，得宋明帝信任，官至中書令，封雩都縣伯。《南齊書》卷二三有傳。

選用將帥以下：《南齊書·褚淵傳》作"選將帥以下勳階得自專決"。

[2]黄門郎：官名。給事黄門侍郎的省稱。

[3]中書郎：官名。中書侍郎的省稱。

　　始安內史王職之、建安內史趙道生、安成太守劉襲，[1]並舉郡奉順。琬遣龍驤將軍廖琰率數千人，[2]并發廬陵白丁攻襲。[3]襲與郡丞檀玢拒戰，[4]大敗。玢臨陳見殺，襲棄郡走，據嶮自守。[5]琰虜掠而退，襲復出據郡。

　　[1]始安：郡國名。治所在今廣西桂林市。　王職之：人名。其事不詳。按：《通鑑》從《宋略》作“王識之”，今從中華本不改。　建安：郡國名。治所在今福建建甌市。　趙道生：人名。其事多見本卷。按：各本並作“趙遁生”，而本卷《孔覬傳》和《通鑑》作“趙道生”，中華本據改。今從之。　安成：郡名。治所在今江西安福縣東南。　劉襲：人名。爲長沙王劉道憐孫，劉義慶子。後官至中護軍，封臨澧縣侯。本書卷五一有附傳。

　　[2]廖琰：人名。其事不詳。

　　[3]白丁：亦稱“白徒”。謂臨時徵集未經訓練的壯丁。

　　[4]檀玢：人名。其事多見本卷。

　　[5]嶮（xiǎn）：險阻。

　　時齊王率眾東北征討，[1]而齊王世子爲南康贛令，[2]琬遣使收世子，世子腹心蕭欣祖、桓康等數十人，[3]奉世子長子奔竄草澤，召募得百餘人，攻郡出世子。世子自號寧朔將軍，與南康相沈肅之、前南海太守何曇直、晉康太守劉紹祖、北地傅浩、東莞童禽等，[4]據郡起義。琬徵始興相殷孚爲御史中丞，[5]并令率郡人俱下。孚眾盛，世子避之於揭陽山。[6]琬遣武昌戴凱之爲南康相，[7]世子率眾攻之，凱之戰敗遁走。世子遣幢主檀文起千人戍西昌，[8]與襲相應。琬又遣廖琰與其中兵參軍胡昭等築壘於西昌，[9]堅壁相守。琬召豫章太守劉衍以爲右將軍、中護軍，[10]殷孚代爲豫章太守，督上流五郡，以防襲等。

[1]齊王：指南齊開國皇帝蕭道成。南蘭陵蘭陵人。時任右軍將軍，先後征討晉陵太守袁標和徐州刺史薛安都從子薛索兒，以功封西陽縣侯。後漸掌宋軍政大權，於禪代前夕，先後被封齊公、齊王，故名。《南齊書》卷一有紀。

[2]齊王世子：指蕭道成長子蕭賾。後爲南齊武帝。《南齊書》卷三有紀。　南康：郡名。治所在今江西贛州市。　贛：縣名。治所在今江西贛州市章貢區東北。

[3]蕭欣祖：人名。南蘭陵蘭陵人。爲蕭道成絕服族人，後曾任武進令，被追封臨汝縣男。事見《南史》卷四一《臨汝侯坦之傳》。　桓康：人名。北蘭陵承人。後爲蕭道成親信，常衛左右。《南齊書》卷三〇有傳。

[4]沈蕭之：人名。其事不詳。按：各本並作“沈用之”，中華本據《通鑑考異》引《宋略》、《南齊書·武帝紀》、《通鑑》改，今從之。　何曇直：人名。其事不詳。　晉康：郡名。治所在今廣東德慶縣。　劉紹祖：人名。其事不詳。　北地：郡名。時治所在今陝西富平縣東北。　傅浩：人名。其事不詳。　東莞：郡名。治所在今山東莒縣。　童禽：人名。其事不詳。

[5]始興：郡國名。治所在今廣東韶關市東南蓮花嶺下。　殷孚：人名。陳郡長平人。後官至尚書吏部郎。本書卷五九有附傳。　御史中丞：官名。職掌監察、執法。稱南司，其職甚重。四品。

[6]揭陽山：山名。一名揭陽嶺。在今廣東揭陽市東北，地當閩、粵二省交通要隘，爲五嶺之一。

[7]戴凱之：人名。其事不詳。

[8]檀文起：人名。其事不詳。　西昌：縣名。治所在今江西泰和縣西。

[9]胡昭：人名。其事不詳。

[10]劉衍：人名。東莞莒人。宋開國功臣劉穆之之孫，曾任黃門郎。事見本書卷四二《劉穆之傳》。　右將軍：官名。軍府名號，用作加官。三品。　中護軍：官名。掌督護京師以外地方諸軍，常受命出征。三品。

衡陽內史王應之率郡文武五百許人起義兵，[1]襲何慧文於長沙，徑至城下。慧文率左右出城與戰，應之勇氣奮發，擊殺數人，遂與慧文交手戰，斫慧文八創，慧文斫應之斷足，遂殺之。時湘東國侍郎虞洽爲太宗督國秩，[2]在湘東，勸太守顏躍發兵應朝廷，[3]躍不從。洽乃投桂陽，收募得數百人，還欲攻躍，躍懼求和，許之。有眾二千。時琬徵慧文率眾下尋陽，發長沙，已行數百里，聞洽起兵，乃回還攻洽，洽尋戰敗奔走。

[1]衡陽：郡國名。治所在今湖南株洲縣西南。　王應之：人名。琅邪臨沂人。本書卷四五有附傳。

[2]湘東：郡國名。治所在今湖南衡陽市東。宋明帝劉彧即位前爲湘東王。宋諸王有封地而不治國，仍由郡太守治理。　虞洽：人名。其事多見本卷。　督國秩：督收王國俸祿。秩，祿廩。

[3]顏躍：人名。琅邪臨沂人。爲宋孝武帝時權臣顏竣之弟。其事多見本卷。

殷孚既去始興，以郡五官掾譚伯初留知郡事。[1]士人劉嗣祖等斬伯初，[2]據郡起義。琬遣始興太守韋希真、鷹揚將軍楊弘之領眾一千討嗣祖。[3]嗣祖亦遣眾出南康，與齊王世子合。希真等以義徒強盛，住廬陵不敢進。廣州刺史袁曇遠聞始興起義，遣將李萬周、陳伯紹率衆討嗣祖。[4]嗣祖遣兵戍湞陽，[5]萬周亦築壘相守。嗣祖遣人誑萬周曰：“尋陽已平，臺遣劉勔爲廣州，[6]垂至。”萬周信之，便回還襲番禺，[7]夜以長梯入城。曇遠怯弱無防，聞萬周反，便徒跣出奔，萬周追斬之於城內。交州刺史檀翼被代還至廣州，[8]資貨巨萬。萬周誣以爲逆，襲而殺之。遂劫略公私銀帛，藉略袁、檀珍寶，悉以自入。

　　[1]五官掾：官名。省稱五官，漢置爲郡國屬吏，地位僅次於功曹，祭祀居諸吏之首，無固定職掌，凡功曹及諸曹員吏出缺即代理其職務。晋宋沿置。宋自太常至長秋，領軍、護軍等將軍，太子二傅、諸郡皆置，主諸曹事。　譚伯初：人名。其事不詳。　知：官制用語。初爲兼官形式之一，即以他官暫時主持某一官署事務，後多以佐官代理長官。

　　[2]劉嗣祖：人名。其事不詳。

　　[3]韋希真：人名。王玄謨女婿，餘事不詳。　鷹揚將軍：官名。爲雜號將軍中地位較高者。五品。　楊弘之：人名。其事不詳。

　　[4]李萬周：人名。後爲廣州刺史羊希所誅。事見本書卷五四《羊玄保傳》。　陳伯紹：人名。任龍驤將軍，討平劉思道廣州之亂。又曾任東莞太守、交州刺史、越州刺史等職。事見本書《羊玄保傳》。

　　[5]湞陽：縣名。治所在今廣東英德市東。

　　[6]臺：爲朝廷禁省及中樞政權機構的代稱。

　　[7]番禺。縣名。治所在今廣東廣州市。時爲廣州及南海郡的治所。

　　[8]交州：治所在今越南北寧省仙遊縣東。　檀翼：人名。一

作"檀翼之"。其事不詳。

　　袁顗悉雍州之眾，來赴尋陽。時孔道存爲衛軍長史，[1]行荊州事。顗以黃門侍郎劉道憲代之，以道存爲侍中，行雍州事。柳元景之誅也，[2]元景弟子世隆爲上庸太守，[3]民吏共藏匿之。顗起兵，召世隆，不至。顗既下，世隆乃合率蠻、宋二千餘人，[4]起義於上庸，來襲襄陽。道存遣將王式民、康元隆等迎擊於萬山，[5]世隆大敗，還郡自守。

　　[1]孔道存：人名。會稽山陰人，爲孔覬之弟。本書卷五六有附傳。　衛軍長史：官名。即衛將軍府長史。時臨海王劉子頊爲衛將軍。

　　[2]柳元景：人名。河東解（今山西臨猗縣）人。本書卷七七有傳。

　　[3]世隆：人名。即柳世隆。河東解人，爲柳元景弟叔宗之子。後任東海太守、通直散騎常侍、尚書右僕射等職，封滇陽縣侯。《南齊書》卷二四有傳。　上庸：郡名。治所在今湖北竹山縣西南。

　　[4]蠻、宋：蠻族和漢族。時北方少數民族稱華夏族爲"漢子"，含貶義。此以朝代名代指占多數的漢族人。

　　[5]王式民：人名。其事不詳。　康元隆：人名。華山藍田（今陝西藍田縣）人。曾爲華山太守。事見《梁書》卷一八《康絢傳》。　萬山：山名。一名方山、蔓山、漢皋山。在今湖北襄陽市襄城區西北漢江南岸。

　　沈攸之等與劉胡相持久不決，上又遣强弩將軍任農夫、振武將軍武會倉、冗從僕射全景文、軍主劉伯符等

領兵繼至。[1]攸之繕治船舸，材板不周，計無所出。會
琬送五千片榜供胡軍用，俄而風潮奔迅，榜捍突柵出
江，胡等力不能制，自撞船艦，殺没數十人，赴流而
下，來泊攸之等營，於是材板大足。

[1]强弩將軍：官名。將軍名號，多以軍功得之。五品。　任
農夫：人名。臨淮人。以軍功進身，官至豫州刺史，封屬陵縣侯。
事見本書卷八三《黄回傳》。　振武將軍：官名。將軍名號，五武
將軍之一。四品。　武會倉：人名。其事不詳。　冗從僕射：官
名。多以軍功得之，不領兵。五品。　全景文：人名。吴郡人。因
軍功封孝寧縣侯，官至南豫州刺史、歷陽太守。《南齊書》卷二九
有傳。　劉伯符：人名。其事多見本卷。

　　琬進袁顗都督征討諸軍事，給鼓吹一部。[1]六月十
八日，顗率樓船千艘，來入鵲尾。[2]張興世建議越鵲尾
上據錢溪，[3]斷其糧道。胡累攻之，不能剋，事在《興
世傳》。劉亮率所領至胡砦下，胡遣其副孫犀及張靈、
焦度鐵騎五匹，[4]越碉取亮，不能得，犀回馬去，亮使
左右善射者夾射之，墮馬，斬犀首。張繼伯副馬可率所
領來降。[5]劉亮營砦，深入賊地，袁顗畏憚之，曰：“賊
入我肝臟裏，何由得活？”劉胡率輕舸四百，由鵲頭内
路，欲攻錢溪。既而謂其長史王念叔曰：[6]“吾少習步
戰，未閑水鬭。[7]若步戰，恒在數萬人中，水戰在一舸
之上，舸舸各進，[8]不復相關，正在三十人中取，此非
萬全之計，吾不爲也。”乃託瘧疾，住鵲頭不進。遣龍
驤將軍陳慶領三百舸向錢溪，戒慶不須戰：“張興世、

武會倉，吾之所悉，自當走耳。”陳慶至錢溪，不敢
攻。[9]越錢溪，於梅根立砦，[10]胡別遣將王起領百舸攻
興世，[11]興世擊大破之。胡率其餘舸馳還，謂顗曰：
“興世營砦已立，不可卒攻，昨日小戰，未足爲損。陳
慶已與南陵、大雷諸軍共遏其上，[12]大軍在此，鵲頭諸
將又斷其下流，已墮圍中，不足復慮。”顗怒胡不戰，
謂曰：“糧運梗塞，當如此何？”胡曰：“彼尚得泝流越
我而上，此運何以不得沿流越彼而下邪？”顗更使胡率
步卒二萬，鐵馬一千，往攻興世。休仁因此命沈攸之、
吳喜、佼長生、劉靈遺、劉伯符等進攻濃湖，造皮艦十
乘，[13]拔其營栅，苦戰移日，大破之。顗被攻既急，馳
信召胡令還。

[1]都督：官名。爲出征時領兵將帥，總管所部的軍事事務。
鼓吹：指演奏鼓吹樂的樂隊，本用於軍中，後作爲皇帝賜與大臣
的一種禮遇。

[2]樓船：有樓的大船。多用於戰船，故也代指水軍。

[3]錢溪：水名。又稱梅根渚。即今安徽池州市貴池區東北長
江支流梅梗河。其地險江狹。

[4]孫犀：人名。其事不詳。　張靈：人名。其事不詳。　鐵
騎：重裝騎兵，人和馬皆配有鐵甲，具有比較好的防護力和衝擊
力，但機動性較差。下“鐵馬”同。

[5]馬可：人名。其事不詳。

[6]王念叔：人名。其事不詳。

[7]閑：同“嫻”。熟習。

[8]舸（gě）：大船。

[9]不敢攻：各本並脱“攻”字，中華本據《南史》補，今

從之。

　　[10]梅根：地名。在今安徽池州市貴池區東北梅梗鎮。

　　[11]王起：人名。曾任劉勔録事參軍。事見本書卷八七《殷琰傳》，餘事不詳。

　　[12]南陵：地名。在今安徽池州市貴池區西南長江邊。　共遏其上："共"各本並作"兵"，中華本據《通鑑》改，今從之。

　　[13]皮艦十乘：《南史》卷四〇《鄧琬傳》作"皮艦千乘"非是。本書卷五〇《張興世傳》作"皮艦二十"近似。皮艦，用牛皮蒙罩船身以防禦矢石的戰艦。

　　張興世既據錢溪，江路岨斷，[1]胡軍乏食，琬大送資糧，畏興世不敢下。胡遣將迎之，爲錢溪所破，資實覆没都盡，燒米三十萬斛，胡衆駭懼。胡副張喜來降，[2]説胡欲叛。八月二十四日，胡誑顗云："更率步騎二萬，上取興世，兼下大雷餘餫。"[3]令顗悉度馬配之，其夜委顗奔走，徑趣梅根。先令薛常寶辦船舸，悉撥南陵諸軍，燒大雷諸城而走。顗聞胡走，亦棄衆西奔，至青林見殺。[4]

　　[1]岨斷：即阻斷。岨，同"阻"。
　　[2]張喜：人名。其事不詳。
　　[3]餫（yùn）：運送糧餉。此指將大雷的糧食向下運送。
　　[4]青林：山名。確址不詳。一説在今安徽當塗縣東南，今名青山。

　　胡率數百舸二萬人向尋陽，報子勛詐云："袁顗已降，軍皆散，唯己率所領獨反。[1]宜速處分，[2]爲一戰之資，當停據盆城，[3]誓死不貳。"乃於江外夜取沔口。[4]
琬聞胡去，惶擾無復計，呼褚靈嗣等謀之，並不知所
出，唯云更集兵力，加賞五階，或云三階者。張悅始發
兄子浩喪，[5]乃稱疾呼琬計事，令左右伏甲帳後，戒之：
"若聞索酒，便出。"琬既至，悅曰："卿首唱此謀，今
事已急，計將安出？"琬曰："正當斬晉安王，封府庫，
以謝罪耳。"悅曰："今日寧可賣殿下求活邪？"因呼求
酒，再呼，左右震懾不能應。第二子洵提刀走出，[6]餘
人續至，即斬琬。琬死時，年六十。時中護軍劉衍在
座，[7]驚起抱悅，左右人欲殺之，悅顧曰："無關護軍。"
乃止。

[1]反：同"返"。返回。

[2]處分：調度，指揮。

[3]盆城：縣名。即湓城。治所在今江西九江市，時爲江州
治所。

[4]沔口：地名。即漢口。爲漢江入長江之口，在今湖北武
漢市。

[5]浩：人名。即張浩。吳郡吳人。事見本書卷五九《張暢
傳》。

[6]洵：人名。即張洵。其事多見本卷。

[7]時中護軍劉衍在座："劉衍"各本並作"劉順"。張森楷
《校勘記》云："劉順，豫州之將，時爲劉緬破於宛唐、死虎，不
得在此。疑是劉衍之誤。時劉衍爲中護軍，見上文及《劉穆之
傳》。"按：張校是，按中華本據改，今從之。下"劉順"並改。

潘欣之聞琬死，勒兵而至，悅使人語之曰："鄧琬

謀反，即已梟戮。"欣之乃回還，取琬兒並殺之。悦因
單舸齎琬首馳下，詣建安王休仁降。蔡那子道淵，以父
爲太宗效力，被繫作部，[1]因亂脱鎖入城，執子勖因之。
沈攸之諸軍至江州，斬子勖於桑尾牙下，傳首京都。劉
衍及餘同逆並伏誅。吴喜、張興世進向荆州，沈懷明向
郢州，劉亮、張敬兒向雍州，孫超之向湘州，[2]沈思仁、
任農夫向豫章，[3]所至皆平定。

[1]作部：官署名。職掌兵器製作，使用刑徒較多。除中央設
作部，各州也有作部。

[2]孫超之：人名。吴郡人。因功封羅縣開國侯，後曾任寧朔
長史、廣州刺史等職。後廢帝時被誅殺。其事見本書卷九《後廢帝
紀》、《符瑞志下》等，或作"孫超"。

[3]沈思仁：人名。吴興武康人。爲沈慶之、沈攸之同族。本
書卷五七《蔡興宗傳》作"恩仁"，不知孰是。其事多見本卷。

劉胡走入沔，衆稍散，比至石城，[1]裁餘數騎。竟
陵郡丞陳懷真，憲子也，[2]聞胡經過，率數十人斷道邀
之。胡人馬既疲，自度不免，因隨懷真入城，告渴，與
之酒。胡飲酒畢，引佩刀自刺，不死，斬首送京邑。張
興世弟僧産追胡，[3]未至石城數十里，逢送胡首信，將
還竟陵，殺懷真，竊有其功。郢州行事張沈、僞竟陵太
守丘景先聞敗，變形爲沙門逃走，追擒伏誅。

[1]石城：縣名。治所在今湖北鍾祥市，後改置爲萇壽縣。時
爲竟陵郡治所。

[2]竟陵：郡名。治所在今湖北鍾祥市。　陳懷真：人名。

《南史》卷四〇《鄧琬傳》作“陳懷直”。其事多見本卷。其父陳
憲，於宋文帝時爲行汝南太守，在北魏拓跋燾大軍圍攻下，曾固守
懸瓠城四十二日。事見本書卷九五《索虜傳》。

[3]僧産：人名。即張僧産。《南史・鄧琬傳》作“僧彦”。其
事不詳。

　　荆州聞濃湖平，議欲更遣軍與郢州合勢，又欲斷據
巴陵，[1]經日不決。乃遣將趙道始於江津築壘，[2]任演戍
沙橋，[3]諸門津要，皆有屯兵。人情轉離，將士漸逃散。
更議奉子頊奔益州，就蕭惠開。典籤阮道預、邵宰不
同，[4]曰：“近奉別詔，諸藩若改迷歸順者，悉復本爵。
且任叔兒已斷白帝，[5]楊僧嗣據梁州，[6]雖復欲西，豈可
得至。”道預、邵宰即與劉道憲解遣白丁，[7]遣使歸罪。
荆州治中宗景、土人姚儉等勒兵入城，[8]殺道憲、道預、
記室參軍鮑照，[9]劫掠府庫，無復孑遺，執子頊以降。

[1]巴陵：縣名。治所在今湖南岳陽市。此爲逆長江而上入荆
州的要津。
[2]趙道始：人名。其事不詳。　江津：戍所名。一名奉城。
在今湖北荆州市沙市區東南。
[3]任演：人名。其事不詳。　沙橋：地名。在今湖北荆州市
荆州區北。
[4]阮道預：人名。其事不詳。
[5]任叔兒：人名。其事多見本卷。　白帝：城名。東漢初公
孫述築，在今重慶奉節縣東白帝山上，爲長江防務重鎮。
[6]楊僧嗣：人名。略陽清水（今甘肅清水縣）氐族人。世爲
隴右土豪，宋明帝封爲武都王，官都督北秦雍二州諸軍事、北秦州

刺史、略陽太守。事見本書卷九八《略陽清水氏楊氏傳》。

[7]解遣白丁：遣散臨時招募壯丁組成的軍隊。

[8]宗景：人名。其事不詳。　土人：世代居住本地的人。
姚儉：人名。其事不詳。

[9]道預：人名。各本並脱"道"字，中華本據張森楷《校勘記》補正，今從之。按：即上文所云典籤阮道預。　鮑照：人名。一作"鮑昭"。字明遠，東海（今山東郯城縣）人。宋文帝時曾爲中書舍人。事見本書卷五一《劉義慶傳》。

　　初，鄧琬徵兵巴東，巴東太守羅寶稱辭以郡接凶蠻，[1]兵力不足分。巴東人任叔兒聚徒起義，遣信要寶稱。寶稱持疑未決，暴疾死。叔兒乃自號輔國將軍，引兵據白帝，殺寶稱二子，阻守三陝。[2]蕭惠開遣費欣壽等五千人攻叔兒，[3]叔兒與戰，大破之，斬欣壽。子頊又遣中兵參軍何康之領宜都太守，[4]討叔兒。軍至陝口，[5]爲夷帥向子通所破，[6]挺身走還。叔兒遂固白帝。

[1]羅寶稱：人名。其事不詳。

[2]三陝：地名。即三峽。指長江上游瞿塘峽、巫峽、西陵峽。陝，同"峽"。

[3]費欣壽：人名。其事不詳。

[4]何康之：人名。曾於宋孝武帝時任竟陵王劉誕參軍。事見本書卷七九《竟陵王誕傳》。　宜都：郡名。治所在今湖北宜都市。

[5]陝口：地名。確址不詳。疑爲"峽口"，即今湖北宜昌市西長江西陵峽口。

[6]向子通：人名。其事不詳。

　　孔道存知尋陽已平，遣使歸順。尋聞柳世隆、劉亮當至，衆悉奔逃，道存及三子同時自殺。何慧文始謀同逆，其母禁之不從，母乃攜女歸江陵，[1]遽嫁之。[2]慧文才兼將吏，榦略有施，雖害王應之，上特加原宥，吴喜宣旨赦之。慧文曰："既陷逆節，手害忠義，天網雖復恢恢，何面目以見天下之士。"和藥將飲，門生覆之，乃不食而死。顔躍慮虞洽還都，説其始時同逆，密使人殺之。

[1]江陵：縣名。治所在今湖北荆州市荆州區。時爲荆州刺史治所。

[2]遽嫁之：急忙出嫁（其女）。按當時法律，一人犯大逆之罪，家屬從坐，而已嫁之女爲夫家人，可不坐罪。

初，淮南定陵人賈襲宗，[1]本縣已爲劉胡所得，率二十人投沈攸之。攸之言之建安王休仁，休仁版爲司徒參軍督護，[2]使還鄉里招集，爲胡所禽，以火炙之，問臺軍消息，一無所言。瞋目謂胡曰："君稱兵内侮，窺覬神器，未聞奇謀遠略，而爲炮烙之刑。[3]僕本以身奉義，死亦何有。"胡乃斬之。前軍典籤范道興志不同逆，[4]爲琬所誅。其餘奉順見害者，並爲上所愍。詔曰："前鎮軍參軍督護范道興，[5]朕之舊隸，經從北藩，徒役南畿，遭離命會，抱恩固節，受害群凶，言念純誠，良有憫愴。[6]可贈員外散騎侍郎。南城令鮑法度、後軍典籤馮次民、永新令應生、新建令庫延寶、上饒令黄難等，[7]違逆識順，同被誅滅，言念既往，宜在追榮。可贈生奉朝請，法度南臺御史，[8]次民、延寶、難並員外將軍。"[9]

[1]淮南：郡名。時僑置於今安徽當塗縣。　定陵：縣名。治所在今安徽銅陵縣東北。　賈襲宗：人名。其事不詳。

[2]司徒參軍督護：官名。即司徒府參軍督護。時建安王劉休仁爲司徒。參軍督護，三公府、諸王府、將軍開府皆置，地位較低，爲流外官。

[3]内侮：原指家庭内部互相欺侮。此借指一國之内以武力相侵。　神器：皇位，國家政權。　炮烙：亦作"砲格"。相傳是殷紂王所用的一種酷刑，此指用燒紅的鐵烙人的刑罰。

[4]前軍典籤：官名。即前將軍府典籤。晉安王子勛原爲前將軍。　范道興：人名。其事不詳。

[5]鎮軍參軍督護：官名。即鎮軍將軍府參軍督護。按：晉安王子勛於大明八年遷任鎮軍將軍。

[6]遭離：遭遇。離，同"罹"。　憫愴：憐恤悲傷。

[7]南城：縣名。治所在今江西南城縣。　鮑法度：人名。其事不詳。　後軍典籤：官名。即後將軍府典籤。安陸王子綏原爲後將軍。　馮次民：人名。其事不詳。　永新：縣名。治所在今江西永新縣西。　應生：人名。其事不詳。　新建：縣名。治所在今江西崇仁縣西南。　庫延寶：人名。其事不詳。　上饒：縣名。治所在今江西上饒縣西北。　黄難：人名。宋孝武帝時曾爲顏師伯屬下令史。事見本書卷七七《顏師伯傳》。

[8]南臺御史：官名。即侍御史。時稱御史臺爲南臺，故名。掌監察。七品。

[9]員外將軍：官名。指正員限額以外添授的將軍。特指殿中員外將軍。

　　有司奏："寧朔將軍、督豫州之梁郡諸軍事、豫州

刺史、領南梁郡太守竟陵張興世，[1]都統水軍，屢戰剋
捷，仍進斷賊上流錢溪，貴口苦戰，平定凶逆，今封南
平郡作唐縣開國侯，食邑一千戶。[2]寧朔將軍、參司徒
中直兵軍事廣平佼長生，[3]同統水軍屢戰，及興世上據
錢溪，長生獨距賊衝要，功次興世，今封武陵郡遷陵縣
開國侯，[4]食邑八百戶。寧朔將軍試守西陽太守吳興全
景文、尚書比部郎吳縣孫超之、假輔國將軍右衛將軍南
彭城劉亮等三人，[5]並經晉陵苦戰，景文、超之仍又北
討破釜，[6]水軍斷賊糧運，及經葛冢、石梁二處破賊。[7]
亮南伐經大戰，又最處險劇。景文今封西陽郡孝寧
縣，[8]超之封長沙郡羅縣，[9]亮封順陽縣，[10]並開國侯，
食邑各六百戶。假輔國將軍驃騎司馬劉靈遺、寧朔將軍
右軍蔡那、寧朔將軍屯騎校尉段佛榮等三人，[11]統治攻
道，並經苦戰，靈遺今封新野郡新野縣，[12]那封始平郡
平陽縣，[13]佛榮封湘東郡臨蒸縣，[14]並開國伯，[15]食邑
各五百戶。假輔國將軍左軍吳興沈懷明、龍驤將軍積射
將軍東平周盤龍、司徒參軍南彭城李安民等三人，[16]懷
明經晉陵破賊，又水軍南伐，統治攻道，盤龍雖不統
軍，並經大戰，先登陷陳，安民又隨張興世遏斷錢溪，
別統軍貴口破賊。今封懷明建安郡吳興縣，[17]盤龍封晉
安郡晉安縣，[18]安民封建安郡邵武縣，[19]並開國子，[20]
食邑各四百戶。假輔國將軍游擊將軍彭城杜幼文、龍驤
將軍羽林監太原王穆之、龍驤將軍羽林監濟北頓生、龍
驤將軍羽林監沛郡周普孫、員外散騎侍郎朱重恩等五
人，[21]幼文經晉陵破賊，在軍統攻道，南伐濃湖，普孫

副沈攸之都統衆軍，穆之、生、重恩並南伐有功。今封幼文邵陵邵陽縣，^[22]穆之封衡陽郡衡山縣，^[23]生封始平郡武功縣，^[24]普孫封順陽郡清水縣，^[25]重恩封南海郡龍川縣，^[26]並開國男，^[27]食邑各三百户。"

[1]"督豫州之梁郡"至"太守竟陵張興世"：丁福林《校議》據本書卷七二《晉平剌王休祐傳》、卷八七《殷琰傳》、卷五〇《張興世傳》考證，於"督"字之後佚"豫司二州南"五字，應補。梁郡，治所在今安徽碭山縣。南梁郡，治所在今安徽壽縣。

[2]貴口：城名。在今安徽池州市貴池區西北池口鎮。　南平：郡名。治所在今湖北公安縣西北。　作唐：縣名。治所在今湖南安鄉縣北。

[3]參司徒中直兵軍事：官名。即司徒府中直兵參軍事。　廣平：郡名。治所在今河南鄧州市東南。

[4]武陵：郡名。治所在今湖南常德市。　遷陵：縣名。治所在今湖南保靖縣。

[5]吳興全景文：丁福林《校議》據本書卷七四《沈攸之傳》、《南齊書》卷二九《吕安國傳》考證，全景文爲吳郡人，此作"吳興全景文"非是。　尚書比部郎：官名。尚書省比部曹長官，亦稱"比部郎中"。掌擬定、修改法制，收藏稽核律文。六品。　吳縣：治所在今江蘇蘇州市。　南彭城：郡名。僑置，屬南徐州。治所在今江蘇鎮江市、丹陽市、常州市一帶。

[6]破釜：塘名。在今江蘇洪澤縣西。

[7]葛冢：地名。確址待考。　石梁：城名。在今江蘇南京市六合區西。據《南齊書》卷一《高帝紀上》，泰始二年薛安都自徐州反，蕭道成奉命北討，先屯破釜，又追薛索兒至葛冢，薛索兒頓石梁。大敗薛索兒，蕭道成進屯石梁澗北。石梁澗即今安徽天長市境白塔河，與此石梁城非一地。

［8］孝寧：縣名。治所在今湖北浠水縣西南。

［9］羅縣：治所在今湖南汨羅市北。

［10］順陽：縣名。治所在今河南淅川縣南。

［11］驃騎司馬：官名。即驃騎將軍府司馬。時山陽王劉休祐爲驃騎大將軍。　右軍：官名。右軍將軍省稱。四軍將軍之一，掌宮禁宿衛。明帝後成爲侍衛武職，多以軍功得官。四品。

［12］攻道：進攻的通道。　新野：郡名。治所在今河南新野縣。　新野：縣名。治所在今河南新野縣。

［13］始平：郡名。僑置，治所在今湖北襄陽市襄城區。　平陽：縣名。治所在今湖北丹江口市西北。

［14］臨蒸：縣名。治所在今湖南衡陽市。

［15］開國伯：伯爵名。初指伯爵中開國置官食封者，後僅爲爵位名，食邑爲縣，爵前常冠以所封縣名。位在開國侯下。二品。

［16］假：官制用語。代理、兼攝之意。其位低於正式官職。授予假職者，或爲臨時性，以提高出征將領或出行使節的地位。　左軍：官名。左軍將軍省稱。其職掌變化同右軍。　積射將軍：官名。多以軍功得之，爲侍衛武職。五品。　東平：郡名。治所在今山東東平縣西。　周盤龍：人名。宋齊兩代武將，多有軍功。《南齊書》卷二九有傳。　李安民：人名。宋齊兩代多有戰功，官至尚書左僕射、撫軍將軍。《南齊書》卷二七本傳作“蘭陵承人”，與此所記不同。

［17］吳興：縣名。治所在今福建浦城縣。

［18］晉安郡：治所在今福建福州市。　晉安縣：治所在今福建南安市東。

［19］邵武：縣名。治所在今福建邵武市。

［20］開國子：子爵名。食邑爲縣，位在開國伯下。詳見“開國伯”注。

［21］游擊將軍：官名。禁軍將領，掌宿衛之任。四品。　羽林監：官名。掌宿衛送從。五品。　太原：郡名。治所在今山西太原

市西南。　王穆之：人名。曾爲軍主隨沈攸之北討薛安都，後任汝陰太守，於泰始七年爲妖寇所殺。事見本書卷八《明帝紀》、卷七四《沈攸之傳》。　濟北：郡名。治所在今山東肥城市。　沛郡：治所在今江蘇沛縣。　朱重恩：人名。其事不詳。

［22］邵陵：郡名。治所在今湖南邵陽縣。　邵陽：縣名。治所在今湖南邵東縣。

［23］衡山：縣名。治所在今湖南衡山縣南。

［24］武功：縣名。治所在今陝西扶風縣東南。

［25］清水：縣名。約在今河南淅川縣南一帶，確址待考。

［26］南海：郡名。治所在今廣東廣州市。　龍川：縣名。治所在今廣東龍川縣。

［27］開國男：男爵名。食邑爲縣，位在開國子下。詳見“開國伯”注。

　　江方興以戰功爲太子左衛率，[1]賊未平，病卒，追封武當縣侯，[2]食邑五百户。方興，濟陽考城人，[3]衣冠之舊也。龍驤將軍、虎賁中郎將董凱之，[4]隨張興世破胡白城，先登，封河隆縣子，食邑四百户。[5]軍主張靈符，東南征討有功，封上饒縣男，食邑三百户。前征北長兼行參軍楊覆，[6]以貴口有功，封綏城縣男，[7]食邑二百户。追贈虞洽、檀玢給事中。以李萬周爲步兵校尉。陳懷真以斬劉胡功，追封永豐縣男，[8]食邑三百户。

　　［1］太子左衛率：官名。西晋武帝分太子衛率置，領精兵萬人，宿衛東宮。東晋南朝沿置，亦任征伐。宋七員。五品。

　　［2］武當：縣名。治所在今湖北丹江口市。

　　［3］濟陽：郡名。治所在今河南蘭考縣東北堌鎮。　考城：縣

名。治所在今河南民權縣。

[4]董凱之：人名。其事不詳。

[5]隨張興世破胡白城：此處中華本在"胡白"二字間加頓號，此"胡"必爲地名，如此則"胡"當作"湖"，與上文之"沖之等於湖、白口築二城，爲軍主張興世所拔"相呼應。但此"胡"乃指劉胡，則'胡'後不當有頓號。中華本標點有誤，故改之。河隆：縣名。確址待考。按：本書《州郡志》未見此縣名，疑此處史載有誤。

[6]征北長兼行參軍：官名。即征北將軍府長兼行參軍。長兼，官制用語。兩晋南北朝多見，原指長期兼任某職，後發展爲一種任官形式。秩位低於正員。 楊覆：人名。其事不詳。

[7]綏城：縣名。在今福建建寧縣西南。

[8]永豐：縣名。在今廣西荔浦縣西北。

劉胡，南陽涅陽人也，[1]本名坳胡，以其顔面坳黑似胡，故以爲名。及長，以坳胡難道，單呼爲胡。出身郡將，[2]捷口，善處分，稍至隊主，[3]討伐諸蠻，往無不捷，蠻甚畏憚之。太祖元嘉二十八年，[4]爲振威將軍，[5]率步騎三千，討上如南山就溪蠻，[6]大破之。孝建元年，[7]朱脩之爲雍州，[8]以胡爲平西外兵參軍、寧朔將軍、建昌太守。[9]擊魯秀有功，[10]除建武將軍、東平陽平二郡太守。[11]入爲江夏王義恭太宰參軍，[12]加龍驤將軍。前廢帝景和中，建安王休仁嘗爲雍州，以胡爲休仁安西中兵參軍、馮翊太守，[13]將軍如故，仍轉諮議參軍。太宗即位，除越騎校尉。[14]蠻至今畏之，小兒啼，語之云"劉胡來！"便止。

[1]湼陽：縣名。治所在今河南鄧州市東北。

[2]郡將：官名。地方軍隊將領。

[3]隊主：官名。軍事編制隊的主將。上屬軍主，所指揮兵力無定員，自數十人至數百人不等。

[4]元嘉：宋文帝劉義隆年號（424—453）。

[5]振威將軍：官名。五威將軍之一。四品。

[6]上如南山：地名。確址待考。　就溪蠻：屬荆、雍州蠻的一支。本書卷九七《夷蠻傳》載："二十八年正月，龍山雉水蠻寇抄湼陽縣，南陽太守朱曇韶遣軍討之。"可參考。

[7]孝建：宋孝武帝劉駿年號（454—456）。

[8]朱脩之：人名。義陽平氏（今河南桐柏縣）人。本書卷七六有傳。

[9]平西外兵參軍：官名。即平西將軍府外兵參軍。朱脩之於元嘉三十年六月以江夏内史任平西將軍。各本並脱"平"字，中華本依孫彪《考論》補正，今從之。外兵參軍，諸公、軍府僚屬，掌外兵曹，兼備參謀咨詢。　建昌：郡名。僑置於今湖北襄陽市襄城區。

[10]魯秀：人名。扶風郿（今陝西眉縣）人。本書卷七四有附傳。

[11]陽平：郡名。寄治東平郡，治所也在今山東東平縣東。

[12]江夏王：王爵名。王國在今湖北武漢市武昌區。　義恭：人名。即劉義恭。宋武帝劉裕第五子。本書卷六一有傳。　太宰參軍：官名。即太宰府參軍事。

[13]安西中兵參軍：官名。即安西將軍府中兵參軍。劉休仁時任安西將軍。　馮翊：郡名。僑置，治所在今湖北宜城市。

[14]越騎校尉：官名。侍衛武官，不領兵。四品。

　　段佛榮，京兆人也。[1]泰始五年，自游擊將軍爲輔師將軍、豫州刺史，[2]莅任清謹，爲西土所安。後廢帝元徽二年，[3]徵爲散騎常侍，領長水校尉。[4]明年，遷衛尉，領右軍將軍，未拜，復出爲冠軍將軍、南豫州刺史、歷陽太守。[5]四年，卒，追贈前將軍，改封雲杜縣，[6]謚曰烈侯。

[1]京兆：郡名。治所原在今陝西西安市。南朝時僑置於今湖北襄陽市襄城區西北。

[2]輔師將軍：官名。宋明帝時改輔國將軍置，後廢帝時復稱輔國將軍。三品。

[3]後廢帝：即劉昱。宋明帝劉彧長子，472年即位後，殘暴荒淫，追廢爲蒼梧王。本書卷九有紀。　元徽：宋後廢帝劉昱年號（473—477）。

[4]長水校尉：官名。侍衛武官，不領兵。四品。

[5]南豫州：治所在今安徽當塗縣。　歷陽：郡名。治所在今安徽和縣歷陽鎮。

[6]雲杜：縣名。治所在今湖北京山縣。

劉靈遺，襄陽人也。元徽元年，自輔師將軍、淮南太守爲南豫州刺史、歷陽太守，將軍如故。明年，徵爲散騎常侍，領步兵校尉、南蘭陵太守。[1]病卒，謚曰壯侯。

[1]南蘭陵：郡名。宋以蘭陵郡改名，治所在今江蘇常州市武進區西北萬綏鎮。

袁顗字景章，[1]陳郡陽夏人，[2]太尉淑兄子也。[3]父洵，[4]吴郡太守。

[1]字景章："景章"《南史》《建康實録》作"國章"，今從中華本。

[2]陳郡：治所在今河南淮陽縣。　陽夏：縣名。治所在今河南太康縣。

[3]太尉：官名。三公之首，名譽宰相，無實際職掌。一品。淑：人名。即袁淑。字陽源，陳郡陽夏人。本書卷七〇有傳。

[4]洵：人名。即袁洵。事見本書卷五二《袁湛傳》。

顗初爲豫州主簿，舉秀才，不行。後補始興王濬後軍行參軍，[1]著作佐郎，[2]廬陵王紹南中郎主簿，[3]世祖征虜、撫軍主簿，[4]廬江太守，尚書都官郎，[5]江夏王義恭驃騎記室參軍，[6]汝陰王文學，太子洗馬。[7]時顗父爲吳郡，顗隨父在官。值元凶弑立，安東將軍隨王誕舉兵入討，[8]板顗爲諮議參軍。事寧，除正員郎，晋陵太守。遭父憂，服闋，爲中書侍郎，又除晋陵太守，襲南昌縣五等子。[9]大明二年，[10]除東海王禕平南司馬、尋陽太守，[11]行江州事。復爲義陽王昶前軍司馬，[12]太守如故。昶尋罷府，司馬職解，加寧朔將軍，改太守爲内史。復爲尋陽王子房冠軍司馬，將軍如故，行淮南、宣城二郡事。[13]五年，召爲太子中庶子，[14]御史中丞，領本州大中正。七年，遷侍中。明年，除晋安王子勛鎮軍長史、襄陽太守，加輔國將軍。未行，復爲永嘉王子仁左軍長史、廣陵太守，[15]將軍如故。未拜，復爲侍中，領前軍將軍。[16]

[1]始興王：王爵名。王國在今廣東韶關市東南蓮花嶺下。濬：人名。即劉濬。宋文帝劉義隆次子。本書卷九九有傳。　後軍行參軍：官名。即後將軍府行參軍。

[2]著作佐郎：官名。屬著作省（局），掌搜集史料，供著作郎撰史。職務清閑，成爲世族高門子弟的起家之官。六品。

[3]盧陵王：王爵名。王國在今江西吉水縣東北。　紹：人名。即劉紹。宋文帝劉義隆第五子。本書卷六一有附傳。

[4]征虜、撫軍主簿：官名。即征虜將軍府主簿、撫軍將軍府主簿。宋孝武帝（世祖）即位前曾先後任征虜將軍、撫軍將軍二職。

[5]尚書都官郎：官名。爲尚書省都官曹長官的通稱，職掌刑獄，亦佐督軍事，隸都官尚書。六品。

[6]驃騎記室參軍：官名。即驃騎大將軍府記室參軍。爲記室曹長官，掌文疏表奏。劉義恭曾任驃騎大將軍。

[7]文學：官名。王國屬官，職掌教育，侍從文章。六品。太子洗馬：官名。掌太子圖籍經書，太子出行則前導威儀。“洗”亦作“先”。先馬，即前驅。七品。

[8]安東將軍：官名。四安將軍之一，出鎮某一地區的軍事長官，或作爲州刺史兼理軍務的加官。三品。　隨王：王爵名。王國在今湖北隨州市。　誕：人名。即劉誕。宋文帝劉義隆第六子。本書卷七九有傳。

[9]五等子：子爵名。子爵等級之一，不食封。

[10]大明：宋孝武帝劉駿年號（457—464）。

[11]東海王：王爵名。王國在今山東蒼山縣南。　褘：人名。即劉褘。宋文帝劉義隆第八子。本書卷七九有傳。

[12]義陽王：王爵名。王國在今河南信陽市南。　昶：人名。即劉昶。宋文帝劉義隆第九子。本書卷七二有傳。

[13]宣城：郡名。治所在今安徽宣城市宣州區。

[14]太子中庶子：官名。爲太子侍從，與中舍人共掌文翰，

五品。

[15]永嘉王：王爵名。王國在今浙江温州市。　子仁：人名。即劉子仁。宋孝武帝劉駿第九子。本書卷八〇有傳。　廣陵：郡名。治所在今江蘇揚州市西北。

[16]前軍將軍：官名。四軍將軍之一，掌宫禁宿衞。明帝後爲侍衞武職，多以軍功得之，無復員限，不領營兵。四品。

大明末，新安王子鸞以母嬖有盛寵，[1]太子在東宫多過失，上微有廢太子立子鸞之意，從容頗言之。顗盛稱太子好學，有日新之美。世祖又以沈慶之才用不多，[2]言論頗相蚩毀。顗又陳慶之忠勤有幹略，堪當重任。由是前廢帝深感顗，慶之亦懷其德。景和元年，誅群公，欲引進顗，任以朝政，遷爲吏部尚書。又下詔曰："宗社多故，釁因冢司，[3]景命未淪，神祚再乂，自非忠謀密契，豈伊剋殄。[4]侍中祭酒、領前軍將軍、新除吏部尚書顗，[5]游擊將軍、領著作郎、兼尚書左丞徐爰，[6]誠心内款，參聞嘉策，匡贊之效，實監朕懷。[7]宜甄茅社，[8]以獎義概。顗可封新淦縣子，[9]爰可封吳平縣子，[10]食邑各五百户。"俄而意趣乖異，寵待頓衰。始令顗與沈慶之、徐爰參知選事，尋復反以爲罪，使有司糾奏，坐白衣領職。[11]從幸湖熟，[12]往反數日，不被喚召。

[1]新安王：王爵名。王國在今浙江淳安縣西北。　子鸞：人名。即劉子鸞。宋孝武帝劉駿第八子。初封襄陽王，改封新安王。其母殷淑儀得盛寵。本書卷八〇有傳。

[2]沈慶之：人名。吳興武康人。本書卷七七有傳。

[3]釁因冢司：罪過全由於宰相。冢司，宰相的別稱。此爲前廢帝誅殺江夏王義恭等人的飾詞。

[4]景命：大命。指授予帝王之位的天命。 神祚：神聖的帝位。 剋殄：戰勝消滅。

[5]侍中祭酒：官名。凡侍中高功者在職一年，詔加此官，與侍郎高功者一人對掌門下省禁令。

[6]著作郎：官名。爲著作局長官，掌國史及起居注的修撰。爲清要之官，出任者多爲有名望的文學之士，宋曾作爲宗室的起家之官。六品。 徐爰：人名。南琅邪開陽（今山東臨沂市北）人。本書卷九四有傳。

[7]内款：内心懇切。 監：同“鑒”。明鏡。

[8]茅社：古天子分封諸侯，授之茅土，使歸國立社，稱作茅社。

[9]新淦：縣名。治所在今江西樟樹市樟樹鎮。各本並作“新隆”，中華本據《元龜》卷四六一改，今從之。

[10]吳平：縣名。治所在今江西樟樹市西南。

[11]白衣：初指無官職的人。兩晉南北朝時，官員因失誤削除官職，或以白衣守（領）原職，遂成爲一種對官員的處罰方式。

[12]湖熟：縣名。在今江蘇南京市江寧區東南湖熟鎮。

顗慮及禍，詭辭求出，沈慶之爲顗固陳，乃見許。除建安王休仁安西長史、襄陽太守，[1]加冠軍將軍。休仁不行，即以顗爲使持節、督雍梁南北秦四州郢州之竟陵隨二郡諸軍事、領寧蠻校尉、雍州刺史，[2]將軍如故。顗舅蔡興宗謂之曰：[3]“襄陽星惡，[4]豈可冒邪？”顗曰：“白刃交前，不救流矢，事有緩急故也。[5]今者之行，本願生出虎口。且天道遼遠，何必皆驗，如其有徵，當脩德以禳之耳。”[6]於是狼狽上路，恒慮見追，行至尋陽，喜曰：“今始免矣。”與鄧琬款狎相過，常請閒，[7]必盡日窮夜。顒與琬人地本殊，衆知其有異志矣。

[1]安西長史：官名。即安西將軍府長史。劉休仁時爲安西將軍。

[2]梁南北秦：皆州名。西晉始置秦州。治所在今甘肅天水市。宋疆域不及，於是梁、南秦二州同域，治所同在今陝西漢中市。北秦州未入宋之版圖，爲虛設。　隨：郡名。治所在今湖北隨州市。丁福林《校議》據本書卷七《前廢帝紀》、卷八《明帝紀》、卷七四《沈攸之傳》考證，隨郡此時已不屬郢州，而屬雍州，故文中“隨二”二字爲衍文，應删。　寧蠻校尉：官名。掌管雍州的少數民族事務，領兵，設府於襄陽，多由雍州刺史兼任。四品。

[3]蔡興宗：人名。濟陽考城人。本書卷五七有傳。

[4]星惡：謂星象不吉。古代人迷信，以爲天上五星二十八宿與地面各地區分別相配，某些星象的不正常運行會預示著某地區將有凶禍。

[5]緩急：緩和急。此爲偏義複詞，意謂急。白刃交胸是眼下的危險，流矢飛身是稍後之難。

[6]禳（ráng）：本指古代以祭禱消除灾禍的一種迷信活動，此謂修德行以感動上天，從而消除灾禍。

[7]常請閒：《南史》卷二六《袁顒傳》作“常清閒”。

既至襄陽，便與劉胡繕脩兵械，纂集士卒。會太宗定大事，進顒號右將軍。以荆州典籤邵宰乘驛還江陵，道由襄陽。顒反意已定，而糧仗未足，[1]且欲奉表於太宗。顒子秘書丞戢曰：“一奉表疏，便爲彼臣，以臣伐君，於義不可。”顒從之。顒詐云被太皇太后令，使其起兵。便建牙馳檄，奉表勸晉安王子勛即大位，與琬書，使勿解甲。子勛即位，進顗號安北將軍，加尚書左僕射。

[1]糧仗：糧食和兵器。仗，兵器的總稱。

太宗使朝士與顗書曰：

夫夷陂相因，[1]興革遞數，或多難而固其國，或殷憂而啓聖明，此既著於前史，亦彰於聞見。王室不造，昏凶肆虐，神鼎將淪，宗稷幾泯，[2]幸天未亡宋，乾曆有歸。[3]主上體自聖文，繼明作睿，而辱均牖里，屯踰夏臺。[4]既天地俱憤，義勇同奮，剋殄鯨鯢，[5]三靈更造，[6]應天順民，爰集寶命，[7]四海屬息肩之歡，華戎見來蘇之泰。[8]吾等獲免刀鋸，僅全首領，復身奉惟新，命承亨運，緩帶談笑，擊壤聖世。[9]

[1]夷陂：平坦和傾斜。

[2]宗稷：宗廟社稷。

[3]乾曆：指君位。

[4]體自聖文：謂明帝是宋文帝的兒子。　辱均牖里：像周文王一樣經歷過牖里那樣的屈辱。牖里，殷代監獄名，亦作"羑里"。紂王曾囚文王於此。　屯踰夏臺：遭遇的困境超過商湯被囚於夏臺之時。夏臺，夏代監獄名，又名均臺。據說夏桀曾囚禁商湯於此。

[5]鯨鯢：即鯨魚。雄曰鯨，雌曰鯢。比喻凶惡之敵。

[6]三靈：指天、地、人。

[7]寶命：天命。即君位。息肩：卸去負擔。語出《左傳》襄公二年："鄭成公卒，子駟請息肩於晋。"杜預注："欲避楚役，以

負擔喻。”

［8］來蘇：謂有聖君出現，民從困苦中得到蘇息。典出《尚書·仲虺之誥》：“攸徂之民，室家相慶曰：‘徯予后，后來其蘇。’”孔傳：“湯所往之民皆喜曰：‘待我君來，其可蘇息。’”

［9］刀鋸：刑具名。指殘酷刑罪。　緩帶：寬束衣帶。形容悠閑自在，從容不迫。　擊壤聖世：擊壤本爲古代的一種游戲，把一塊鞋子狀的木片側放於地，在三四十步處用另一木片去投擲它，擊中得勝。據晋·皇甫謐《帝王世紀》：“（帝堯）時天下大和，百姓無事，有五十老人擊壤於道。”後因以“擊壤”代表太平聖世。謂人民吃得飽，有餘閑游戲。

　　汝雖劬勞于外，跡阻京師，然心期所寄，江、漢何遠。[1]自九江告變，皆謂鄧氏狂惑，比日國言藉藉，頗塵吾子。[2]道路之議，豈其或然，聞此之日，能無駭惋。凶人反道敗德，日夜滋深，昵近狡慝，取謀豺虎，[3]非惟毒流外物，惡積中朝，乃欲毀陵邑，虐崇憲，[4]燒宗廟，鹵御物，然後蕩覆京都，必使蘭猶俱盡。[5]自非聖上廟算靈圖，俛眉遜避，維持内外，擁衛臣下，則赤縣爲戎、百姓其魚矣。[6]此事此理，寧可孰念。

［1］跡阻京師：謂人不在京都。　江、漢：水名。指長江和漢水。

［2］九江：地區名。泛指今湖北東部廣濟、黃梅一帶。此隱指鄧琬所領江州地。　國言藉藉：國人的誹謗言論多而雜亂。國言，國人謗言。語出《左傳》昭公二十七年：“楚郤宛之難，國言未已。”　頗塵吾子：一定程度上塵污了先生。塵，污染。吾子，對

袁顗的尊稱。

[3]凶人：凶惡之人。指前廢帝劉子業。　狡慝（tè）：狡詐邪惡之人。　豺虎：兩種貪婪凶殘的野獸。比喻凶暴的人。

[4]崇憲：指崇憲皇太后。見前注。

[5]蘭蕕：用以比喻賢奸良惡。蘭，香草；蕕，臭草。

[6]廟算靈圖：深謀遠慮的謀劃。廟算，一般指戰前朝廷對武略的謀劃。　俛眉：低眉。俛，同“俯”。　赤縣爲戎：中原地區都淪爲戎族所居。　百姓其魚：百姓被魚肉欺凌。

　　既天道輔順，謳歌有奉，高祖之孫，文皇之子，德洞九幽，功貫二曜，[1]匡拯家國，提毓黔首，[2]若不子民南面，將使神器何歸？[3]而群小構慝，[4]妄生窺覬，成軹惑燕，[5]貫高亂趙，[6]讒人罔極，自古有之。汝中京冠冕，儒雅世襲，多見前載，縣鑒忠邪，何遠遺郎中之清軌，近忘太尉之純概。[7]相與，或群從舅甥，或姻婭周款，一旦胡、越，能無悵恨？[8]若疑詿所至，邪詖無窮，汝當誓衆奮戈，翦此朝食。[9]若自延過聽，迷塗未遠，聖上臨物以仁，接下以愛，豈直雍齒先封，乃當射鉤見相矣。[10]當由力窮跡屈，丹誠未亮邪。跂予南服，寤寐延首，若反棹沿流，歸誠鳳闕，錫圭開宇，非爾而誰。[11]吾等並過荷曲慈，俱叨非服，紆金拖玉，改觀蓬門，[12]入奉舜、禹之渥，出見羲、唐之化，雍容揄揚，信白駒空谷之時也。[13]奈何毀擲先基，自蹈凶戾，山門蕭瑟，松庭誰掃？[14]言念楚路，[15]豈不思父母之邦？幸納惡石，以蠲美疹。[16]裁書表意，爾其圖之。

[1]九幽：極深暗的地方。指地下。　二曜：指日和月。各本並作"三曜"。中華本據《類聚》卷二五改，今從之。

[2]匡拯：匡正拯救。　提毓：亦作"提育"。撫育。　黔首：百姓。

[3]若不子民南面：若不是此人居於帝位，治理人民。南面，古代以坐北朝南爲尊位，因用以指居帝王之位。　神器：代表國家政權的象徵物，如玉璽、寶鼎等。借指帝位，政權。

[4]群小："小"各本並作"下"，中華本據《元龜》卷二一五改，今從之。指奸邪小人。

[5]成軫：人名。西漢時人，任燕王旦郎中。時昭帝初立，成軫煽惑燕王起兵反抗中央。事見《漢書》卷六三《燕剌王劉旦傳》。

[6]貫高：人名。西漢初人，爲趙王張敖相。劉邦過趙，貫高等人謀害之，不成事泄。劉邦降張敖爲宣平侯，貫高自殺。事見《漢書》卷三二《張耳傳》。

[7]冠冕：即冠族，仕宦之家。　儒雅：指博學的儒士或文人雅士。　縣（xuán）鑒：揭示出來作爲鑑戒。縣，同"懸"。　郎中：官名。此代指袁顗的遠祖袁渙，曾仕魏爲郎中令，《三國志》卷一一有傳。　太尉：官名。此代指袁顗的伯父袁淑，死後被追贈太尉。

[8]相與：即相處來往之意。李慈銘《札記》云："相與上當有'吾等'二字。"　舅甥：指尚書右僕射蔡興宗爲袁顗之舅。姻婭：有婚姻關係的親屬。古代稱"婿父曰姻，兩婿相謂曰亞"。　胡、越：胡地在北，越地在南，比喻一種隔絕對立的關係。

[9]疑誑：爲人欺騙而迷亂。　邪詖：奸邪佞僻。　朝食：早晨進餐。常用指軍事行動迅速，打完仗再進食。

[10]雍齒：人名。劉邦初起，雍齒受委守豐，後叛劉邦屬魏，劉邦切齒恨之。及劉邦得天下分封功臣，諸將爭功不休。張良獻策，使劉邦棄怨而封雍齒爲侯，顯示大度，從而穩定了衆人之心。事見《史記》卷五五《留侯世家》。　射鈎見相：指春秋時管仲射齊桓公事。春秋時齊襄公死，其弟糾和小白爭歸齊國爲君。管仲爲公子糾師，將兵阻小白，射中其衣帶鈎。小白佯死，結果先入爲君，是爲桓公。桓公不記舊仇，任管仲爲相，終成霸業。事見《左傳》僖公二十四年。

[11]跂予南服：踮起脚跟眼望南方地區。跂，踮起脚跟。　寤寐延首：日夜企盼。形容急切盼望的樣子。　反棹：掉轉船行方向。指歸順建康。　鳳闕：皇宮，朝廷。　錫圭開宇：指封爵授土。圭，亦作“珪”，爲古代諸侯朝聘所執玉製禮器。帝王授爵，即賜圭以爲信物。

[12]曲慈：普遍周全的慈愛。　叨（tāo）：用於自謙貶抑，表示自己不够格，受之有愧。　紆金拖玉：佩帶金印，衣襟下垂帶玉珮。喻指官宦顯位。　蓬門：以蓬草爲門。指貧寒之家。

[13]舜、禹之渥：舜、禹的恩澤。　羲、唐之化：伏羲、唐堯的教化。　白駒空谷：比喻賢人出仕而山谷空曠。白駒，白色駿馬。比喻賢人、隱士。

[14]山門：佛寺之大門或墓門。　松庭：植松的庭院。指幽静的住所。

[15]楚路：楚地道路。此句隱指袁顗將死於非所。

[16]惡石：用以治病的石針。　蠲：除去，免除。　美疢（chèn）：亦作“美疢”。《左傳》襄公二十三年：“季孫之愛我，疾疢也。孟孫之惡我，藥石也。美疢不如惡石。夫石猶生我，疢之美，其毒滋多。”疢，疾病。

　　時尚書右僕射蔡興宗是顗舅，領軍將軍袁粲是顗從父弟，^[1]故書云群從舅甥也。

[1]袁粲：人名。陳郡陽夏人，爲袁顗叔父袁濯的兒子。本書
卷八九有傳。

子勛徵顗下尋陽，遣侍中孔道存行雍州事，顗乃率
衆馳下，使子戢領家累俱還。時劉胡屯鵲尾，久不決。
泰始二年夏，加顗都督征討諸軍事，給鼓吹一部，率樓
船千艘，戰士二萬，來入鵲尾。顗本無將略，性又怯
橈，在軍中未嘗戎服，語不及戰陳，唯賦詩談義而已。
不能撫接諸將，劉胡每論事，酬對甚簡，由此大失人
情，胡常切齒恚恨。胡以南運未至，^[1]軍士匱乏，就顗
換襄陽之資。^[2]顗答曰：“都下兩宅未成，亦應經理，不
可損徹。”^[3]又信往來之言，京師米貴，斗至數百，以爲
不勞攻伐，行自離散，於是擁甲以待之。太宗使顗舊門
生徐碩奉手詔譬顗曰：^[4]“卿歷觀古今，嶮之與強，何
嘗可恃。自朕踐阼，塗路梗塞，卿無由奉表，未經爲
臣。今追蹤竇融，^[5]猶未爲晚也。”

[1]南運未至：“運”各本並作“軍”，中華本據《通鑑》卷一
三一改，今從之。
[2]換襄陽之資：丁福林《校議》引《通鑑》卷一三一作“借
襄陽之資”，於義爲長。
[3]經理：照料經營。　損徹：亦作“損撤”。猶言節省。
[4]徐碩：人名。其事不詳。
[5]竇融：人名。扶風平陵人。新莽失敗後，他曾以武力割據
河西五郡。漢光武劉秀即位後，他歸附東漢，被封安豐侯，累官至

大司空。《後漢書》卷二三有傳。

　　及劉胡叛走，不告顗，顗至夜方知，大怒罵曰：“今年爲小子所誤。”呼取飛鷰，[1]謂其衆曰：“我當自出追之。”因又遁走。至鵲頭，與戎主薛伯珍及其所領數千人步取青林，[2]欲向尋陽。夜止山間宿，殺馬勞將士。顗顧謂伯珍曰：“我舉八州以謀王室，未一戰而散，豈非天邪。非不能死，豈欲草間求活，望一至尋陽，謝罪主上，然後自刎耳。”因慷慨叱左右索節，[3]無復應者。及旦，伯珍請以間言，乃斬顗首詣錢溪馬軍主襄陽俞湛之，[4]湛之因斬伯珍，併送首以爲己功。顗死時年四十七。太宗忿顗違叛，流尸於江，弟子彖微服求訪，[5]四十一日乃得，密致喪瘞於石頭後岡，[6]與一舊奴躬共負土。後廢帝即位，方得改葬。

　　[1]飛鷰：古代良馬名。鷰，同“燕”。《通鑑》卷一三一作“呼取常所乘善馬飛鷰”，文意更明。

　　[2]薛伯珍：人名。其事不詳。

　　[3]節：符節。古代使臣或地方軍政大員所持，爲得到帝王某種授權的憑信。

　　[4]俞湛之：人名。其事不詳。

　　[5]弟子彖：人名。即袁顗的姪子袁彖。父袁覬，曾任武陵太守。彖入南齊曾任吴興郡守、侍中等職。《南齊書》卷四八有傳。

　　[6]石頭後岡：地名。即石頭城後岡，在今江蘇南京市西。

　　顗子戢爲偏黃門侍郎，[1]加輔國將軍，戍盆城。尋陽敗，戢棄城走，討禽伏誅。

　　[1]僞黃門侍郎：官名。即劉子勛即位後所任命的黃門侍郎，
著史者以僞職待之。

　　孔覬字思遠，會稽山陰人，[1]太常琳之孫也。父邈，
揚州治中。[2]覬少骨梗有風力，以是非爲己任。[3]口吃，
好讀書，早知名。初舉揚州秀才，[4]補主簿，長沙王義
欣鎮軍功曹，[5]衡陽王義季安西主簿，[6]户曹參軍，領南
義陽太守，轉署記室。[7]奉牋固辭，曰：“記室之局，實
惟華要，[8]自非文行秀敏，莫或居之。覬遜業之舉，無
聞於鄉部；惰游之貶，有編於疲農。直山淵藏引，用不
遐棄，故得扵風儷潤，[9]憑附彌年。今日之命，非所敢
冒。昔之學優藝富，猶尚斯難，況覬能薄質魯，[10]亦何
容易。覬聞居方辨物，君人所以官才；陳力就列，自下
所以奉上。[11]覬雖不敏，常服斯言。今寵藉惟舊，舉非
尚德，恐無以提衡一隅、僉允視聽者也。[12]伏願天明照
其心請，乞改今局，授以閑曹，則鳧鶴從方，所憂去
矣。”[13]又曰：“夫以記室之要，宜須通才敏思，[14]加性
情勤密者。覬學不綜貫，性又疏惰，何可以屬知秘記，
秉筆文闈。[15]假吹之尤，方斯非濫。覬少淪常檢，本無
遠植，榮進之願，何能忘懷？若實有螢燭，增暉光景，
固其騰聲之日、飛藻之辰也，豈敢自求從容，保其淡
逸。伏願矜其魯拙，業之有地，則曲成之施，終始優
渥。”[16]義季不能奪，遂得免。召爲通直郎，太子中舍
人，建平王友，秘書丞，中書侍郎，[17]隨王誕安東諮議
參軍，領記室，黃門侍郎，建平王宏中軍長史。[18]復爲

黄門，臨海太守。[19]

　　[1]山陰：縣名。治所在今浙江紹興市。

　　[2]琳之：人名。即孔琳之。本書卷五六有傳。　邈：人名。即孔邈。官至揚州治中從事史。事見本書卷五六《孔琳之傳》。

　　[3]以是非爲己任：勇於論斷是非，憎愛分明。

　　[4]秀才：選舉科目。揚州歲舉二人，諸州每州舉一人，對策問。時秀才之選甚重，多以此出任要職，但循例由中正官把持，所舉者多世族。

　　[5]長沙王：王爵名。王國在今湖南長沙市。　義欣：人名。即劉義欣。宋武帝劉裕之弟劉道憐長子。本書卷五一有附傳。　鎮軍功曹：官名。即鎮軍將軍府功曹參軍事。

　　[6]衡陽王：王爵名。王國在今湖南株洲縣西南。　義季：人名。即劉義季。宋武帝劉裕第七子。本書卷六一有傳。　安西主簿：官名。即安西將軍府主簿。

　　[7]南義陽：郡名。宋改義陽郡置，治所在今湖南安鄉縣西南。　記室：官名。即記室參軍。掌文疏表奏。

　　[8]華要：猶芬華顯要。指顯要清貴的職位。

　　[9]抃風儛潤：歡舞於和風時雨中。指慶幸沾受恩惠。抃，鼓掌表示歡欣。

　　[10]能薄質魯：能力薄弱，生性愚鈍。

　　[11]居方辨物：辨別衆物的性質和條件等因素，使之各得其所。語出《易·未濟卦》：“君子以慎辨物居方。”高亨注：“君子觀此卦象及卦名，從而以謹慎態度，分清事物之性質與勢力等，審處其方位，以求行事有成。”　陳力就列：指在所任職位上能恪盡職守。語出《論語·季氏》：“陳力就列，不能者止。”邢昺疏：“言爲人臣者，當陳其才力，度己所任，以就其位，不能則當自止退也。”

［12］提衡：原意指用秤稱物，後借指簡選官吏。

［13］天明：對皇帝的尊稱。此處可理解爲天子英明。　　鳧鶴從方：指野鴨和鶴各從其所屬的品類。比喻順其自然行事。

［14］通才敏思：“思”各本並作“忠”，中華本據《元龜》卷八一四改，今從之。

［15］秉筆文閣：“文閣”各本並作“文閨”，中華本據《御覽》卷二四九引改，今從之。文閣，經管文檔之室。後世又以文閣指科舉試場。

［16］優渥：原指雨水充足，語出《詩·小雅·信南山》：“益之以霡霂，既優既渥。”後借指受到優厚的待遇。

［17］建平王友：官名。建平王府屬官，掌侍從游處，規諷道義。諸王各置王友一員。六品。建平王，王爵名。王國在今重慶巫山縣。此指宋文帝第七子劉宏。本書卷七二有傳。

［18］安東諮議參軍：官名。即安東將軍府諮議參軍事。隨郡王劉誕時任安東將軍。　　中軍長史：官名。即中軍將軍府長史。

［19］臨海：郡名。治所在今浙江臨海市。

　　初，晉世散騎常侍選望甚重，與侍中不異，其後職任閑散，用人漸輕。孝建三年，世祖欲重其選，詔曰：“散騎職爲近侍，事居規納，置任之本，實惟親要。[1]而頃選常侍，陵遲未允，宜簡授時良，永置清轍。”於是吏部尚書顏竣奏曰：[2]“常侍華選，[3]職任俟才，新除臨海太守孔覬意業閑素，[4]司徒左長史王彧懷尚清理，[5]並任爲散騎常侍。”世祖不欲威權在下，其後分吏部尚書置二人，以輕其任。侍中蔡興宗謂人曰：“選曹要重，常侍閑淡，改之以名而不以實，雖主意欲爲輕重，[6]人心豈可變邪？”既而常侍之選復卑，選部之貴不異。

[1]親要：親信顯要之位。按：散騎常侍於東晉奪中書出令之權，參掌機密，權任頗重，職任同於侍中，亦多爲宰相、諸公的加官。入宋後，擬詔出令之權復歸中書省，散騎常侍職輕事簡，地位驟降。

[2]顏竣：人名。琅邪臨沂（今山東費縣）人。本書卷七五有傳。

[3]華選：顯貴的職位。

[4]意業閑素：心量悠閑純樸，即名利心淡。意業，佛教語。身、口、意“三業”之一。指思量所造成之業，爲三業之本。

[5]司徒左長史：官名。與司徒右長史並爲司徒府僚屬之長，佐助司徒總管府内諸曹。南朝或不設司徒，其府則常置，管理州郡農桑户籍、官吏考課諸事，皆由二長史主持。左長史位右長史上。六品。　王彧：人名。字景文，琅邪臨沂人。因其名與宋明帝同，後以字行。本書卷八五有傳。

[6]主意：主上之意。　輕重：一輕一重。

覬領本州大中正。大明元年，改太子中庶子，領翊軍校尉，轉秘書監。[1]欲以爲吏部郎，不果，遷廷尉卿，[2]御史中丞，坐鞭令史，爲有司所糾，原不問。六年，除義興太守，未之任，爲尋陽王子房冠軍長史，加寧朔將軍，行淮南、宣城二郡事。其年，復除安陸王子綏冠軍長史、江夏内史，[3]復隨府轉後軍長史，内史如故。[4]

[1]翊軍校尉：官名。東宮三校尉之一，亦稱太子翊軍校尉。秘書監：官名。秘書省長官，掌圖書經籍，領著作省。三品。

[2]廷尉卿：官名。爲中央最高司法審判機構長官，主管詔獄，又爲地方司法案件的上訴機關。宋時職權較漢爲輕。三品。

[3]江夏内史：官名。江夏王國的民政長官，職如太守。

[4]復隨府轉後軍長史，内史如故：按舊版中華本《宋書》作"復隨府轉後軍長史如故"，文意繁複不明；且"如故"二字懸空，缺少主語。新版修訂本在"長史"後斷開，又在"如故"前加"内史"二字，甚是。今從之。後軍長史，官名。即後軍將軍府長史。時安陸王劉子綏由冠軍將軍遷號後軍將軍。

爲人使酒仗氣，每醉輒彌日不醒，僚類之間，多所凌忽，尤不能曲意權幸，莫不畏而疾之。不治産業，居常貧罄，有無豐約，[1]未嘗關懷。爲二府長史，典籤諮事，不呼不敢前，不令去不敢去。雖醉日居多，而明曉政事，醒時判決，未嘗有壅。衆咸云："孔公一月二十九日醉，勝他人二十九日醒也。"世祖每欲引見，先遣人覘其醉醒。性真素，不尚矯飾，遇得寶玩，服用不疑，而他物粗敗，終不改易。時吳郡顧覬之亦尚儉素，[2]衣裘器服，皆擇其陋者。宋世言清約，稱此二人。覬弟道存，從弟徽，頗營産業。二弟請假東還，覬出渚迎之，輜重十餘船，皆是綿絹紙席之屬。覬見之，僞喜，謂曰："我比困乏，得此甚要。"因命上置岸側，既而正色謂道存等曰："汝輩忝預士流，[3]何至還東作賈客邪！"命左右取火燒之，燒盡乃去。先是庾徽之爲御史中丞，[4]性豪麗，服玩甚華。覬代之，[5]衣冠器用，莫不粗率。蘭臺令史並三吳富人，[6]咸有輕之之意。覬蓬首緩帶，風貌清嚴，皆重迹屏氣，莫敢欺犯。庾徽之字景猷，潁川鄢陵人也。[7]自中丞出爲新安王子鸞北中郎長史、南東海太守，[8]卒官。

[1]有無：各本並作“無有”。中華本據《元龜》卷九一四改。今從之。

[2]顧覬之：人名。吳郡吳人。本書卷八一有傳。

[3]忝預士流：謙言愧居於士族之列。

[4]庾徽之：人名。其事多見本卷。

[5]覬代之：“覬”各本並作“顗”，中華本依文義改正，下誤並改，今從之。

[6]蘭臺令史：官名。掌監察刑獄文書，班次侍御史。六品。

[7]潁川：郡名。秦時治所在今河南禹州市，西晉時治所在今許昌市東，東晉僑置於今安徽巢湖市居巢區東南。　鄢陵：縣邑名。治所在今河南鄢陵縣。

[8]南東海：郡名。治所在今江蘇鎮江市。

八年，覬自郢州行真，[1]徵爲右衛將軍，未拜，徙司徒左長史。道存代覬爲後軍長史、江夏内史。時東土大旱，都邑米貴，一斗將百錢。道存慮覬甚乏，遣吏載五百斛米餉之。覬呼吏謂之曰：“我在彼三載，去官之日，不辦有路糧。二郎至彼未幾，那能便得此米邪？可載米還彼。”吏曰：“自古以來，無有載米上水者，都下米貴，乞於此貨之。”不聽，吏乃載米而去。永光元年，[2]遷侍中，未拜，復爲江夏王義恭太宰長史，[3]復出爲尋陽王子房右軍長史，加輔國將軍，行會稽郡事。

[1]行真：官制用語。指代理“行”“兼”或“守”某職的官員得到朝廷的真除實授而成正職。

[2]永光：宋前廢帝劉子業年號（465）。

［3〕太宰長史：官名。即太宰府長史。時劉義恭官任太宰。

太宗即位，召覬爲太子詹事。[1]遣故佐平西司馬庾業爲右軍司馬，[2]代覬行會稽郡事。時上流反叛，[3]上遣都水使者孔璪入東慰勞。[4]璪至，説覬以“廢帝侈費，倉儲耗盡，都下罄匱，資用已竭。今南北並起，遠近離叛，若擁五郡之鋭，招動三吳，事無不克”。覬然其言，遂發兵馳檄。覬子長公，璪二子淹、玄，並在都，馳信密報。泰始二年正月，並叛逃東歸。遣書要吳郡太守顧琛，琛以母年篤老，又密邇京邑，與長子寶素謀議，未判。[5]少子寶先時爲山陰令，馳書報琛，以南師已近，[6]朝廷孤弱，不時順從，必有覆滅之禍。覬前鋒軍已渡浙江，[7]琛遂據郡同反。吳興太守王曇生、義興太守劉延熙、晉陵太守袁標，一時響應。庾業既東，太宗即以代延熙爲義興，加建威將軍，以延熙爲巴陵王休若鎮東長史。[8]業至長塘湖，[9]即與延熙合。

　　[1]太子詹事：官名。東宮屬官，地位極重，官屬擬於朝廷，時稱其職比朝廷尚書令和領軍將軍，位權甚重。三品。
　　[2]庾業：人名。南陽新野人。父庾彥達曾任益州刺史。其事多見本卷。
　　[3]上流反叛：指鄧琬鼓動晉安王劉子勛反叛宋明帝事。江州在京城上游，故稱。
　　[4]都水使者：官名。都水臺長官，管理全國河渠灌溉水運事務。　孔璪：人名。會稽人。其事多見本卷。
　　[5]未判：各本並作“未叛”，中華本據《南史》改，今從之。
　　[6]南師：指鄧琬派遣由江州向京城進發的叛軍。

[7]浙江：水名。即今浙江富春江、錢塘江。其上游即源自皖南之新安江。

[8]巴陵王：王爵名。王國在今湖南岳陽市。　休若：人名。即劉休若。宋文帝劉義隆第十九子。本書卷七二有傳。　鎮東長史：官名。即鎮東將軍府長史。按：此時劉休若爲鎮東將軍，而本傳誤載其爲安東將軍。

[9]長塘湖：湖名。又名洮湖。即今江蘇南部溧陽、金壇之間的長蕩湖。

太宗遣建威將軍沈懷明東討，尚書張永係進，鎮東將軍巴陵王休若董統東討諸軍事。移檄東土曰：

蓋聞釁集有兆，禍至無門，倚伏之來，實惟人致。[1]故囂、述貪亂，終殄宗祀；[2]昌、憲構氛，[3]旋潤斧鉞。斯則昭章記牒、炯戒今古者也。[4]

[1]釁集：禍亂的出現。　倚伏：語本《老子》："禍兮福之所倚，福兮禍之所伏。"意謂禍福相因，互相依存轉化。

[2]囂、述：皆人名。即東漢初年的隗囂、公孫述。他們趁戰亂之際，分別割據西州和巴蜀，以武力對抗漢光武帝劉秀，後次第被翦除。　終殄宗祀：終於滅絕宗族之祀。《後漢書》卷一三各有傳。

[3]昌、憲：皆人名。即兩漢之際王昌、李憲。王昌一名王郎，本以賣卜爲生，詐冒漢成帝子劉子輿，於河北煽惑民衆，對抗劉秀。後失敗被斬。李憲，潁川許昌人，聚衆十餘萬，於淮南自立爲天子。後失敗爲劉秀誅斬。《後漢書》卷一二各有傳。

[4]記牒：史籍簿册。借指史書。　炯戒：明戒。

自國步時艱，三綱道盡，神歇靈繹，璿業綴

斿。[1]皇上仁雄集瑞，英叡應歷，鳳儀熛昇，龍煇電舉。[2]盪穢紫樞，不俟鳴條之誓；[3]凝政中宇，不肆漂杵之威。[4]是以墜維再造，虧天重構，幽明裁紀，標配斯光。[5]而群凶恣虐，協扇童孺，蕞爾東垂，復淪醜迹，邪回從愿，蜂動蟻附。聖圖霆發，神威四臨，羽馹所屆，[6]義旅雲屬，[7]欃鉞所麾，逆徒冰泮，[8]勝負之效，皎然已顯。

[1]國步：國家的命運。　三綱：中國古代謂君爲臣綱、父爲子綱、夫爲妻綱，合稱三綱，被認爲是最重要的道德規範。　神歇靈繹：言先皇既没。語出揚雄《劇秦美新》：“神歇靈繹，海水群飛。”　璿業綴斿：比喻國勢垂危。璿，通“璇”。北斗之星，喻帝位。綴斿，同“贅斿”。比喻君主被大臣挾制，實權旁落。

[2]應歷：符合天命，應期爲帝。　鳳儀熛（biāo）昇，龍煇電舉：形容宋明帝迅速果斷興兵討逆。

[3]盪穢紫樞：蕩滌朝廷的污穢。指清除前廢帝劉子業。紫樞，北斗星官，象徵帝居的宮殿。　鳴條之誓：商湯於鳴條（今河南封丘縣）打敗夏桀，推翻夏朝統治，戰前有誓師詞，見《尚書·湯誓》。

[4]中宇：中土，中原。代指中國。　漂杵：死人的流血漂起了盾牌（泛指武器）。形容惡戰。

[5]墜維：墜落的綱紀法度。　虧天：毀壞的皇天。　幽明裁紀：善惡賢愚得到鑑別治理。　標配斯光：標志樹立，日月重光。

[6]羽馹所屆：傳達帝王詔令的驛騎所到之處。馹，驛馬。

[7]雲屬：接連不斷。

[8]欃鉞所麾：欃槍和斧鉞所指向之處。欃，欃槍，彗星的別名，取其除舊更新之義。鉞，斧鉞，誅罰之具。　冰泮（pàn）：冰化開。形容叛軍瓦解。

司徒建安王英猷冠世，董率元戎。驃騎山陽王風略夙昭，撫厲中陳。[1]或振霜江、蠡，或騰焱荊、河，金甲燭天庭，囂聲震海浦。[2]前將軍、吳興太守張永，東南標秀，[3]協贊戎機。建威將軍沈懷明、鎮東中兵參軍劉亮、武衛將軍壽寂之，[4]霜銳五千，熊騰虎步。龍驤將軍王穆之、龍驤將軍頓生，鐵騎連群，風驅電邁。右軍將軍齊王、射聲校尉姚道和，[5]樓艦千艘，覆川蓋汜。[6]左軍垣恭祖、步兵校尉杜幼文、冗從僕射全景文、員外散騎侍郎孫超之，並率虎旅，駱驛雲赴。殿中將軍杜敬真、殿中將軍陸攸之、建武將軍吳喜，甲楯一萬，分趣義興。[7]予猥承人乏，總司戎統，聳劍東馳，申憤海曲。[8]歕氣則白日盡晦，刷馬則清江倒流。[9]以此伐叛，何勍不剿，以此柔服，何順不懷。愍彼群迷，弗辨堯、桀，螳電微命，擬雷霆之衝，[10]已枯之葉，當霜飆之隊，[11]尺竪所爲寒心，匹婦所爲嘆息。夫因禍致慶，[12]資敗爲成，前監不忘，後事明筮。[13]若能相率歸順，投兵效款，則福鍾當年，祉覃來裔，孰如身輟宗屠、鬼餒魂泣者哉！[14]詳鏡安危，自求多福。

[1]驃騎：官名。即驃騎大將軍。二品。　中陳：中陣。

[2]振霜：奮發嚴厲。霜，比喻嚴厲冷峻。　江、蠡：水名。指長江、蠡湖。蠡湖在今江蘇無錫市東南。　騰焱（yàn）：火焰飛騰。　荊、河：水名。指荊江、黃河。　金甲：戰士盔甲。　海

浦：海岸邊。

　　［3］標秀：指出類拔萃的人才。

　　［4］武衞將軍：官名。三國魏置，掌宿衞禁軍。兩晋或置或省，宋復置，代殿中將軍之任，權任漸輕。　壽寂之：人名。吳興人。本書卷九四有附傳。

　　［5］射聲校尉：官名。侍衞武官，不領兵。四品。　姚道和：人名。羌人，後秦皇帝姚興之孫。隨父降宋，官至游擊將軍。入齊爲司州刺史，被誅。事見《南齊書》卷二五《張敬兒傳》。

　　［6］覆川蓋汜：遍滿江河。汜，古汜水省稱，代指河流。

　　［7］殿中將軍：官名。侍衞武職，不典兵。六品。　杜敬眞：人名。其事多見本卷。　陸攸之：人名。吳興武康人。其事多見本卷。

　　［8］猥承人乏：謙詞。因人才缺乏而被錯誤地推舉出來。　戎統：軍事統帥。　聳劍東馳：“馳”《元龜》卷四一六作“雲”，今從中華本。

　　［9］歕（pēn）氣則白日盡晦：吹氣則白天盡皆昏暗。形容軍隊氣勢之盛。　刷馬則清江倒流：形容人馬衆多。

　　［10］螗黽：螳螂和青蛙。比喻脆弱之勢力。　擬：比劃。用兵器殺人的樣子。

　　［11］隊：同“墜”。

　　［12］因禍致慶：“致”各本並作“提”，中華本據《元龜》卷四一六改，今從之。

　　［13］明筮：應驗明顯。筮，占卜，卜卦。

　　［14］身轘宗屠：本人和宗族都被誅滅。轘，古代車裂酷刑。餒（něi）：同“餧”。飢餓。

　　購生禽觊千五百户開國縣侯，生擒琛千户開國縣侯，斬送者半賞。時將士多是東人，父兄子弟皆已附逆，上因送軍普加宣示曰："朕方務德簡刑，使四罪不相及，[1]助順同逆者，一以所從爲斷。卿等當深達此懷，勿以親戚爲慮也。"衆於是大悅。

[1]四罪：謂古代舜治共工、驩兜、三苗、鯀四凶之罪。此句謂除首惡外，餘皆不問。

覬所遣孫曇瓘等軍，[1]頓晉陵九里，[2]部陳甚盛。懷明至奔牛，[3]所領寡弱，乃築壘自固。張永至曲阿，[4]未知懷明安否，百姓驚擾，將士咸欲離散，永退還延陵，[5]就休若。諸將帥咸勸退保破岡。[6]其日大寒，風雪甚猛，塘埒決壞，[7]衆無固心。休若宣令："敢有言退者斬。"衆小定，乃築壘息甲。尋得懷明書，賊定未進。軍主劉亮又繼至，兵力轉加，人情乃安。

[1]孫曇瓘：人名。吳郡富陽人。以軍功進爲越州刺史，後被誅。本書卷八三有附傳。

[2]九里：地名。在今江蘇常州市西北。

[3]奔牛：地名。在今江蘇常州市武進區西北奔牛鎮。濱臨運河東岸。

[4]曲阿：縣名。治所在今江蘇丹陽市。

[5]延陵：縣名。治所在今江蘇丹陽市西南延陵鎮。

[6]破岡：瀆名。三國時在今江蘇南部開鑿，西起今句容市東南、通赤山湖及秦淮河，東至今丹陽市延陵鎮西。

[7]塘埒：塘壩。

時永世令孔景宣復反，[1]柵縣西江岵山，[2]斷遏津徑，劉延熙加其寧朔將軍。杜敬真、陸攸之、溧陽令劉休文攻景宣別砦，[3]斬其中兵參軍史覽之等十五人。[4]永世人徐崇之率鄉里起義，[5]攻縣斬景宣。吳喜至，板崇之領縣事。太宗嘉休文等誠效，除休文寧朔將軍，縣如故，崇之殿中將軍，行永世縣事，並賜侯爵。喜、敬真及員外散騎侍郎竺超之等至國山縣界，[6]遇東軍於虎檻村，[7]擊大破之，自國山進吳城，[8]去義興十五里。劉延熙遣楊玄、孫矯之、沈靈秀、黃泰四軍拒喜。[9]喜等兵力甚弱，眾寡勢懸，交戰盡日，臨陳斬楊玄、孫矯之、黃泰，[10]餘眾一時奔走，因進義興南郭外。延熙屯軍南射堂，喜遣步騎擊之，即退還水北，乃柵斷長橋，保郡自守。喜築壘與之相持。庾業於長塘湖口夾岸築城，有眾七千餘人，器甲甚盛，與延熙遙相掎角。沈懷明、張永與晉陵軍相持，久不決。

[1]永世：縣名。治所在今江蘇溧陽市南古縣橋。　孔景宣：人名。其事不詳。

[2]柵：柵欄。用竹木、鐵條等物圍成阻攔物。　西江峴山：地名。在今江蘇鎮江市南。

[3]溧陽：縣名。治所在今江蘇高淳縣東固城鎮。　劉休文：人名。其事不詳。　砦：防衛用的柵欄。引申為營壘。

[4]史覽之：人名。其事不詳。

[5]徐崇之：人名。其事多見本卷。

[6]竺超之：人名。其事見本書卷八三《宗越傳》及本卷。國山：縣名。治所在今江蘇宜興市西南。

[7]虎檻村：地名。確址待考。

[8]吳城：地名。在今江蘇宜興市西南。

[9]楊玄、孫矯之、沈靈秀、黃泰：皆人名。事皆不詳。

[10]臨陳斬楊玄、孫矯之、黃泰："楊玄、孫矯之"各本並作
"玄孫"二字。張森楷《校勘記》云："按上有楊玄、孫矯之，此
云'玄孫'，當有一誤。"中華本據之訂正，今從之。

　　太宗每遣軍，輒多所求須，不時上道。外監朱幼舉
司徒參軍督護任農夫，[1]驍果有膽力，性又簡率，資給
甚易，乃以千人配之，使助東討。時庾業兵盛，農夫於
延陵出長塘，雖云千兵，至者裁四百。未至數十里，遣
人參候，[2]云："賊築城猶未合。"農夫率廣武將軍高志
之、永興令徐崇之馳往攻之。[3]因其城壘未立，農夫親
持刀楯，赴城入陳，大破之，庾業棄城走義興。先是，
龍驤將軍阮佃夫募得蜀人數百，[4]多壯勇便戰，皆著犀
皮鎧，[5]執短兵。本應就佃夫向晉陵，未發，會農夫須
人，分以配之。及戰，每先登，東人並畏憚，又怪其形
飾殊異，舊傳狐獠食人，[6]每見之輒奔走。農夫收其船
杖，與高志之進義興援吳喜。二月一日，喜乃渡水攻
郡，分兵擊諸壘柵。農夫雖至，衆力尚少，兵勢不敵。
喜乃與數騎登高東西指麾，若招引四面俱進者。東軍大
駭，諸營一時奔散，唯龍驤將軍孔叡一柵未拔。[7]喜以
殺傷者多，乃開圍緩之。其夜，庾業、孔叡相率奔走，
義興平。劉延熙投水死，有人告之，乃斬尸，傳首京
邑。義興諸縣唯綏安令巢邃秉節不移，[8]不受僞爵。

　　[1]外監：官名。即外殿中監。除與內殿中監共掌皇帝衣食住
行外，兼掌傳達皇帝詔敕，品卑而親近皇帝，所居多幸臣。　朱

幼：人名。後曾任步兵校尉、南高平太守等職，封安浦縣侯。本書卷九四有附傳。

[2]參候：偵察。

[3]廣武將軍：官名。名號將軍中地位較高者，五武將軍之一。四品。　高志之：人名。其事多在本卷。各本並作“高尚之”，中華本據《元龜》卷三五一改，今從之。　永興：縣名。治所在今浙江蕭山市。按：上文言徐崇之“行永世縣事”，疑此處應爲“永世”之誤。

[4]阮佃夫：人名。會稽諸暨（今浙江諸暨市）人。本書卷九四有傳。

[5]犀皮鎧：犀牛皮製成的鎧甲。

[6]狐獠：古代南方的一種少數民族。

[7]孔覬：人名。其事多見本卷。

[8]綏安：縣名。治所在今江蘇宜興市西南。　巢遼：人名。其事不詳。

時齊王率軍東討，與張永、劉亮、杜幼文、沈懷明等於晋陵九里西結營，與東軍相持。義興軍既爲吴喜等所破，奔散者多投晋陵，東軍震恐。上又遣積射將軍江方興，南臺御史王道隆至晋陵視賊形勢。賊帥孫曇瓘、程捍宗、陳景遠凡有五城，[1]互相連帶。捍宗城猶未固。其月三日，道隆與齊王、張永共議：“捍宗城既未立，可以籍手。上副聖旨，下成衆氣。”[2]道隆便率所領急攻之，俄頃城陷，斬捍宗首。劉亮果勁便刀楯。朝士先不相悉，上亦弗聞，唯尚書左丞徐爰知之，白太宗稱其驍敢。至是每戰以刀楯直盪，往輒陷決，張永嫌其過銳，不令居前。賊連柵周亘，塘道迫狹，將士力不得展。亮乃負楯而進，直入重柵，衆軍因之，即皆摧破。袁標遣千人繼至，齊王與永等乘勝馳擊，又大破之，屠其兩城。曇瓘率衆數百，鼓譟而至，標又遣千人繼之，衆軍駭懼，將欲散矣。江方興率勇士迎射之，應弦倒者相繼，曇瓘因此敗走。

[1]程捍宗：人名。其事不詳。　陳景遠：人名。其事多在本卷。

[2]籍手：借助。借人之手以爲己助。籍，同“借”。助。副：符合。

吴喜軍至義鄉，[1]僞輔國將軍、車騎司馬孔璪屯吴興南亭，[2]太守王曇生詣璪計事，會信還，[3]云：“臺軍已近。”璪大懼，墮牀，[4]曰：“懸賞所購，唯我而已，今不遽走，將爲人禽。”左右聞之，並各散走。璪與曇生焚燒倉庫，東奔錢塘。[5]喜至吴興，頓置郡城，倉廩遇雨不然，[6]無所損失。初，曇生遣寧朔將軍沈靈寵率八千人向黄鵠嶠，[7]欲從候道出蕪湖，[8]迎接南軍。廣德令王蘊發兵據嶮，靈寵不得進，屯住故鄣。[9]曇生既走，靈寵乃與弟靈昭、軍副姚天覆率偏裨以下十七軍歸順。[10]太宗嘉之，擢爲鎮東參軍事，因率所領東討。喜分遣軍主沈思仁、吴係公追躡璪等。[11]

[1]義鄉：縣名。治所在今浙江長興縣西北。

[2]南亭：地名。在吴興（今浙江湖州市吴興區）境内。

[3]會信還：恰巧送信的人回來。

［4］牀：古代坐具。類於榻，憑几而坐，不一定指睡臥之床。古代由跪坐到垂脚坐有一個發展過程，可參閱朱大渭《中古士人由跪坐到垂脚高坐》一文。

［5］錢塘：縣名。治所在今浙江杭州市。

［6］然：同“燃”。

［7］沈靈寵：人名。曾任司徒建安王休仁參軍。其事另見本書卷八七《殷琰傳》。　黄鵠嶠：地名。確址待考。按：有黄鵠山，在今江蘇鎮江市南，不知是否一地。

［8］候道：古代爲偵察敵情、傳遞軍事情報或應付緊急情況而修築的道路。　蕪湖：縣名。治所在今安徽蕪湖市。

［9］故鄣：縣名。治所在今浙江安吉縣北。

［10］靈昭：人名。即沈靈昭。其事不詳。　姚天覆：人名。其事不詳。　偏裨：偏將軍和裨將軍，皆爲主將之下的副將，偏將軍地位高於裨將軍。八品。

［11］吴係公：人名。其事不詳。

陸攸之、任農夫自東遷進向吴郡，[1]臺遣軍主張靈符即晋陵。其月四日，齊王急攻之，其夜，孫曇瓘、陳景遠一時奔潰。諸軍至晋陵，袁標棄郡東走。晋陵既平，吴中震動，吴興軍又將至，顧琛與子寶素攜其老母泛海奔會稽，海鹽令王孚邀討不及。[2]

［1］東遷：縣名。治所在今浙江湖州市南潯區舊館鎮。

［2］海鹽：縣名。治所在今浙江海鹽縣。　王孚：人名。琅邪臨沂人。後官至司徒記室參軍。事見本書卷八五《王景文傳》。

太宗以四郡平定，留吴喜統全景文、沈懷明、劉亮、孫超之、壽寂之等東平會稽，追齊王、張永、姚道

和、杜幼文、垣恭祖、張靈符北討，[1]王穆之、頓生、
江方興南伐。

[1]北討：時徐州刺史薛安都反叛，派侄子薛索兒南下渡淮，
宋明帝派蕭道成等人率軍自建康向北迎擊。

其月九日，喜等至錢塘，錢塘令顧昱及孔璪、王曇
生等奔渡江東。[1]喜仍進軍柳浦，[2]諸暨令傅琰將家歸
順。[3]喜遣鎮北參軍沈思仁、强弩將軍任農夫、龍驤將
軍高志之、南臺御史阮佃夫、揚武將軍盧僧澤等率軍向
黃山浦。[4]東軍據岸結砦，農夫等攻破之，乘風舉帆，
直趣定山，[5]破其大帥孫會之，[6]於陳斬首。自定山進向
漁浦，[7]戍主孔叡率千餘人據壘拒戰。佃夫使隊主闞法
炬射殺樓上弩手，[8]叡衆驚駭，思仁縱兵攻之，斬其軍
主孔奴，[9]於是敗散。其月十九日，吳喜使劉亮由鹽官
海渡，[10]直指同浦，[11]壽寂之濟自漁浦，邪趣永興，喜
自柳浦渡，趣西陵。[12]西陵諸軍皆悉散潰，斬庾業、顧
法直、吳恭，[13]傳首京都。東軍主卜道濟、督戰許天賜
請降。[14]庾業，新野人也。父彥達，以幹局爲太祖所
知，[15]爲益州刺史。世祖世，官至豫章太守，太常
卿。[16]劉亮、全景文、孫超之進次永興同市，[17]遇覬所
遣陸孝伯、孔豫兩軍，[18]與戰破之，斬孝伯、豫首。

[1]顧昱：人名。其事不詳。　江東：地區名。此指錢塘江之
東。《通鑑》卷一三一作“浙東”。所指更爲明確。
[2]柳浦：地名。在今浙江杭州市南鳳凰山東麓。

[3]傅琰：人名。北地靈州（今寧夏靈武市）人。曾任武康、山陰等縣令，頗有政績。後官至行荆州刺史。《南齊書》卷五三有傳。

[4]揚武將軍：官名。五武將軍之一。四品。　盧僧澤：人名。其事不詳。　黃山浦：地名。魏嵩山《中國歷史地名大辭典》稱"即漁浦"，查下文有"自定山進向漁浦"句，黃山浦與漁浦恐非一地，確址待考。

[5]定山：地名。在今浙江杭州市西南錢塘江北岸。

[6]孫會之：人名。其事不詳。

[7]漁浦：地名。在今浙江蕭山市西南錢塘江南岸。

[8]闞法炬：人名。其事不詳。

[9]孔奴：人名。其事不詳。

[10]鹽官：縣名。治所在今浙江海寧市西南鹽官鎮。

[11]同浦：地名。確址待考。以上下文意推之，應在今浙江蕭山市北瀕臨杭州灣頭篷一帶。

[12]西陵：地名。本名固陵，即今浙江蕭山市西北西興鎮。曾設有西陵牛埭。

[13]顧法直、吳恭：皆人名。事皆不詳。

[14]卜道濟：人名。其事不詳。　許天賜：人名。其事不詳。

[15]幹局：謂辦事的才幹器局。

[16]太常卿：官名。對太常的尊稱。掌宗廟、祭祀、禮樂、賓客、車輿、天文、學校、陵園等事，位尊職閑。三品。

[17]同市：地名。確址待考。

[18]陸孝伯、孔豫：皆人名。事皆不詳。

會稽聞西軍稍近，將士多奔亡，覬不能復制。二十日，上虞令王晏起兵攻郡，[1]覬以東西交逼，憂遽不知所爲。其夕，率千餘人聲云東討，實趣石潟，[2]先已具船海浦，值潮涸不得去。[3]衆叛都盡，門生載以小船，竄于嶠山村。[4]僞車騎從事中郎張綏先遣人於錢唐詣喜歸誠，[5]及覬走，綏閉封倉庫，以待王師。二十一日，晏至郡，入自北門，囚綏付作部，其夜殺之。執尋陽王子房於別署，縱兵大掠，府庫空盡。若邪村民錄送僞龍驤將軍、車騎中兵參軍軍主孔叡，[6]將斬之，叡曰："吾年已過立，[7]未霑官伍，蒙知己之顧，以身許之，今日就死，亦何所恨。"含笑就戮。孔璪叛投門生陸林夫，[8]林夫斬首送之。二十二日，嶠山民縛覬送詣晏，晏謂之曰："此事孔璪所爲，無豫卿事。[9]可作首辭，[10]當相爲申上。"覬曰："江東處分，莫不由身，委罪求活，便是君輩行意耳。"晏乃斬之東閤外，臨死求酒，曰："此是平生所好。"時年五十一。顧琛、王曇生、袁標等並詣喜歸罪，喜皆宥之。琛子寶素與父相失，自縊死。東軍主凡七十六人，於陣斬十七人，其餘皆原宥。初遣庾業向會稽，追使奉朝請孫長度送仗與之，[11]并令召募。行達晉陵，袁標就其求仗，長度不與，爲標所殺。追贈給事中。

[1]上虞：縣名。治所在今浙江上虞市。　王晏：人名。琅邪臨沂人。入南齊後位高權重，遭忌被誅殺。《南齊書》卷四二有傳。

[2]石漘（sì）：地名。應臨海岸，確址待考。

[3]潮：各本並作"湖"，中華本據《南史》改，今從之。

[4]嶠山村：地名。在今浙江紹興市境。

[5]張綏：人名。其事不詳。

[6]若邪：山名。在今浙江紹興市南。又有若耶溪，源出此山，

北入鑒湖。

　　[7]年已過立：謂年過三十。古人有“三十而立”之説。

　　[8]門生：學生或門客幕僚。　陸林夫：人名。其事不詳。

　　[9]所：各本並作“之”，中華本據《通鑑》改，今從之。
豫：通“與”。參加，涉及。

　　[10]首辭：自首告發之辭。

　　[11]孫長度：人名。其事不詳。

　　先是，鄧琬遣臨川内史張淹自南路出東陽，[1]淹遣
龍驤將軍桂遑、征西行參軍劉越緒屯據定陽縣。[2]巴陵
王休若遣沈思仁討之，思仁遣軍主崔公烈攻其營，[3]斬
幢主朱伯符首，[4]桂遑、劉越緒諸軍並奔逸。晋安太守
劉瞻據郡同逆，[5]建安内史趙道生起義討之，[6]聚徒未
合。七月，思仁遣軍主姚宏祖、鮑伯奮、應寄生等討破
瞻，[7]斬之於羅江縣。[8]

　　[1]東陽：郡名。治所在今浙江金華市。

　　[2]桂遑：人名。其事不詳。　劉越緒：人名。其事不詳。
定陽：縣名。治所在今浙江常山縣東南。

　　[3]崔公烈：人名。後曾任兗州刺史。事見本書卷八《明帝
紀》。

　　[4]朱伯符：人名。其事不詳。

　　[5]劉瞻：人名。出身宗室，爲長沙王劉義欣第四子。事見本
書卷五一《長沙景王道憐傳》。

　　[6]趙道生：人名。其事多見本卷。

　　[7]姚宏祖、鮑伯奮、應寄生：皆人名。事皆不詳。

　　[8]羅江：縣名。三國吳始置，屬臨海郡。西晋改屬晋安郡，
沿至宋。確址待考。

　　鄧琬先遣新安太守陽伯子及軍主任獻子襲黝縣,[1]縣令吳茹公固守,[2]力不敵,棄城走,伯子等屯據縣城。茹公與臺軍主丘敬文、李靈賜、蕭柏壽等攻圍彌時,[3]八月乃剋,斬伯子、獻子首。張淹屯軍上饒縣,聞劉胡敗,軍副鄱陽太守費曇欲圖之,[4]詐云:"得鄧琬信,急宜諮論。"欲因此斬淹。淹素事佛,方禮佛,不得時進。曇復誑云捕虎,借大鼓及仗士二百人,[5]淹信而與之。曇因率眾入山,饗士約誓,揚言虎走城西,鳴鼓大呼,直來趣城。城門守衛,悉委仗觀之,曇率眾突入,淹正禮佛,聞難走出,因斬首。

　　[1]新安:郡名。治所在今浙江淳安縣西北。　陽伯子:人名。其事不詳。　任獻子:人名。其事不詳。　黝縣:治所在今安徽黟縣東。

　　[2]吳茹公:人名。吳興臨安人,爲吳喜之兄。事見本書卷八三《吳喜傳》。

　　[3]丘敬文、李靈賜、蕭柏壽:皆人名。事皆不詳。

　　[4]費曇:人名。其事不詳。

　　[5]仗士:衛士。

　　史臣曰:自江左以來,[1]舉干戈以圖宗國,十有一焉。其能克振者,四而已矣。元皇外守虛器,政由王氏;[2]蘇峻事雖暫申,[3]旋受屠磔;桓玄宣武之子,[4]運屬橫流;世祖仗順人討,民無異望。其餘皆漆額夷宗,[5]作戒於後。何哉?夫勝敗之數,實由眾心,社廟尊嚴,民情所係,安以義動,猶或稱難,況長戟指闕、志在陵暴者乎？[6]泰始交争，逆順未辨，太宗身剿悖亂，[7]事惟拯溺，國道屯詖，宜立長君，太祖之昭，義無不可。[8]子勛體自世祖，家運已絶，當璧之命，屬有所歸。[9]曲直二塗，未知攸適。徒以據有神甸，擅資天府，宗稷之重，威臨四方，以中制外，故能式清區宇。[10]夫帝王所居，目以衆大之號，名曰京師，其義趣遠有以也。[11]

[1]江左：地區名。一名江東。其地本指今安徽蕪湖、江蘇南京長江河段以東地區，因東晋及南朝皆建都建康，故時人又稱其統治下的全部地區爲江左。

[2]元皇：指東晋元帝司馬睿。　虚器：皇帝虚名。器，神器，指國家政權。　王氏：著名士族琅邪王氏。司馬睿素乏才望，靠王導在南方重建晋朝。雙方暗中争權，司馬睿想以劉隗削弱王氏。大將軍王敦以討伐劉隗爲名，自武昌起兵，攻入建康，並自任丞相。元帝憂憤而死。

[3]蘇峻：人名。長廣挺縣（今山東萊陽市南）人。晋明帝時以平王敦功，任冠軍將軍、歷陽内史，有精兵萬人。晋成帝時，外戚庾亮執政，想解除他的兵權，調任爲大司農。他起兵攻入建康，專擅朝政，但不久又爲陶侃等擊敗。

[4]桓玄：人名。譙國龍亢（今安徽懷遠縣）人。其父桓温，長期握有長江上游兵權，曾數次北伐。後廢皇帝海西公，改立簡文帝，專擅朝政。死後謚曰宣武。桓玄亦領荆、江二州刺史，控制長江中游地區，與朝廷對抗。晋安帝時，桓玄攻入建康，廢晋自立爲帝。後退回江陵，兵敗被殺。

[5]漆顙夷宗：黑漆塗額，屠滅宗族。顙，額，古代對罪犯面額黥字塗漆，以示侮辱。

[6]社廟：即社稷太廟。代表國家政權。　長戟指闕：以武力侵犯

宮闕。

　　[7]剗：同“剷”。

　　[8]屯（zhūn）邅：猶言艱難險阻。屯，卦名。《易·屯卦》：“屯，剛柔始交而難生。”　長君：年長的國君。　太祖之昭：宋文帝之系。古代貴族宗廟以昭穆爲次序排列。始祖廟居中，以下按父子輩分排列爲昭穆，昭居左，穆居右。

　　[9]體自世祖：爲世祖宋孝武帝所生。　家運已絶：按古代繼承慣例，父子相承。宋孝武死後，廢帝劉子業立。子業既隕，例由其子當位。子業無子，不當由其弟（子勛）繼立，故曰家運已絶。

　　當璧：比喻立爲國君之先兆。典出《左傳》昭公十三年：楚共王有子五人，不知繼承人立誰合適。將玉璧秘密埋在祖廟庭院，讓五人依長幼次序進去下拜，誰正對著下面掩埋的玉璧下拜，則立之。

　　[10]神甸：指京都地區。古代國都城外百里爲郊，郊外稱甸。天府：朝廷藏物之府庫。　宗稷：指宗廟社稷。

　　[11]京師：國都。《公羊傳》桓公九年：“京師者何？天子之居也。”

宋書　卷八五

列傳第四十五

謝莊　王景文

謝莊，字希逸，陳郡陽夏人，[1]太常弘微子也。[2]

　　[1]陳郡：治所在今河南淮陽縣。　陽夏：縣名。治所在今河南太康縣。

　　[2]太常：官名。九卿之一，秩中二千石。主管宗廟、社稷、祭祀、朝會、喪葬禮儀以及文化教育事業。三品。　弘微：人名。即謝弘微。本名密，以犯所繼叔父家内諱，故以字行。本書卷五八有傳。

　　年七歲，能屬文，通《論語》。及長，韶令美容儀，太祖見而異之，[1]謂尚書僕射殷景仁、領軍將軍劉湛曰：“藍田出玉，豈虛也哉。”[2]初爲始興王濬後軍法曹行參軍，[3]轉太子舍人，[4]廬陵王文學，[5]太子洗馬，[6]中舍人，[7]廬陵王紹南中郎諮議參軍。[8]又轉隨王誕後軍諮議，[9]並領記室。[10]分左氏《經》《傳》，[11]隨國立篇，製木方丈，圖山川土地，各有分理。離之則州別郡殊，合之則宇內爲一。元嘉二十七年，索虜寇彭城，[12]虜遣尚書李孝伯來使，[13]與鎮軍長史張暢共語，[14]孝伯訪問莊及王微，[15]其名聲遠布如此。二十九年，除太子中庶子。[16]時南平王鑠獻赤鸚鵡，[17]普詔群臣爲賦。太子左衛率袁淑文冠當時，[18]作賦畢，齎以示莊，莊賦亦竟，淑見而嘆曰：“江東無我，卿當獨秀。我若無卿，亦一時之傑也。”遂隱其賦。

[1]太祖：宋文帝劉義隆廟號。

[2]尚書僕射：官名。尚書省次官，尚書令缺時，可主管尚書省的日常事務。三品。　殷景仁：人名。宋初名臣。本書卷六三有傳。　領軍將軍：官名。與中領軍通職，統領禁衛軍。資重者稱領軍將軍，輕者稱中領軍。三品。　劉湛：人名。宋文帝時重臣。本書卷六九有傳。　藍田出玉，豈虛也哉：此借喻謝莊不愧出身於人才輩出的陳郡謝氏家族。藍田，地名。今屬陝西。所產藍田玉爲古代名玉。

[3]始興王：王爵名。王國在今廣東韶關市東南蓮花嶺下。濬：人名。即劉濬，字休明，文帝子。本書卷九九有傳。　後軍法曹行參軍：官名。後軍法曹爲後軍將軍府的屬曹（辦事機構）之一，主掌軍法。行參軍爲法曹的長官。七品。

[4]太子舍人：官名。隸太子詹事，掌文章、書記，爲太子的秘書性屬官。七品。

[5]廬陵王文學：官名。宋沿晉制，王國置文學、師、友各一人，輔佐諸王。六品。

[6]太子洗馬：官名。亦作“太子先馬”，太子的秘書性屬官。秩比六百石。太子出行，則前驅導威儀，故稱先馬。七品。

[7]中舍人：官名。太子中舍人的省稱。太子的秘書性屬官，

掌文翰。位在太子中庶子下，洗馬上。宋官品缺載，陳代秩六百石。五品。

[8]廬陵王：王爵名。王國在今江西吉水縣東北。　紹：人名。即劉紹。字休胤，文帝第五子。本書卷六一有附傳。　南中郎：官名。爲南中郎將的省稱。宋置東、西、南、北四中郎將，以所居京師方位爲稱。領兵權重，多以宗室兼任。四品。　諮議參軍：官名。南中郎將府的屬佐，位在列曹參軍上，掌參謀職。

[9]隨：王國名。治所在今湖北隨州市。　誕：人名。即劉誕。字休文，時任隨郡王，亦稱隨王。文帝第六子。本書卷七九有傳。
後軍諮議：官名。後軍將軍府諮議參軍的省稱。

[10]記室：官署名。宋諸王、公、將軍府皆設此機構，主文書，以參軍典領。此爲後軍府記室。

[11]《經》：指《春秋》。　《傳》：指《左傳》。

[12]索虜：南朝人對北朝鮮卑人頭有辮髮的蔑稱。　彭城：郡名。治所在今江蘇徐州市。

[13]尚書：官名。尚書省的部曹主官。　李孝伯：人名。北魏趙郡（今河北趙縣）人，時任北魏尚書省的比部尚書。《魏書》卷五三有傳。

[14]與鎮軍長史張暢共語：事見本書卷五九《張暢傳》。鎮軍長史，即鎮軍將軍府長史。《張暢傳》作“安北長史”。本書卷六《孝武帝紀》：元嘉二十五年，劉駿爲“安北將軍、徐州刺史，持節如故，北鎮彭城……二十七年，坐汝陽戰敗，降號鎮軍將軍。又以索虜南侵，降爲北中郎將”。考之史實，以《孝武帝紀》所言爲確。張暢爲劉駿的重要佐吏，其職務亦隨劉駿將軍名號的變動，經歷了安北長史、鎮軍長史、北中郎將長史等職。鎮軍，官名。鎮軍將軍的省稱，與中軍、撫軍合爲三將軍，位比四鎮將軍。本爲中央軍職，亦出鎮地方。三品。長史，官名。宋時諸王，公、名號將軍府皆設，爲王、公、名號將軍諸屬吏之長，故稱長史。可以代理其官長處理政事。

　　[15]孝伯訪問莊及王微：中華本校勘記云：“‘王微’各本並作‘王徵’，據《南史》改。按王微卒於元嘉三十年，故孝伯問訊及之。”王微，人名。字景玄，琅邪臨沂（今山東臨沂市）人。本書卷六二有傳。

　　[16]除：官制用語。意爲任命。　太子中庶子：官名。太子屬官，與中舍人共掌文翰。五品，秩六百石。

　　[17]南平王：王爵名。王國在今湖北公安縣。　鑠：人名。即劉鑠。字休玄，文帝第四子。本書卷七二有傳。

　　[18]太子左衛率：官名。太子屬官，與太子右衛率對置領軍，負責太子的安全警衛。五品。　袁淑：人名。字陽源，陳郡陽夏（今河南太康縣）人。本書卷七〇有傳。

　　元凶弑立，[1]轉司徒左長史。[2]世祖入討，[3]密送檄書與莊，令加改治宣布。莊遣腹心門生具慶奉啓事密詣世祖曰：“賊劭自絶於天，裂冠毀冕，窮弑極逆，開闢未聞，四海泣血，幽明同憤。奉三月二十七日檄，聖迹昭然，伏讀感慶。天祚王室，叡哲重光。殿下文明在嶽，神武居陝，肅將乾威，龔行天罰，滌社稷之仇，雪華夷之恥，使弛墜之構，更獲締造，垢辱之甿，復得明目。伏承所命，柳元景、司馬文恭、宗愨、沈慶之等精甲十萬，[4]已次近道。殿下親董銳旅，授律繼進。荊、鄂之師，岷、漢之衆，舳艫萬里，旌斾虧天，九土冥符，群后畢會。今獨夫醜類，曾不盈旅，自相暴殄，省闥横流，百僚屏氣，道路以目。檄至，輒布之京邑，朝野同欣，里頌塗歌，室家相慶，莫不望景聳魂，[5]瞻雲佇足。先帝以日月之光，照臨區宇，風澤所漸，無幽不洽。況下官世荷寵靈，叨恩踰量，謝病私門，幸免虎

口，雖志在投報，其路無由。今大軍近次，永清無遠，
欣悲踊躍，不知所裁。"

[1]元凶：對宋文帝太子劉劭的貶稱。元嘉三十年（453），劉
劭發動兵變，殺文帝而自立爲帝。

[2]轉：官制用語。指官職的平級調動。　司徒左長史：官名。
與右長史並置，位在右長史之上，掌領司徒府屬吏，管州郡户籍，
考課官吏，審核九品官人法下中正報送的人才品級。六品。司徒，
宋時稱公的高級官員。一品。司徒不常置，但司徒府常置。

[3]世祖：宋孝武帝劉駿廟號。

[4]柳元景：人名。字孝仁，河東解（今山西臨猗縣）人。本
書卷七七有傳。　司馬文恭：人名。當作"馬文恭"。本書卷五九
《張暢傳》、卷七七《沈慶之傳》、卷九五《索虜傳》、卷九九《劉
劭傳》皆作"馬文恭"。"司"字衍。宋孝武命謝莊修改的討劉劭
檄文收於本書《劉劭傳》，其中曰："今命冠軍將軍領諮議中直兵柳
元景，寧朔將軍領中直兵馬文恭等，統勁卒三萬，風馳徑造石頭，
分趨白下。輔國將軍領諮議中直兵宗慤等勒甲楯二萬，征虜將軍領
司馬武昌内史沈慶之等領壯勇五萬，相尋就路。"與謝莊語略合。
馬文恭，人名。扶風（今湖北襄陽市襄城區）人。本書卷四五有附
傳。　宗慤：人名。字元幹，南陽（今河南南陽市）人。本書卷七
六有傳。　沈慶之：人名。字弘先，吳興武康（今浙江德清縣）
人。本書卷七七有傳。

[5]景：通"影"。

世祖踐阼，除侍中。[1]時索虜求通互市，上詔群臣
博議。莊議曰："臣愚以爲獯獫棄義，[2]唯利是視，關市
之請，或以覘國，[3]順之示弱，無明柔遠，距而觀釁，
有足表强。且漢文和親，[4]豈止彭陽之寇；[5]武帝脩約，

不廢馬邑之謀。[6]故有餘則經略，不足則閉關。何爲屈冠帶之邦，通引弓之俗，樹無益之軌，招塵點之風。[7]交易爽議，既應深杜；和約詭論，尤宜固絕。臣庸管多蔽，豈識國儀，恩誘降逮，敢不披盡。"

[1]侍中：官名。門下省長官。負責爲皇帝出謀獻計，協助決策。陪同出行，參與重要的活動。員額四人，亦可作爲加官授予重要官員，名額不限。三品。

[2]獫狁：對北方少數民族的蔑稱。一作"玁狁"。《史記》卷一一〇《匈奴傳》："匈奴，其先祖夏后氏之苗裔也，曰淳維。唐虞以上有山戎、玁狁……"又作"獫鬻"。《孟子·梁惠王下》："惟智者爲能以小事大，故太王事獫鬻……"此乃二名的合併省稱。

[3]覘（chān）：窺視。

[4]漢文和親：指漢文帝后元二年（前162）漢與匈奴和親事，見《漢書》卷四《文帝紀》。漢文，即漢文帝。名劉恒。《漢書》卷四有紀。

[5]豈止彭陽之寇：豈能阻止匈奴入侵彭陽。事在漢文帝前元十四年（前166）。見《漢書》卷九四《匈奴傳》。彭陽，縣名。治所在今甘肅鎮原縣東。

[6]武帝脩約，不廢馬邑之謀：元光二年（前133）武帝派軍三十萬設伏於此，圖謀圍殲匈奴單于所率軍隊，爲匈奴覺察脫逃，史稱"馬邑之謀"。自此揭開漢對匈奴反擊戰的序幕。武帝，即漢武帝。馬邑，縣名。治所在今山西朔縣。

[7]塵點：污染，玷辱。點，通"玷"。玷污。

時驃騎將軍竟陵王誕當爲荆州，[1]徵丞相、荆州刺史南郡王義宣入輔，[2]義宣固辭不入，而誕便克日下船。莊以："丞相既無入志，驃騎發便有期，如似欲相逼切，於事不便。"世祖乃申誕發日，義宣竟亦不下。

[1]驃騎將軍：官名。居諸名號將軍之首，位次三公。二品。時無實職，僅以榮譽名號加授重臣。　竟陵王誕：即劉誕。時任隨郡王，非竟陵王。本書卷七九有傳。竟陵王，王爵名。王國在今湖北鍾祥市。　當爲荆州：指劉誕當時被委任爲都督荆、湘、雍、益、梁、寧、南、北秦八州諸軍事，荆州刺史一職。事見本書《竟陵王誕傳》。

[2]荆州：治所在今湖北荆州市荆州區。　刺史：官名。州的長官，掌一州政事。　南郡王：王爵名。王國在今湖北荆州市荆州區。　義宣：人名。即劉義宣。武帝第六子。本書卷六八有傳。

上始踐阼，[1]欲宣弘風則，下節儉詔書，事在《孝武本紀》。莊慮此制不行，又言曰："詔云'貴戚競利，興貨廛肆者，悉皆禁制'。此實允愜民聽。其中若有犯違，則應依制裁糾。若廢法申恩，便爲令有所屈。此處分伏願深思，無緣明詔既下，而聲實乖爽。臣愚謂大臣在禄位者，尤不宜與民爭利，不審可得在此詔不？拔葵去織，實宜深弘。"[2]

[1]上：指宋孝武帝劉駿。　踐阼：阼原義爲大堂東面主人迎賓的臺階（《説文·阜部》），天子即位要有登阼、祭祀的儀式（《禮記·曲禮下》），故踐阼或登阼引申爲即帝位。

[2]拔葵去織：典出《史記》卷一一九《循吏列傳》。春秋時期魯相公儀休任職清廉，體恤民衆，自認爲做官者不得與下民爭利。"食茹而美，拔其園葵而棄之。見其家織布好，而疾出其家婦，燔其機，云：'欲令農士工女安所讎其貨乎？'"　實宜深弘：指不

與百姓爭利的精神確實值得大大弘揚。

　　孝建元年，[1] 遷左衛將軍。[2] 初，世祖嘗賜莊寶劍，莊以與豫州刺史魯爽送別。[3] 爽後反叛，世祖因宴集，問劍所在，答曰："昔以與魯爽別，竊爲陛下杜郵之賜。"[4] 上甚説，[5] 當時以爲知言。

　　[1] 孝建：宋孝武帝劉駿年號（454—456）。

　　[2] 左衛將軍：官名。宋時禁衛軍的主要統帥之一，與右衛將軍對置，均爲領軍將軍（中領軍）的屬官，負責宮廷禁地的警衛。四品。

　　[3] 豫州：僑置，治所在今安徽壽縣。　魯爽：人名。小名女生，扶風郿（今陝西眉縣）人。本書卷七四有傳。

　　[4] 杜郵之賜：典出《史記》卷七三《白起王翦列傳》。白起爲戰國時秦之名將，因稱病不奉命率軍攻趙而致秦軍失敗。秦昭王怒，免其官爵，逼令離開京師，行至杜郵，又賜劍令其自殺。此處曲用其典。

　　[5] 説：通"悦"。

　　于時搜才路陿，[1] 乃上表曰：

　　　臣聞功照千里，非特燭車之珍；德柔鄰國，豈徒秘璧之貴。[2] 故《詩》稱珍悴，《誓》述榮懷，[3] 用能道臻無積，化至恭己。伏惟陛下膺慶集圖，締宇開縣，夕爽選政，昃旦調風，采言斯輿，觀謡仄遠，斯實辰階告平，頌聲方製。臣竊惟隆陂所漸，治亂之由，何嘗不興資得才，替因失士。故楚書以善人爲寶，[4]《虞典》以則哲爲難。[5] 進選之軌，既弛中代，登造之律，[6]未闓當今。必欲崇本康務，庇民濟俗，匪更忿懲，[7]奚取九成。[8]升曆中陽，英賢起於徐、沛，受籙白水，茂異出於荆宛。[9]寧二都智之所產，[10]七隩才之所集，[11]實遇與不遇、用與不用耳。今大道光亨，萬務俟德，而九服之曠，[12]九流之艱，[13]提鈞懸衡，[14]委之選部。一人之鑒易限，而天下之才難原，以易限之鑒，鏡難原之才，使國罔遺授，野無滯器，其可得乎。昔公叔與僎同升，[15]管仲取臣於盜，[16]趙文非親士疏嗣，[17]祁奚豈諂讎比子，[18]茹茅以彙，作範前經，舉爾所知，式昭往牒。且自古任薦，賞罰弘明，成子舉三哲而身致魏輔，[19]應侯任二士而己捐秦相，[20]臼季稱冀缺而疇以田采，[21]張勃進陳湯而坐以褫爵。[22]此先事之盛准，亦後王之彝鑒。[23]如臣愚見，宜普命大臣，各舉所知，以付尚書，依分銓用。若任得其才，舉主延賞；[24]有不稱職，宜及其坐。重者免黜，輕者左遷，[25]被舉之身，加以禁錮，[26]年數多少，隨愆議制。[27]若犯大辟，[28]則任者刑論。

[1]陿（xiá）：同“狹”。窄。

[2]臣聞功照千里，非特燭車之珍；德柔鄰國，豈徒秘璧之貴：《南史》作“臣聞功傾魏后，非特照車之珍；德柔秦客，豈徒秘璧之貴”。文雖不同，其意則同。燭車，典出《史記》卷四六《田敬仲完世家》：魏王問齊威王：“王亦有寶乎？”威王答“無有”。梁王曰：“若寡人國小也，尚有徑寸之珠，照車前後各十二乘者十枚，

柰何以萬乘之國無寶乎？"威王答：我以人才爲寶，與你不同，我有臣數人，"將以照千里，豈特十二乘哉"。秘璧，稀有的玉璧。從"德柔鄰國"和"德柔秦客"句分析，此典似指藺相如完璧歸趙事。説明藺相如有德柔鄰國之才，貴於稀有的和氏璧。

〔3〕故《詩》稱殄悴，《誓》述榮懷：二句皆言人的好壞對國家興亡的決定作用。《詩》稱殄悴，見《詩·大雅·瞻仰》。"人之云亡，邦國殄瘁"。殄、瘁，皆病。困病，困苦。榮懷，見《尚書·泰誓》："邦之榮懷，亦尚一人之慶。"榮懷，安樂。

〔4〕故楚書以善人爲寶：典出《國語·楚語下》：王孫圉出使晉國，趙簡子問於王孫圉曰："楚之白珩猶在乎？"對曰："然。"簡子曰："其爲寶也，幾何矣？"曰："未嘗爲寶。楚之所寶者，曰觀射父，能作訓辭，以行事于諸候，使無以寡君爲口實。又有左史倚相，能道訓典，以叙百物，以朝夕獻善敗於寡君，使寡君無忘先王之業……此楚國之寶也。若夫白珩，先王之玩也，何寶之焉？"

〔5〕則哲：代指知人。《尚書·皋陶謨》："知人則哲。"

〔6〕登造之律：指官員任用的規則。登造，進用。律，規則。

〔7〕匪更惉（zhān）懘（zhì）：樂音不合諧，必須改變煩人的樂音。匪，同"非"。更，變更，改變。惉懘，《説文新附》："惉，惉懘，煩聲也。"

〔8〕奚取九成：又怎麽能完成多次演奏？奚，疑問詞。又怎麽能？九成，多次演奏，奏完一曲音樂謂一成。《尚書·益稷》："簫韶九成。"鄭玄曰："成猶終也。每曲一終，必變更奏。故《經》言九成。"按：《南史》此下多"夫才生於時古今豈貳士出於世屯泰焉殊"十七字，各本則無。見中華本校勘記。

〔9〕受籙白水，茂異出於荆、宛：新莽晚年，光武帝劉秀於南陽接受宛人李通的圖讖。籙，圖籙，漢時詭言受於上天的神秘圖書之一種。白水，地名。即白水鄉。在今湖北棗陽市，是劉秀的故鄉。荆宛，地名。即荆州宛縣。治所在今河南南陽市。

〔10〕二都：指沛、宛。

[11] 七隩（yù）才之所集：《南史》卷二〇《謝莊傳》作"七隩愚之所育"。從駢文的對仗規律以及以下文意"實遇與不遇，用與不用耳"來看，當以《南史》爲是。《尚書·禹貢》："九州攸同，四隩既宅。"七隩，疑與荆、徐相對仗，指七州。隩，邊遠方域。

[12] 九服之曠：九服，上古將天下以離京師遠近爲準分爲九等，稱九服。有侯服、甸服、男服、采服、衛服、蠻服、夷服、鎮服、藩服，其間相距各五百里（《周禮·夏官·職方氏》）。此處泛指天下。

[13] 九流之覿：指九品官人法。九流，九等。

[14] 提鈞懸衡：指用人標準的準確。鈞，重量單位，古三十斤爲一鈞。衡，衡器，稱重的器具。掌握公平。

[15] 昔公叔與僎同升：公叔，公叔發，春秋時衛國大夫。僎，人名。公叔發的家臣。發薦僎爲大夫，同升於公朝。

[16] 管仲取臣於盜：管仲曾行刺齊桓公，故被稱之爲盜。

[17] 趙文非親士疏嗣：趙文，人名。即趙武（孟）。春秋晋大夫，趙盾之孫。晋平公時爲正卿執政。死，諡曰文子。在位時舉賢任士，不避親疏。《韓非子·外儲説左下》："平公問叔向曰：'群臣孰賢？'曰：'趙武。'公曰：'子黨於師人。'曰：'武立如不勝衣，言如不出口，然所舉士也數十人，皆得其意，而公家甚賴之，及武子之生也不利於家，死不託於孤，臣敢以爲賢也。'"

[18] 祁奚豈詔讎比子：祁奚，人名。字黄羊。春秋晋大夫。詔讎，取悦讎人。比子，與兒子結黨。見《左傳》襄公三年："祁奚請老，晋侯問嗣焉。稱解狐，其讎也，將立之而卒。又問焉。對曰：'午也可。'……君子謂：'祁奚於是能舉善矣。稱其讎不爲詔，立其子不爲比。'"

[19] 成子舉三哲而身致魏輔：成子即魏成子，戰國魏大夫。向魏文侯舉薦卜子夏、田子方、段干木三位哲人，因而被文侯任爲相。見《史記》卷四四《魏世家》。

[20]應侯任二士而已捐秦相：范雎任用王稽爲河東守，鄭安平爲將。後鄭安平攻趙時兵敗降趙，王稽“與諸侯通”坐法誅。范雎因而受到牽連，不得不稱病，辭去相職。見《史記》卷七九《范雎蔡澤列傳》。應侯，戰國秦相范雎的封爵。

[21]臼季稱冀缺而疇以田采：臼季向晉文公極力推薦郤缺，郤缺因而得到文公任用，並爲晉公立功。田采，封邑。臼季因推薦冀缺有功而獲賜封邑。見《左傳》僖公三十三年。疇，通“酬”。田采，封邑。臼季，人名。即胥臣。春秋晉大夫。冀缺，人名。即郤缺。封於冀，故稱冀缺。春秋晉大夫。

[22]張勃進陳湯而坐以褫爵：漢元帝詔列侯舉茂材，勃舉湯。湯等待升職時，遇父卒而不奔喪，被司隸校尉奏免。勃亦以選舉不實受劾，坐削户二百。張勃，人名。漢元帝時人，爵富平侯，與陳湯友善。陳湯，人名。字子公，西漢山陽瑕丘（今山東兗州市）人。元帝時爲西域副校尉，與西域都護甘延壽同假詔征西域諸國兵，攻殺匈奴郅支單于，封關内侯。《漢書》卷七〇有傳。

[23]彝鑒：永遠不變的借鑑。

[24]舉主延賞：“舉”各本及《元龜》卷四七一作“據”，中華本據《南史》《建康實錄》改，今從之。

[25]左遷：官制用語。南朝以右爲上，左遷爲降職。

[26]禁錮：官制用語。禁止，封閉，不准任官。

[27]隨愆議制：隨過失大小而議定處罰的規則。愆，過失，罪過。

[28]大辟：刑名。死刑。

又政平訟理，莫先親民，親民之要，實歸守宰，故黃霸治潁川累稔，[1]杜畿居河東歷載，[2]或就加恩秩，或入崇輝寵。今莅民之職，[3]自非公私必應代换者，宜遵六年之制，[4]進獲章明庸墮，[5]退得民不勤擾。如此則下無浮謬之愆，上靡棄能之累，考績之風載泰，樵薪之歌克昌。[6]臣生屬亨路，[7]身漸鴻猷，[8]遂得奉詔左右，[9]陳愚於側，敢露芻言，[10]懼忝恒典。

有詔莊表如此，可付外詳議，事不行。

[1]黃霸：人名。字次公，淮陽陽夏（今河南太康縣）人。西漢良臣。宣帝時任潁川（今河南禹州市）太守，政績卓著，受到嘉獎。《漢書》卷八九有傳。　累稔：穀物連年豐收。

[2]杜畿：人名。字伯侯，東漢末京兆杜陵（今陝西西安市長安區）人。《三國志》卷一六有傳。　河東：漢時郡名。治所在今山西夏縣。獻帝建安年中，曹操任畿爲河東太守，畿處戰亂之中，保境安民，郡內大治。曹操下令嘉獎，增其秩中二千石。

[3]莅民之職：指臨政治民的官職，州刺史、郡太守、王國內史、縣令長之屬。

[4]宜遵六年之制：按宋制，地方州郡（國）縣長官任期爲六年。

[5]進獲章明庸墮：進可以明辨官員爲政的勤惰。章明，顯明。庸，勞。功勞，墮，通“惰”。懈怠。

[6]樵（yǒu）薪之歌：見《詩·大雅·棫樸》：“芃芃棫樸，薪之樵之。”樵薪，聚集木材燃燒。比喻國家選拔賢良的人才。

[7]亨路：平坦的道路。喻時世太平。

[8]身漸鴻猷：親身感受治國的鴻圖大略。

[9]奉詔左右：在皇帝周圍聽命。莊時任左衛將軍，負責皇帝宿衛。

[10]露：表白。　芻言：草野之人的言談。

其年，拜吏部尚書。[1]莊素多疾，不願居選部，[2]與大司馬江夏王義恭牋自陳，[3]曰：

[1]其年：即孝建元年（454）。　拜：官制用語。被任命爲。
吏部尚書：官名。吏部尚書爲吏部的長官。三品。吏部，尚書省
屬下部曹之首，掌官吏考核、委任、賞罰等。
[2]選部：即吏部。
[3]大司馬：官名。諸公之一，位在三公之上，無具體職任，
亦不常置，多作爲榮譽性加官授予重臣。一品。　江夏王：王爵
名。王國在今湖北武漢市武昌區。　義恭：人名。即劉義恭。宋武
帝第五子。本書卷六一有傳。

下官凡人，非有達概異識，[1]俗外之志，實因
羸疾，[2]常恐奄忽，[3]故少來無意於人間，豈當有心
於崇達邪。頃年乘事回薄，遂果饕非次，既足貽誚
明時，又亦取愧朋友。前以聖道初開，未遑引退，
及此諸夏事寧，方陳微請。款志未伸，仍荷今授，
被恩之始，具披寸心，非惟在己知尤，實懼塵穢
彝序。

[1]達概異識：聰慧的氣度與非凡的見解。達，通達，聰慧。
概，氣度。異識，非凡的見解。
[2]羸疾：瘦弱多病。羸，瘦弱。疾，病。
[3]常恐奄忽：常擔心突然死去。

稟生多病，天下所悉，兩脅癖疾，殆與生俱，
一月發動，不減兩三，每至一惡，痛來逼心，氣餘
如綖。利患數年，遂成痼疾，吸吸惙惙，常如行

尸。恒居死病，而不復道者，豈是疾痊，直以荷恩深重，思答殊施，牽課尪瘵，以綜所忝。眼患五月來便不復得夜坐，恒閉帷避風日，晝夜惛憒，爲此不復得朝謁諸王，慶吊親舊，唯被敕見，不容停耳。此段不堪見賓，已數十日。持此苦生，而使銓綜九流，應對無方之訴，實由聖慈罔已，然當之信自苦劇。若才堪事任，而體氣休健，承寵異之遇，處自效之塗，豈苟欲思閑辭事邪？家素貧弊，宅舍未立，兒息不免粗糲，而安之若命，寧復是能忘微祿，正以復有切於此處，故無復他願耳。今之所希，唯在小閑。下官微命，於天下至輕，在己不能不重。屢經披請，未蒙哀恕，良由誠淺辭訥，不足上感。

家世無年，[1]亡高祖四十，[2]曾祖三十二，[3]亡祖四十七，[4]下官新歲便三十五，加以疾患如此，當復幾時見聖世，就其中煎懍偌此，實在可矜。前時曾啓願三吳，[5]敕旨云“都不須復議外出”。莫非過恩，然亦是下官生運，不應見一閑逸。今不敢復言此，當付之來生耳。但得保餘年，無復物務，少得養痾，此便是志願永畢。在衡門下有所懷，動止必聞，亦無假居職，患於不能裨補萬一耳。識淺才常，羸疾如此，孤負主上擢授之恩，私心實自哀愧。入年便當更申前請，以死自固。但庸近所訴，恐未能仰徹。公恩盼弘深，粗照誠懇，願侍坐言次，賜垂拯助，則苦誠至心，庶獲哀允。若不蒙降祐，下官當於何希冀邪。仰憑愍察，願不垂吝。

三年，坐辭疾多，免官。

[1]家世無年：家族世代無高壽者。

[2]亡高祖四十：中華本校勘記云："按謝莊高祖謝萬，卒年四十二。"見《晉書》卷七九《謝尚傳》。

[3]曾祖三十二：謝莊曾祖謝韶，字穆度，小字封。事見《晉書》卷七九《謝尚傳》、卷九六《列女傳》。《南史》卷二〇《謝莊傳》作"曾祖三十三"。

[4]亡祖四十七：謝莊祖謝恩，一作"恩"，字景伯。事見《晉書》卷七九《列女傳》。

[5]曾啓願三吳：曾寫信想到三吳地區任職。三吳，共有三説：《水經注》認爲吳、吳興、會稽爲三吳；《通典》《元和郡縣志》認爲吳郡、吳興、丹陽爲三吳；《十道四蕃志》以吳郡、吳興、義興爲三吳。此處應第一種説法。

大明元年，[1]起爲都官尚書，[2]奏改定刑獄，曰：

臣聞明慎用刑，厥存姬典，[3]哀矜折獄，實暉呂命。[4]罪疑從輕，既前王之格範；寧失弗經，亦列聖之恒訓。用能化致升平，道臻恭己。逮漢文傷不辜之罰，除相坐之令，孝宣倍深文之吏，立鞫訊之法，[5]當是時也，號稱刑清。[6]陛下踐位，親臨聽訟，億兆相賀，以爲無冤民矣。而比囹圄未虛，頌聲尚缺。臣竊謂五聽之慈，[7]弗宣於宰物；[8]三宥之澤，[9]未洽於民謠。頃年軍旅餘弊，劫掠猶繁，監司討獲，[10]多非其實，或規免身咎，[11]不慮國患，楚對之下，鮮不誣濫。身遭鈇鑕之誅，家嬰孥戮之痛，比伍同閈，莫不及罪，是則一人罰謬，坐者數十。昔齊女告天，臨淄臺殞，[12]孝婦冤戮，東海愆陽，[13]此皆符變靈祇，初感景緯。[14]臣近兼訊，見重囚八人，旋觀其初，死有餘罪，詳察其理，實並無辜。恐此等不少，誠可怵惕也。

[1]大明：宋孝武帝劉駿年號（457—464）。

[2]都官尚書：官名。都官曹長官，掌京師官員的糾察及刑獄諸事。三品。都官，尚書省屬下部曹之一。

[3]厥存姬典：其存於《尚書·周書》。厥，其。姬典，指《尚書·周書》。

[4]暉：同“輝”。 呂命：即呂刑。周穆王時命司寇呂侯所作。見《尚書·呂刑》。

[5]孝宣倍深文之吏，立鞫訊之法：指漢宣帝設廷尉平，規定廷尉史與郡共同審理案件的制度。見《漢書·刑法志》。倍，背，反對。深文之吏，嚴苛引用法律條文治人罪過的官吏。立鞫訊之法，建立務必審清案情的規章。

[6]號稱刑清：各本並作“號令刑存”，中華本據《元龜》卷四七一改，從之。

[7]五聽：審理案情的五種辦法。《周禮·秋官·小司寇》：“以五聲聽獄訟，求民情：一曰辭聽，二曰色聽，三曰氣聽，四曰耳聽，五曰目聽。”

[8]弗：不，沒有。 宰物：管理事物，治民。

[9]三宥：三種寬恕罪者的情況。《周禮·秋官·司刺》：“一宥曰不識，再宥曰過失，三宥曰遺忘。”

[10]監司討獲：“討”各本並作“計”，中華本據《元龜》卷四七一改。

[11]或規免身咎：各本並脫“身”字，中華本據《元龜》卷

四七一改。

[12]昔齊女告天，臨淄臺殞：典出《淮南子·覽冥訓》："庶女叫天，雷電下擊，景公臺殞。"注："庶賤之女，齊之寡婦，無子，不嫁，事姑謹敬。姑無男有女，女利母財，令母嫁婦。婦益不肯，女殺母以誣寡婦。寡婦不能自明，冤結叫天。天爲作雷電，下擊景公之臺，隕壞也。"景公之臺在臨淄，故稱"臨淄臺殞"。

[13]孝婦冤戮，東海愆陽：典出《漢書》卷七一《于定國傳》："東海孝婦，少寡，亡子，養姑甚謹，姑欲嫁之，終不肯。姑謂鄰人曰：'孝婦事我勤苦，哀其亡子守寡。我老，久纍丁壯，奈何?'其後姑自經死。姑女告吏：'婦殺我母。'……太守竟論殺孝婦。郡中枯旱三年。"後任太守爲孝婦平反，天竟大雨。愆陽，陽氣過盛，天旱。

[14]初感景緯："感"各本並作"咸"，中華本以文義改，從之。

　　舊官長竟囚畢，[1]郡遣督郵案驗，[2]仍就施刑。督郵賤吏，非能異於官長，有案驗之名，而無研究之實。愚謂此制宜革。自今入重之囚，縣考正畢，以事言郡，并送囚身，委二千石親臨覈辯，[3]必收聲吞釁，然後就戮。若二千石不能決，乃度廷尉。[4]神州統外，[5]移之刺史，刺史有疑，亦歸臺獄。[6]必令死者不怨，生者無恨。庶鬻棺之諺，[7]輟嘆於終古；兩造之察，[8]流詠於方今。臣學闇申、韓，[9]才寡治術，輕陳庸管，懼乖國憲。

[1]竟囚：窮究、審清囚犯。　畢：結束。
[2]督郵：官名。負責行政文書的傳遞，縣政的考核，縣吏的

監察等。秩百石。

　　[3]二千石：郡守的別稱。漢以後至南朝，郡守秩二千石，故俗以稱郡守。　　覈辯：核實驗正。

　　[4]度：移交。　　廷尉：官名。九卿之一，負責全國司法事務。秩中二千石。三品。

　　[5]神州統外：神州疑指郡縣，郡縣統外則當爲封國。根據晉代法律，州刺史對州境内不屬於州轄的封國有司法管理權。例如西晉沛王司馬韜犯法，豫州刺史將其逮捕，案件未結，而刺史改換。新上任刺史問僚屬根據什麽法律可以審訊諸侯王，其間對話，頗可爲解。《晋書》卷七一《陳頵傳》載刺史問主簿史鳳曰：“沛王貴藩，州據何法而擅拘邪？”時頵在坐，對曰：“《甲午詔書》，刺史銜命，國之外臺，其非所部而在境者，刺史并糾。”

　　[6]臺獄：廷尉獄的別稱。臺本爲一些中央官署的稱謂，兩晉南朝引申爲朝廷的泛稱。如禁軍稱臺軍，禁城稱臺城，朝廷官員稱臺官等。

　　[7]庶鬻棺之諺：典出《漢書·刑法志》：“諺曰：‘鬻棺者欲歲之疫。’非憎人欲殺之，利在於人死也。”庶，副詞。表示可能或期望。

　　[8]兩造之察：《尚書·呂刑》：“兩造具備，師聽五辭。”又《周禮·秋官·司寇》：“以兩造禁民訟，入束矢於朝然後聽之。”兩造，聽訟的雙方，指原告和被告。

　　[9]闇：不明，不擅長。　　申、韓：指刑名之學。申，申不害。韓，韓非。

　　　上時親覽朝政，常慮權移臣下，以吏部尚書選舉所由，欲輕其勢力。二年，下詔曰：“八柄馭下，以爵爲先；[1]九德咸事，[2]政典居首。銓衡治樞，[2]興替攸寄，頃世以來，[4]轉失厥序，徒秉國鈞，終貽權謗。今南北多士，勳勤彌積。物情善否，實繫斯任。官人之詠，維聖克允；則哲之美，粵帝所難。[5]加澆季在俗，讓議成風，以一人之識，當群品之誚，望沈浮自得，庸可致乎。吏部尚書可依郎分置，并詳省閑曹。」又別詔太宰江夏王義恭曰：[6]

[1]八柄馭下，以爵爲先。《周禮·天官·冢宰》：太宰之職"以八柄詔王馭群臣。一曰爵，以馭其貴"。

[2]九德：九種品德。《逸周書·常訓》："九德：忠、信、敬、剛、柔、和、固、貞、順。"　咸：皆，一切。

[3]銓衡：銓選人才，衡量能力。　治樞：管理國家的中樞。

[4]頃世：近世。

[5]官人之詠，維聖克允；則哲之美，粵帝所難：《尚書·皋陶謨》："皋陶曰：都！在知人，在安民。禹曰：吁！咸若時，惟帝其難之。知人則哲，能官人；安民則惠，黎民懷之。"粵，語中助詞，無義。

[6]太宰：上公之一。位在三公之上。無具體職任。多作爲加官授予重臣，以示尊崇。一品。

分選詔旦出，在朝論者，亦有同異。誠知循常甚易，改舊生疑。但吏部尚書由來與錄共選，[1]良以一人之識，不辦洽通，兼與奪威權，不宜專一故也。前述宣先旨，敬從來奏，省錄作則，永貽後昆，[2]自此選舉之要，唯由元凱一人。[3]若通塞乖衷，而訴達者尟，[4]且違令與物，理至隔閡。前王盛主，猶或難之，況在寡闇，尤見其短。又選官裁病，即嗟誚滿道，人之四體，會盈有虛，旬日之間，便至怨詈，況實有假託，不由寢頓者邪。一詣不前，貧苦交困，則兩邊致患，互不相體，校之以實，並有可哀。若職置二人，則無此弊。兼選曹樞要，歷代斯重，人經此職，便成貴塗，己心外議，咸不自限，故范曄、魯爽，[5]舉兵滅門，以此言之，實由榮厚勢驅，殷繁所至。設可擬議此授，唯有數人，本積歲月，稍加引進，而理無前期，多生慮表，或嬰艱抱疾，事至回移。官人之任，決不可闕，一來一去，向人已周，非有黜責；已貴難賤，既成妨長，置之無所，盛衰遞襲，便是一段世臣相處之方，臣主生疑，所以彌覺此職，宜在降階。監令端右，[6]足處時望，[7]無人則闕，異於九流。今但直銓選部，有減前資。物情好猜，橫立別解，本旨向意，終不外宣。唯有從郎分置，視聽自改。選既輕先，民情已變，有堪其任，大展遷回。兼常之宜，以時稍進，本職非復重官可得，不須帶帖數過，[8]居之盡無詒怪。

[1]吏部尚書由來與録共選：吏部尚書從來都是與録尚書事共同選官。録，即録尚書事。主管尚書省的高級官員，總理國務，爲真宰相。常授予權臣，但不單拜。無品秩。

[2]前述宣先旨，敬從來奏，省録作則，永貽後昆：宋孝武帝即位後鋭意加强皇權，警惕大臣，江夏王劉義恭懼怕罹禍，孝建元年（454）乃上書建議廢録尚書事，孝武帝當即照准。故有“敬從來奏，省録作則”之語。見本書卷六一《江夏文獻王義恭傳》。

[3]元凱一人：指吏部尚書。《左傳》文公十八年：昔高陽氏

有才子八人，天下謂之"八愷"；又高辛氏有才子八人，天下謂之"八元"。後人因稱皇帝之輔佐爲元凱。元凱，舊作"元愷"。中華本標點作"元、凱一人"，誤，當作"元凱一人"。

[4]若通塞乖衷，而訴達者尟（xiǎn）：皇上選才的通路被堵塞，意願遭違背。通塞，通路被堵塞。乖，違背。衷，意願。尟，同"鮮"。少。

[5]范曄：人名。字蔚宗，順陽（今河南淅川縣）人。元嘉二十二年（445）以謀反罪被殺。曾任尚書吏部郎，故孝武帝用來爲"人經此職，便成貴途"作解。本書卷六九有傳。

[6]監令：指中書監、令。 端右：指尚書令。端，臺。舊尚書稱臺，右爲上，故尚書令稱端右。

[7]足處時望：足以安置一時有名望者。

[8]不須帶帖數過：不必因兼領低職有過而受到責罰。帶、帖，官制用語。皆兼、領之意，以高職兼領低職謂帶、帖。數過，數落過失。

　　自中分荆、揚，[1]于時便有意於此，正訝改革不少，容生駭惑。爾來多年，欲至歲下處分，會何偃致故，[2]應有親人，[3]故近因此施行。本意詔文不得委悉，故復紙墨具陳。
於是置吏部尚書二人，省五兵尚書，[4]莊及度支尚書顧覬之並補選職。[5]遷右衛將軍，[6]加給事中。[7]

[1]自中分荆、揚：荆、揚二州在東晉南朝地位重要。荆州兵力雄强居天下半，揚州爲京師所在，財賦所出，所以常爲强臣叛逆的資本。爲削弱二州，孝建元年六月，孝武帝頒布了分割荆、揚二州的決定。分荆州而合湘、江、豫州之一部，另立郢州；分揚州另立東揚州。

[2]會：時逢。　何偃：人名。字仲弘，廬江灊（今安徽霍山縣）人。曾任侍中、吏部尚書，爲孝武帝親信。本書卷五九有傳。致故：死去。

[3]親人：親信之人。

[4]省：官制用語。撤銷。　五兵尚書：官名。爲五兵曹長官。三品。五兵爲尚書省屬曹之一，職掌軍政和兵仗器具。

[5]度支尚書：官名。度支曹長官。三品。度支爲尚書省屬曹之一，掌國家財政。　顧覬之：人名。字偉仁，吳郡吳（今江蘇蘇州市）人。曾任散騎常侍、湘州刺史等職。本書卷八一有傳。　選職：選部之職，此指爲吏部尚書。

[6]右衛將軍：官名。禁衛軍主要統帥之一，與左衛將軍對置，均爲領軍將軍（中領軍）的屬官，負責宮廷警衛。四品。據中華本考證，“右衛”《南史》作“左衛”，誤。

[7]加：官制用語。加官，即兼任。　給事中：官名。門下省的主要官員，亦可以作爲加官，授予信任的大臣。給事於禁中，負責向皇帝進諫，並參與謀議，親近於皇帝。五品。

時河南獻舞馬，[1]詔群臣爲賦，莊所上其詞曰：

天子馭三光，總萬宇，[2]挹雲經之留憲，裁河書之遺矩。[3]是以德澤上昭，天下漏泉，符瑞之慶咸屬，榮懷之應必躔。月晷呈祥，乾維效氣，賦景河房，承靈天馹，[4]陵原郊而漸影，躍采淵而泳質，辭水空而南俫，去輪臺而東洎，乘玉塞而歸寶，奄芝庭而獻秘。[5]及其養安騏校，進駕龍涓，[6]輝大馭於國皁，賁上襄於帝閑，[7]超益野而踰綠地，軼蘭池而轢紫燕。[8]五王晦其術，[9]十氏慴其玄，[10]東門豈或狀，西河不能傳。[11]既秣苢以均性，[12]又佩蘅以崇躅，卷雄神於綺文，[13]蓄奔容於帷燭，蘊籲雲之銳景，[14]戢追電之逸足，方叠鎔於丹縞，亦聯規於朱駮，[15]觀其雙璧應範，三封中圖，玄骨滿，燕室虛，陽理竟，潛策紆，汗飛赭，沫流朱。至於《肆夏》已升，《采齊》既薦，[16]始徘徊而龍俛，終沃若而鷟昕，迎調露於飛鍾，[17]赴承雲於驚箭，[18]寫秦坰之彌塵，[19]狀吳門之曳練，[20]窮虞庭之蹈躞，[21]究遺野之環袨。[22]若夫蹴實之態未卷，凌遠之氣方攄，歷岱野而過碣石，跨滄流而軼姑餘，[23]朝送日於西坂，夕歸風於北都，[24]尋瓊宮於倏瞬，望銀臺於須臾。[25]

[1]河南：地區名。指吐谷渾。東晉南朝時，吐谷渾據今青海省黃河以南地區，宋封吐谷渾首領爲河南王。　舞馬：能聽人指揮而舞動的馬。舞，舞動。

[2]三光：日、月、星。　宇：原野，大地。

[3]挹：舀取。　雲經：雲之徑。雲所表達的上天意志。《史記》卷一《五帝本紀》："應劭云：'黃帝受命有雲瑞。'"　河書：河圖洛書。古人認爲是帝王受命之瑞。《禮記》疏引《尚書中候》有堯受河圖之事。

[4]景：同"影"。　河房：天河、房宿。　天駟：星宿名。即房宿。古人認爲房宿的四顆星是天王的四匹馬，故稱天駟。

[5]輪臺：地名。漢代兵士屯墾處。治所在今新疆輪臺縣。本西域城邦國，爲李廣利所滅，置使者校尉。　玉塞：地名。即玉門塞。在今甘肅敦煌市。　芝庭：漢武帝時宮庭內生靈芝，因以代指朝廷。芝，靈芝。古人認爲是瑞草。

[6]騏校：天子養馬之所。騏，良馬。《周禮》校人掌養馬。

龍涓：天子車輿。

　[7]大馭：皇帝最高的車夫。《周禮·夏官》：大馭掌馭玉路以祀。　　皁：皇帝的養馬者。《漢書》卷九一《貨殖傳》師古注："皁，養馬者也。"　　上襄：最好的馬。《詩·鄭風·大叔于田》："兩服上襄，兩驂雁行。"　　帝閑：皇帝的馬厩。《周禮·夏官·校人》："天子十有二閑，馬六種。"

　[8]超益野而踰綠地，軼蘭池而轢紫燕：益野、綠地、蘭池、紫燕，皆駿馬名。

　[9]五王晦其術：《初學記》卷二九作"五王晦其頤"。

　[10]十氏懵其玄：《初學記》卷二九、《全宋文》均作"孫氏懵其玄"。

　[11]東門：即東門京。善相馬，漢武帝時作銅馬法以獻，有詔立馬於魯班門，因改魯班門爲金馬門。　　西河：指孔子弟子子夏。《禮記·檀弓上》載：子夏"退而老於西河之上"，後遂以西河爲子夏的代稱。子夏在西河聚徒五百，以傳授孔子之學。

　[12]芑：各本並作"苞"，中華本據《類聚》卷九三改。

　[13]卷：《初學記》作"養"，從下文"蓄奔容於帷燭"來看，"養"字近是。

　[14]蘊簫雲之鋭景：《初學記》卷二九作"蘊騰雲之鋭影"。

　[15]朱駁：駿馬名。《廣雅·釋獸》"朱駁"，王念孫疏證："黃赤色馬也。"

　[16]《肆夏》：古樂章名。《九夏》之一。《周禮·春官·大司樂》："尸出入則令奏《肆夏》。"　　《采齊》：亦作"《采薺》"，古樂章名。《周禮·春官·樂師》："行以《肆夏》，趨以《采薺》。"

　[17]調露：樂曲名。任昉《奉答敕示七夕詩啓》："寧足以繼想《南風》，克諧《調露》。"《文選》李善注引宋均曰："《調露》，謂和致甘露也，使物茂長之樂。"

　[18]承雲：古樂名。《楚辭·遠游》："張樂《咸池》奏《承雲》兮，二女御之《九韶》歌。"王逸注："《承雲》即《雲門》，

黃帝樂也。"

[19]寫秦坰之彌塵:《初學記》卷二九作"寫秦坰之跘塵"。坰,同"埛"。彌塵,即絕塵。形容馬之迅疾。跘,查字書無此字,《全宋文》作"弭",與"彌"古通用。

[20]狀吳門之曳練:陸廣徵《吳地記》:"相傳孔子登山,望吳閶門,嘆曰:'吳門有白雲如練。'"曳練,喻雲氣和江水有如散開的白絹。

[21]虞庭:亦作"虞廷"。指舜之朝廷,代指聖主。

[22]遺野:指隱士。

[23]歷岱野而過碣石,跨滄流而軼姑餘:以上兩句即化用《淮南子》之文。岱野,即泰山。碣石,即碣石山。在今遼寧綏中縣東南海中。秦始皇東巡至此,刻石記功。滄流,即滄海。姑餘,即姑蘇山。《淮南子·覽冥訓》:"過歸雁於碣石,軼鶊雞於姑餘。"

[24]朝送日於西坂,夕歸風於北都:此乃化用《尚書·堯典》之文:"分命和仲,宅西,曰昧谷,寅餞納日,平秩西成。"注云:"餞,送也。日出言導,日入言送,因事之宜。秋,西方,萬物成,平序其政。"又《尚書·堯典》:"申命和叔,宅朔方,曰幽都,平在朔易。"疏云:命和叔"令居治北方名曰幽都之地,於此處所主之職,使和叔主治之,平均視察北方歲改之事"。幽都即北都。歸風,《淮南子·說林訓》:"逮日歸風。"注:"言其疾也。"

[25]瓊宮:商紂王所建之宮。　銀臺:傳說中王母娘娘所建之宮。

　　若乃日宣重光,德星昭衍,國稱梁、岱佇踶,[1]史言壇場望踐,[2]鄗上之瑞彰,[3]江間之禎闡,[4]榮鏡之運既臻,[5]會昌之曆已辨,[6]感五緯之程符,[7]鑒群后之薦典。[8]聖主將有事於東嶽,禮也。於是順斗極,[9]乘次躔,[10]戒懸日於昭旦,[11]命月題於上年。[12]騑騑翼翼，泛脩風而浮慶煙，[13]蕭蕭雍雍，引八神而詔九仙。[14]下齊郊而掩配林，[15]集嬴里而降祊田，[16]蒲軒次蠟，[17]瑄璧承巒，[18]金檢茲發，[19]玉牒斯刊，[20]盛節之義洽，升中之禮殫，億兆悅，精祇歡，聆萬歲於曾岫，[21]燭神光於紫壇。[22]是以擊轅之蹈，撫埃之舞，相與而歌曰：聳朝蓋兮泛晨霞，靈之來兮雲漢華。山有壽兮松有茂，祚神極兮覬皇家。

然後悟聖朝之績，號慶榮之烈，比盛乎天地，爭明乎日月，茂實冠於胥、庭，[23]鴻名邁於勛、發。[24]業底於告成，道臻乎報謁，巍巍乎，蕩蕩乎，民無得而稱焉。

又使莊作《舞馬歌》，令樂府歌之。

[1]梁、岱佇蹕：皇帝車駕屯駐梁父山、岱山。梁，山名。即梁父山。爲泰山下一座小山。秦始皇、漢武帝封泰山，禪梁父，均駐屯於此。

[2]壇場望踐：築壇祭祀日月山川，此處指祭泰山。望，祭名。古代帝王祭祀日月山川曰望祭。

[3]鄗上之瑞彰：此處指劉秀登帝位於鄗縣而顯示的祥瑞。鄗，地名。在今河北柏鄉縣北固城店。

[4]江間之禎闡：指時任江州刺史的劉駿將即帝位的吉兆。

[5]榮鏡：光輝映照。謝莊在《宋孝武帝哀策文》中也用"榮鏡中世，烏奕前古"來頌揚劉駿。

[6]會昌：會當昌盛。《文選》左思《蜀都賦》："天帝運期而會昌。"劉逵注："昌，慶也，言天帝於此會慶建福也。"

[7]五緯：猶五卜。班固《典引》："既感群后之讜辭，又悉經

五繇之碩慮矣。"《文選》李善注引蔡邕曰："繇，占也。王者巡狩，預卜五年，歲習其祥，習則行，不則修德而改卜。言天下已舉五卜之占，而習吉也。"　程符：呈現出來的符瑞。

[8]群后：四方諸侯及九州牧伯。《尚書·舜典》："班瑞於群后。"蔡沈《集傳》："群后，即侯牧也。"　薦典：推薦典策。

[9]斗極：北斗星和北極星，代表帝王的星象。《晉書·天文志上》："斗爲人君之象。""北極，北辰，最尊者也。"

[10]次躔：亦作"躔次"，日月星辰運行的度次。

[11]昭旦：明亮的早晨。

[12]命月題於上年：在上好年景使用馬。月題，馬額上的佩飾，其形似月。《莊子·馬蹄》："齊之以月題。"陳鼓應今注："月題，馬額上的珮飾，形狀如月。"此處代指馬。

[13]脩風：長風。　慶煙：彩色雲烟。古以爲祥瑞之氣。

[14]八神：八方之神。《漢書》卷六《武帝紀》："用事八神。"顏師古注引文穎曰："一曰八方之神。"　九仙：《雲笈七籤》云："九仙者，第一上仙，二高仙，三大仙，四玄仙，五天仙，六真仙，七神仙，八靈仙，九至仙。"此泛指衆仙。

[15]下齊郊而掩配林：《禮記·禮器》："齊人將有事於泰山，必先事於配林。"注："配林，林名，泰山之從祀也。"

[16]嬴里、祊田：周天子爲祭泰山而圈定的湯沐之地。

[17]蒲軒次巘：蒲車停留在小山上。蒲軒，即蒲車。又稱蒲輪。祭泰山或徵隱士時都用蒲草裹車輪，求其安穩而不顛簸。巘，小山或上大下小的山。

[18]瑄璧承巒：登天用的大璧承奉山巒。瑄璧，即瑄玉。璧大六寸謂之瑄玉。

[19]金檢：高尚的文稿。對文稿的美稱。吳均《登壽陽八公山》詩："瑤繩盡玄秘，金檢上奇篇。"

[20]玉牒：文書，典策。《文選》左思《吳都賦》："玉牒石記。"張銑注："玉牒、石記皆典策類也。"

〔21〕曾岫：高山。岫，峰巒。

〔22〕紫壇：帝王爲祭祀大典而修築的紫色祭壇。《漢舊儀》："祭天紫壇幄帳。"

〔23〕胥、庭：太古帝王赫胥氏、大庭氏的簡稱。

〔24〕勛、發：人名。即放勛、姬發。放勛，即帝堯。姬發，即周武王。

五年，[1]又爲侍中，領前軍將軍。[2]于時世祖出行，夜還，敕開門，莊居守，以榮信或虛，[3]執不奉旨，須墨詔乃開。上後因酒讌從容曰："卿欲效郅君章邪？"[4]對曰："臣聞蒐巡有度，郊祀有節，盤于遊田，著之前誡。陛下今蒙犯塵露，晨往宵歸，容恐不逞之徒，妄生矯詐，臣是以伏須神筆，乃敢開門耳。"改領游擊將軍，[5]又領本州大中正，[6]晋安王子勛征虜長史、廣陵太守，[7]加冠軍將軍。[8]改爲江夏王義恭太宰長史，[9]將軍如故。六年，又爲吏部尚書，領國子博士。[10]坐選公車令張奇免官，[11]事在《顏師伯傳》。

〔1〕五年：大明五年。即公元461年。

〔2〕領：官制用語。兼任，一般指高職者兼低職。　前軍將軍：官名。統領前軍，與後軍、左軍、右軍將軍合稱四軍將軍。屬禁軍將領之一，掌宮禁宿衛。四品。

〔3〕榮信：木製的信幡。進宮門時所需之憑信。　或虛：有假。

〔4〕郅君章：人名。名惲，字君章，汝南西平人。曾爲洛陽上東城門候，光武帝游獵夜還，惲堅不開門。《後漢書》卷二九有傳。

〔5〕游擊將軍：官名。禁軍將領之一，掌宿衛。秩二千石。四品。

[6]本州：故鄉所在州。　大中正：官名。掌人才等級評價。魏晉南朝實行九品官人法，各郡設中正，州設大中正。州大中正負責一州人才等級的評價。

[7]晉安王：王爵名。王國在今福建福州市。　子勛：人名。即劉子勛。字孝德，孝武帝第三子。本書卷八〇有傳。　征虜長史：官名。晉安王子勛時任征虜將軍，莊任其征虜將軍府長史。廣陵：郡名。治所在今江蘇揚州市西北。

[8]冠軍將軍：官名。名號將軍之一。三品。

[9]太宰長史：官名。劉義恭時任太宰，莊爲其太宰府長史。

[10]國子博士：官名。本爲國子學之學官，宋不置學，亦設國子博士，職備咨詢應對，多以博學官員任之。

[11]坐選公車令張奇免官：事在大明七年（463）。尚書僕射顏師伯擬任寒人張奇爲公車令，孝武帝認爲資品不夠，使任市買丞。尚書令史潘道栖等扣壓孝武帝敕書，讓張奇到公車上任，引起孝武帝大怒。尚書令史潘道栖等被處死，謝莊連坐被免吏部尚書等職。見本書卷七七《顏師伯傳》。

時北中郎將新安王子鸞有盛寵，[1]欲令招引才望，乃使子鸞板莊爲長史，[2]府尋進號撫軍，[3]仍除長史、臨淮太守，[4]未拜，又除吳郡太守。[5]莊多疾，不樂去京師，復除前職。前廢帝即位，[6]以爲金紫光禄大夫。[7]初，世祖寵姬殷貴妃薨，莊爲誄云：“贊軌堯門。”引漢昭帝母趙婕妤堯母門事，廢帝在東官，銜之。[8]至是遣人詰責莊曰：“卿昔作殷貴妃誄，頗知有東宮不？”將誄之。或説帝曰：“死是人之所同，政復一往之苦，不足爲深困。[9]莊少長富貴，今且繫之尚方。[10]使知天下苦劇，然後殺之未晚也。”帝然其言，繫於左尚方，太宗定亂,[11]得出。及即位，以莊爲散騎常侍、光禄大夫，加金章紫綬，領尋陽王師。[12]頃之，轉中書令，[13]常侍、王師如故。尋加金紫光禄大夫，給親信二十人，本官並如故。泰始二年，[14]卒，時年四十六，追贈右光禄大夫，[15]常侍如故，謚曰憲子。所著文章四百餘首，行於世。

[1]北中郎將：官名。宋設南、北、東、西中郎將，北中郎將多出鎮京師之北。一般由宗王擔任。秩中二千石。四品。　新安王：王爵名。王國在今浙江淳安縣。　子鸞：人名。即劉子鸞。字孝羽，孝武帝第八子，深受孝武帝寵愛。本書卷八〇有傳。

[2]板：官制用語。指有一定地位的高級官員不經吏部而自行辟除屬吏甚至辟除地方官員的行爲。

[3]撫軍：官名。即撫軍將軍。中央軍將領之一，與中軍、鎮軍將軍合稱三將軍，位比四鎮將軍，亦授予出鎮地方的寵臣。三品。

[4]臨淮：郡名。西晋治所在今江蘇盱眙縣。南朝僑置於今江蘇丹陽常州市一帶。

[5]未拜：尚未舉行授職儀式。拜，官制用語。指受職儀式。　吳郡：治所在今江蘇蘇州市。

[6]前廢帝：即劉子業。小字法師，孝武帝長子。大明八年（464）即位，次年被明帝刺殺，廢黜。本書卷七有紀。

[7]金紫光禄大夫：官名。榮譽性官職，配金章紫綬，無具體職任，待遇很高，多授予寵臣，以示榮耀。二品。

[8]銜之：懷恨之。

[9]政復：祇是。　一往之苦：佛教語。即一死。佛教認爲人生有八苦，死爲其一。　不足爲深困：不足以狠狠地困辱他。

[10]尚方：官署名。宮中爲皇室製造器物之所，亦是罪人勞作

之地。宋置左、右尚方。

[11]太宗：宋明帝劉彧廟號。

[12]散騎常侍：官名。職侍從皇帝，參預謀議。三品。　尋陽王師：官名。尋陽王之師。宋制，王置師、友、文學，掌訓導王職。尋陽王，王爵名。王國在今江西九江市。尋陽王即劉子房，字孝良，孝武帝第六子。本書卷八○有傳。

[13]中書令：官名。中書省長官，相職之一。掌出納章奏，起草詔書，參預謀議，地位顯赫。時人眼中位在尚書令之上。三品。

[14]泰始：宋明帝劉彧年號（465—471）。

[15]追贈：死後追授。　右光祿大夫：官名。宋設左、右光祿大夫，無具體職任，多作爲贈官或加官，授予退休或死去的大臣。

長子颺，晋平太守。[1]女爲順帝皇后，[2]追贈金紫光祿大夫。

[1]晋平：郡名。泰始四年（468）以晋安改置。治所在福建福州市。

[2]女：謝颺之女，名謝梵境。昇明二年（478）立爲順帝皇后。本書卷四一有傳。

王景文，琅邪臨沂人也。[1]名與明帝諱同。[2]祖穆，臨海太守。[3]伯父智，少簡貴，有高名，高祖甚重之，[4]常云：“見王智，使人思仲祖。”[5]與劉穆之謀討劉毅，[6]而智在焉。它日，穆之白高祖曰：“伐國，重事也，公云何乃使王智知？”高祖笑曰：“此人高簡，豈聞此輩論議。”其見知如此。爲太尉諮議參軍，[7]從征長安，[8]留爲桂陽公義真安西將軍司馬、天水太守。[9]還爲宋國五兵尚書，[10]晉陵太守，加秩中二千石，[11]封建陵縣五等子，[12]追贈太常。[13]父僧朗，亦以謹實見知。元嘉中，爲侍中，勤於朝直，未嘗違惰，太祖嘉之，以爲湘州刺史。[14]世祖大明末，爲尚書左僕射。[15]太宗初，以后父爲特進、左光禄大夫，[16]又進開府儀同三司，[17]固讓，乃加侍中、特進。尋薨，追贈開府，謚曰元公。

[1]琅邪：郡名。治所在今山東臨沂市。 臨沂：縣名。治所在今山東費縣。琅邪王氏故居在今山東臨沂市。

[2]名與明帝諱同：宋明帝名彧。

[3]穆：人名。即王穆。字伯遠。事見《晉書》卷六五《王導傳》。 臨海：郡名。治所在今浙江臨海市。

[4]高祖：宋武帝劉裕廟號。

[5]仲祖：人名。即王濛。字仲祖，東晉太原晉陽（今山西太原市）人，晉哀帝皇后王穆之之父。

[6]劉穆之：人名。字道和，小字道民，東莞莒（今山東莒縣）人。劉裕的心腹及重要謀臣。本書卷四二有傳。 劉毅：人名。字希樂，彭城沛（今江蘇沛縣）人。晉末桓玄篡位，毅與劉裕等起兵反玄。戰勝桓玄，安帝復辟後，任荊州刺史，手握重兵，漸與劉裕爭權，爲劉裕所擊滅。《晉書》卷八五有傳。

[7]太尉諮議參軍：官名。劉裕時爲晉太尉，王智爲劉裕的太尉府諮議參軍。

[8]長安：地名。即長安城。在今陝西西安市。

[9]留爲桂陽公義真安西將軍司馬、天水太守：事在晉義熙十三年（417）。時劉裕北伐關中，聞劉穆之卒，急歸建康，而留少子義真鎮守，王智亦留任義真的安西將軍府司馬、天水太守。桂陽公，公爵名。公國在今廣東連州市。義真，人名。即劉義真。宋武帝第二子。本書卷六一有傳。安西將軍司馬，官名。安西將軍的主

要屬吏，指揮軍事的重要助手。秩六百石。七品。安西將軍，官名。宋四安將軍（安東、西、南、北將軍）之一，多授出鎮京師以西地方的州刺史。三品。天水，郡名。治所在今甘肅天水市。

〔10〕宋國：東晉末劉裕的封國。晉義熙十一年（415）晉安帝下詔，以徐州的彭城、沛、蘭陵、下邳、淮陽、山陽、廣陵，兗州的高平、魯、泰山十郡封劉裕爲宋國公。同時，宋國設有門下、中書、尚書等省。

〔11〕晉陵：郡名。治所在今江蘇常州市。　加秩中二千石：郡守秩二千石，加秩中二千石，以示優崇。

〔12〕建陵縣五等子：子爵名。封邑在今廣西荔浦縣。

〔13〕太常：官名。宋九卿之一。見前注。疑上有缺文。

〔14〕湘州：治所在今湖南長沙市。

〔15〕尚書左僕射：丁福林《校議》據本書卷六《孝武帝紀》、卷七《前廢帝紀》、卷五一《營浦侯遵考傳》，《南史》卷二三《王彧傳》，《通鑑》卷一二九考證，王僧朗時任右僕射，而非左僕射。

〔16〕后父：王僧朗之女貞風爲明帝皇后。　特進：官名。無職任，多作爲榮譽授以寵臣。二品。

〔17〕開府儀同三司：官名。意爲授非三公者享有三公一樣的開府署、辟屬吏、行禮制方面的待遇，位從公。一品。

　　景文出繼智，幼爲從叔球所知。[1]美風姿，好言理，少與陳郡謝莊齊名。太祖甚相欽重，故爲太宗娶景文妹，而以景文名與太宗同。[2]高祖第五女新安公主先適太原王景深，[3]離絶，[4]當以適景文，固辭以疾，故不成婚。起家太子太傅主簿，[5]轉太子舍人，襲爵建陵子。出爲江夏王義恭、始興王濬征北後軍二府主簿，[6]武陵王文學，[7]世祖撫軍記室參軍，[8]南廣平太守，[9]轉諮議參軍，仍度安北、鎮軍府，出爲宣城太守。[10]

[1]球：人名。即王球。字倩玉。本書卷五八有傳。

[2]而以景文名與太宗同：丁福林《校議》引《南史》卷二三《王彧傳》作“而以景文之名名明帝”。《南史》是也。

[3]適（shì）：女子出嫁。

[4]離絕：離婚絕姻。

[5]起家：官制用語。指第一次擔任的官職。　太子太傅主簿：官名。太子太傅的屬吏，管理簿書。太子太傅，官名。太子的主要屬官，掌訓導太子，秩中二千石。三品。

[6]征北後軍二府主簿：官名。即征北將軍、後軍將軍府主簿。征北將軍，宋四征將軍之一，位在諸鎮、安、平號將軍之上。三品。

[7]武陵王：王爵名。宋孝武帝劉駿即帝位前的封爵。王國在今湖南常德市。

[8]撫軍記室參軍：官名。掌撫軍將軍記室。

[9]南廣平：郡名。本書《州郡志三》作“廣平郡”。東晉僑置於襄陽，宋時領有原南陽郡割來實縣四，成爲實郡。郡治爲廣平縣（今河南鄧州市東南）。

[10]轉諮議參軍：即轉撫軍諮議參軍。　安北：官名。即安北將軍。　鎮軍：官名。即鎮軍將軍。時宋孝武帝劉駿由撫軍將軍轉安北、鎮軍將軍。景文任職隨著軍府名號的變動而變動。　宣城：郡名。治所在今安徽宣城市宣州區。

　　元凶弑立，以爲黃門侍郎，[1]未及就，世祖入討，景文遣間使歸款。[2]以父在都邑，不獲致身，[3]及事平，頗見嫌責，猶以舊恩，除南平王鑠司空長史，不拜。[4]出爲東陽太守，[5]入爲御史中丞，[6]秘書監，[7]領越騎校尉，[8]不拜，遷司徒左長史。上以散騎常侍舊與侍中俱掌獻替，欲高其選，以景文及會稽孔覬俱南北之望，[9]並以補之。尋復爲左長史。坐姊墓開不臨赴，免官。大明二年，復爲秘書監，太子右衛率，[10]侍中。五年，出爲安陸王子綏冠軍長史、輔國將軍、江夏内史，行郢州事。[11]又徵爲侍中，領射聲校尉，[12]右衛將軍，[13]加給事中，太子中庶子，右衛如故。坐與奉朝請毛法因蒲戲，[14]得錢百二十萬，白衣領職。[15]尋復爲侍中，領中庶子，未拜。前廢帝嗣位，徙秘書監，侍中如故。以父老自解，[16]出爲江夏王義恭太宰長史，輔國將軍，南平太守。永光初，[17]爲吏部尚書。景和元年，遷右僕射。[18]

[1]黄門侍郎：官名。門下省次官，侍從皇帝，顧問應對，參預機謀，地位重要。五品。

[2]間使：負有伺察任務的使者。　歸款：款誠投順。

[3]都邑：京師建康。　不獲致身：不能親身前去投誠。

[4]司空長史：官名。諸公之一司空的長史。　不拜：官制用語。辭讓不受官職。

[5]東陽：郡名。治所在今浙江金華市。

[6]御史中丞：官名。御史臺的長官，主管官吏的監察。秩千石。四品。

[7]秘書監：官名。秘書省的長官，負責圖書秘籍及檔案文書的管理。三品。

[8]越騎校尉：官名。爲侍衛官，不領兵，隸中領軍（領軍將軍）。秩比二千石。四品。

[9]孔覬：人名。字思遠，會稽山陰（今浙江紹興市）人。本書卷八四有傳。

[10]太子右衛率：官名。太子的衛隊將領，與太子左衛率對設，率領軍隊，負責太子護衛。五品。

[11]安陸王：王爵名。王國在今湖北安陸市。 子綏：人名。即劉子綏。字寶孫，宋孝武帝子，大明二年（458）立爲安陸王。明帝政變上臺，子綏不受爵命，泰始二年（466）兵敗，賜死。事見本書卷六一《江夏文獻王義恭傳》。 冠軍長史：官名。冠軍將軍的主要屬吏。 輔國將軍：官名。宋時名號將軍之一。三品。江夏内史：官名。江夏國的行政長官，相當於郡太守。秩二千石。五品。江夏，王國名。治所在今湖北武漢市武昌區。 行郢州事：即行郢州刺史事（代理郢州刺史）。郢州，州名。治所在今湖北武漢市武昌區。

[12]射聲校尉：官名。爲侍衛官，不領兵，隸中領軍（領軍將軍）。四品。

[13]右衛將軍：據中華本考證，“右衛”《南史》作“左衛”。

[14]奉朝請：官名。散職官，無職任，以朝會時到朝，故謂之奉朝請。六品。 毛法因：人名。本書僅此一見，其事不詳。 蒱戲：南朝盛行的一種賭博形式。如今擲骰子。

[15]白衣領職：對有過失官員的一種行政處分，類似留職察看。南朝官服爲黑色，俗稱“烏衣”。白衣爲庶民之服。衣白衣而領職，即帶過履職考察，期滿自新者可重新穿起官服，否則正式免職。

[16]自解：自我解職，即辭職。以其父年邁爲由而辭職。

[17]永光：宋前廢帝劉子業年號（465）。

[18]景和：宋前廢帝劉子業年號（465）。永光元年八月改元。

右僕射：官名。尚書省的主要官員之一，輔佐尚書令處理尚書日常事務，與尚書左僕射對置，位在左僕射之下，領祠部、儀曹。三品。丁福林《校議》云：“本書《前廢帝紀》、《南史》卷二《宋本紀中》、《通鑑》卷一三〇皆云廢帝永光元年秋八月庚午，以尚書僕射顔師伯爲尚書左僕射，以吏部尚書王景文爲尚書右僕射；同月癸酉，改永光元年爲景和元年。是月辛酉朔，庚午爲月之初十日，癸酉爲月之十三日。則是景文遷右僕射，乃在永光時，不在景和也。"

　　太宗即位，加領左衛將軍。時六軍戒嚴，[1]景文仗士三十人入六門。[2]諸將咸云："平殄小賊，易於拾遺。"[3]景文曰："敵固無小，蜂蠆有毒，何可輕乎。諸軍當臨事而懼，好謀而成，先爲不可勝，乃制勝之術耳。"尋遷丹陽尹，[4]僕射如故。遭父憂，[5]起爲冠軍將軍、尚書左僕射、丹陽尹，[6]固辭僕射，改授散騎常侍、中書令、中軍將軍，尹如故，又辭不拜。仍出爲使持節、散騎常侍、都督江州郢州之西陽豫州之新蔡晉熙三郡諸軍事、安南將軍、江州刺史。[7]讓常侍，服闋乃受。[8]

　　[1]六軍：皇帝禁衛軍的總稱。指領軍、護軍、驍騎、游擊、左衛、右衛將軍。景文時任左衛將軍，故率仗士入宮參與戒嚴。
　　[2]六門：即臺城六門。分別爲大司馬門、萬春門、東華門、西華門、太陽門、承明門。
　　[3]平殄：平盡。　　拾遺：拾起掉在地上的東西。
　　[4]丹陽尹：官名。京師所在郡府長官，負責京師行政，並一度掌少府，秩中二千石，位次九卿。丹陽，郡名。治所在建康（今江蘇南京市），爲當時京師所在地。
　　[5]遭父憂：遇父喪。時制，官員在父母喪事期間要去職服喪。
　　[6]尚書左僕射：官名。尚書省的主要官員之一，與尚書右僕射對置，位在右僕射之上。輔佐尚書令處理日常事務，兼領殿中、主客二曹，亦常兼領吏部。三品。

[7]使持節：官名。將軍出鎮，皇帝要授予一定的權限，其權力大小以節爲憑，分爲使持節、持節、假節三種。使持節得殺二千石以下，持節殺無官位人，若戰時得與使持節同，假節唯軍事得殺犯軍令者。節，旄節，權力的憑信。 都督諸軍事：官名。總統所督之地區的軍事、政治，爲該地區權力極大的軍政長官。 江州：此時治所在今湖北黃梅縣。 西陽：郡名。治所在今湖北黃岡市黃州區。 新蔡：郡名。宋明帝新僑置，治所在今河南固始縣東北。晋熙：郡名。治所在今安徽潛山縣。 安南將軍：官名。四安將軍之一，出鎮南方的名號將軍。三品。

[8]常侍：官名。指散騎常侍。 服闋：服喪完畢。

太宗剗除暴主，[1]又平四方，欲引朝望以佐大業，[2]乃下詔曰：“夫良圖宣國，賞崇彝命，[3]殊績顯朝，策勤王府。安南將軍、江州刺史景文，風度淹粹，理懷清暢，體兼望實，誠備夷岨。[4]寶曆方啓，密贊義機，妖徒干紀，預毗廟略。[5]宜登茅社，永傳厥祚。[6]朕澄氛寧樞，實資多士，疏爵疇庸，實膺徽烈。[7]尚書右僕射、領衛尉興宗，[8]識懷詳正，思局通敏。[9]吏部尚書，領太子左衛率淵，[10]器情閑茂，風業韶遠。[11]並謀參軍政，績亮時艱，[12]拓宇開邑，實允勳典。[13]景文可封江安縣侯，[14]食邑八百户，興宗可始昌縣伯，[15]淵可南城縣伯，[16]食邑五百户。”景文固讓，不許，乃受五百户。進號鎮南將軍，[17]尋給鼓吹一部。[18]後以江州當徙鎮南昌，領豫章太守，餘如故。[19]州不果遷。頃之，徵爲尚書左僕射，領吏部，揚州刺史，[20]加太子詹事，[21]常侍如故。不願還朝，求爲湘州刺史，不許。

　　［1］暴主：昏暴的君主。指前廢帝。

　　［2］朝望：朝廷百官中有名望者。

　　［3］良圖：治國之良方。　宣國：宣示於國。　彝命：常命。

　　［4］風度：人的氣質。　淹粹：博雅。　理：操行。　清暢：
廉潔清白。　體兼望實，誠備夷岨（qū）：意爲無論環境如何都忠
誠如一。體兼，身兼。望實，實望，符實的名望。夷，平坦。岨，
戴土的石山。

　　［5］寶曆：國祚，皇運。　方啓：剛剛啓動。　密贊：秘密參
與謀劃。　義機：舉義兵的時機。　妖徒：明帝對起兵反對其政變
的將軍、宗王們的污稱。　干紀：干犯紀綱。　毗（pí）：參預。
廟略：軍事謀略。參預平叛的軍事謀略。

　　［6］宜登茅社：宜晉爵位。茅社，白茅社土。封爵儀式有接受
白茅社土的程序，故茅社代指爵位。　厥：其。

　　［7］澄：澄清。　氛：凶氣。　樞：朝廷。　資：依賴。　多
士：衆多的賢士。　疏爵：輕爵。　疇：報酬。　庸：勳勞。
膺：承受。　徽烈：美好業績。

　　［8］衛尉：官名。本爲九卿之一，掌宮門守衛。西晉掌冶鑄，
領冶戶，東晉省。宋孝武帝孝建元年（454）復置。秩中二千石。
三品。　興宗：人名。即蔡興宗。濟陽考城（今河南民權縣）人。
本書卷五七有附傳。

　　［9］識懷詳正：見解周詳準確。　思局通敏：思慮通達敏捷。

　　［10］淵：人名。即褚淵。字彥回，河南陽翟（今河南禹州市）
人。宋明帝去世時爲中書令，顧命大臣。入齊官至録尚書事。《南
齊書》卷二三有傳。

　　［11］器情閑茂：氣質閑静秀逸。　風業韶遠：風骨美好，學業
淵博。

　　［12］績亮時艱：困難之時建立了突出的功績。績，功績。亮，
顯。時艱，困難之時。

　　［13］實允勳典：符合獎勵勳功的典制。

[14]江安縣侯：侯爵名。五等爵的第二級。侯國在今湖北公安縣。

[15]始昌縣伯：伯爵名。五等爵的第三級。封邑在今廣東四會市。

[16]南城縣伯：伯爵名。封邑在今山東平邑縣南。

[17]鎮南將軍：官名。四鎮將軍之一，出鎮京師之南，地位較高的名號將軍。三品。

[18]鼓吹：由鼓樂與吹奏樂器組成的樂隊，多賜給地位較高且有功的將軍。

[19]南昌：縣名。治所在今江西南昌市。　豫章：郡名。治所在今江西南昌市。

[20]揚州：治所在今江蘇南京市。揚州刺史多由相臣兼任，職位顯赫，不同一般刺史。

[21]太子詹事：官名。太子的重要屬官，總領東宮官屬，管理太子的一切事務，位權次於太子太傅、少傅。秩中二千石。三品。

時又謂景文在江州，不能潔己，景文與上幸臣王道隆書曰：[1]“吾雖寡於行己，[2]庶不負心，既愧殊效，[3]誓不上欺明主。竊聞有爲其貝錦者，云營生乃至巨萬，[4]素無此能，一旦忽致異術，必非平理。[5]唯乞平心精檢，若此言不虛，便宜肆諸市朝，以正風俗。脫其妄作，當賜思罔昧之由。[6]吾踰忝轉深，足以致謗，念此驚懼，何能自測。區區所懷，不願望風容貸。[7]吾自了不作偷，猶如不作賊。故以密白，想爲申啓。”[8]

[1]幸臣：親信喜愛之臣。　王道隆：人名。吳興烏程（今浙江湖州市吳興區）人。曾任中書舍人、右軍將軍，權傾一時。本書

卷九四有傳。

[2]行己：規範、約束自己。

[3]既愧殊效：愧無非常之功。

[4]貝錦：錦名。錦之花紋如貝，故名。　營生：生意。

[5]異術：指織錦之術。　平理：平實之理，真理。

[6]脫：倘若。　妄作：無中生有。　罔昧：受陷害。
由：路。

[7]望風：觀察風勢（而陷害人）。　容貸：得到寬恕。

[8]密白：秘密陳述。　申啓：向皇帝申訴。

　　景文屢辭內授，[1]上手詔譬之曰：“尚書左僕射，卿已經此任，東宮詹事，用人雖美，職次正可比中書令耳。[2]庶姓作揚州，徐干木、王休元、殷鐵並處之不辭。[3]卿清令才望，何愧休元，[4]毗贊中興，豈謝干木，[5]綢繆相與，何後殷鐵邪？[6]司徒以宰相不應帶神州，[7]遠遵先旨，京口鄉基義重，[8]密邇畿內，又不得不用驃騎，[9]陝西任要，[10]由來用宗室。驃騎既去，巴陵理應居之。[11]中流雖曰閑地，控帶三江，通接荊、郢，經塗之要，由來有重鎮。[12]如此，則揚州自成闕刺史，卿若有辭，更不知誰應處之。此選大備，與公卿疇懷，非聊爾也。”[13]固辭詹事、領選，[14]徙爲中書令，常侍、僕射、揚州如故。[15]又進中書監，[16]領太子太傅，常侍、揚州如故。景文固辭太傅，上遣新除尚書右僕射褚淵宣旨，以古來比例六事詰難之，不得已乃受拜。

　　[1]內授：授以內職。此指與地方官職相對而言的京師官職。如上所授尚書左僕射、太子詹事、散騎常侍等。

　[2]東宮詹事：官名。即太子詹事。　美：優。指優秀人才。
職次：職位次第。　正：止，僅僅。

　[3]庶：衆。與宗室相對而言，指非宗室者。　作揚州：指任
揚州刺史。宋以來，爲加强皇權及宗室力量，重要州鎮刺史如荆
揚，皆爲宗室擔任。庶姓作揚州被視爲特殊現象。參陳長琦《兩晉
南朝政治史稿》。　徐干木：人名。名羡之。本書卷四三有傳。
王休元：人名。名弘。琅邪臨沂人。本書卷四二有傳。　殷鐵：人
名。即殷景仁，號殷鐵。陳郡長平（今河南西華縣）人。本書卷六
三有傳。

　[4]清令：氣質清高美好。　才望：文才出衆。

　[5]毗贊中興：輔佐中道興盛。　謝：讓，遜色。

　[6]綢繆：緊纏密繞。周密籌劃，防患未然。

　[7]司徒：指始安王劉休仁。　神州：此指揚州。司徒休仁自
泰始元年（465）十二月至泰始五年（469）一直兼揚州刺史。

　[8]京口：地名。在今江蘇鎮江市京口區。　鄉基：劉裕家居
京口，故以京口爲鄉基。

　[9]驃騎：指驃騎將軍晋平王劉休祐。

　[10]陝西：指荆州。東晋南朝時人以西周周、召二公分陝而治
類比，將荆州作陝西。本書卷五七《蔡興宗傳》：興宗爲南郡太守，
行荆州事。其外甥袁顗與其書曰：“舅今出居陝西，爲八州行事。”
參閱顧炎武《日知録》卷三一《陝西》。

　[11]驃騎既去，巴陵理應居之：驃騎將軍休祐既離荆州去鎮京
口，巴陵王休若應次第居荆州。休若時任湘州刺史。

　[12]中流：長江之中流，此指江州。　閑地：少戰之地。江州
戰事少，故曰閑地。　控帶三江：江州居中流，控長江、湘江、帶
贛江。三江，疑爲長江、湘江、贛江。

　[13]此選：任景文爲揚州刺史之選。　疇懷：籌之心懷。　非
聊爾：不是隨意之舉。

　[14]詹事：官名。即太子詹事。　領選：領吏部。選，選部，

吏部。

　　[15]徙：官制用語。轉任。　　僕射：官名。此指尚書左僕射。
揚州：此指揚州刺史。

　　[16]中書監：官名。與中書令同爲中書省長官，位在中書令之
上。南朝監、令一般不並置，即置令時不置監，反之亦然。三品。

　　時太子及諸皇子並小，上稍爲身後之計，[1]諸將帥
吳喜、壽寂之之徒，[2]慮其不能奉幼主，並殺之，而景
文外戚貴盛，[3]張永累經軍旅，[4]又疑其將來難信，乃自
爲謠言曰：[5]“一士不可親，弓長射殺人。”一士，王
字；弓長，張字也。景文彌懼，乃自陳求解揚州，曰：

　　[1]身後之計：明帝時患病，籌其死後之計。
　　[2]吳喜：人名。本名喜公，太宗減名爲喜。吳興臨安市（今
浙江臨安市）人。本書卷八三有傳。　　壽寂之：人名。明帝幸臣。
本書卷九四有附傳。
　　[3]景文外戚貴盛：景文之妹貞風爲明帝皇后，位貴權重。
　　[4]張永：人名。字景雲，吳郡吳（今江蘇蘇州市）人。歷文
帝、孝武帝、明帝至順帝，諸朝皆爲將帥。本書卷五三有附傳。
　　[5]謠言：歌謠。民間流傳評議時政的歌謠，可以傳唱。

　　臣凡猥下劣，方圜無算，[1]特逢聖私，頻叨不
次，乘非其任，理宜覆折，雖加恭謹，無補橫至，
夙夜燋戰，無地容處。[2]六月中，得臣外甥女殷恒
妻蔡疏，[3]欲令其兒啓聞乞祿，[4]求臣署入，云凡外
人通啓，先經臣署。[5]于時驚怖，即欲封疏上呈，
更思此家落漠，[6]庶非通謗，且廣聽察，幸無復所

聞。比日忽得兗州都送迎西曹解季遜板云是臣屬，[7] 既不識此人，即問郗顒，[8] 方知虛託。比十七日晚，[9] 得征南參軍事謝儼口信，[10] 云臣使人略奪其婢。臣遣李武之問儼元由，[11] 答云"使人謬誤"。誤之與實，雖所不知，聞此之日，唯有憂駭。

[1]凡猥：平凡鄙陋。　方圜無算：據周一良《札記》，方圜亦作"方圓""方員"，"乃經略、經營之意，無算謂無方，非衆多之意"。

[2]夙夜：早晚。　燋（jiāo）戰：焦神極慮，戰戰兢兢。燋，通"焦"。　無地容處：找不到防備不測的辦法。

[3]殷恒妻蔡：殷恒之妻蔡氏，史傳缺其名。殷恒，人名。陳郡長平人，殷景仁之孫。官至侍中、度支尚書。　疏：書疏，信件。

[4]啓聞：上啓聞之於帝。啓，上書言事的一種文體。

[5]云凡外人通啓，先經臣署：凡是宮外之人上書言事於帝，需先經景文批閱署名篩選。

[6]落漠：又作"落没"。據周一良《札記》："落没蓋疏略紕漏之意。"甚是。從上下文意看，落没不能釋爲没落、衰敗。下文之"復作一兩落没"也應作疏略紕漏解。

[7]兗州：泰始二年（466）僑置。治所在今江蘇淮安市淮陰區。　都送迎西曹：兗州屬曹。都，總，統管。迎送，南朝州刺史到任、離任，州皆有迎送。西曹，即漢代之功曹。主管州吏的考核及選舉，亦兼管新舊刺史的迎送。　解季遜：人名。時任兗州西曹，餘事不詳。　板云是臣屬：板云是景文故吏。板，用板所寫之書疏。

[8]郗顒：人名。曾任黃門侍郎，時爲景文揚州屬下之吳興太守。

　　[9]比：比至，近至。各本並作“此”，中華本據《元龜》卷
四六三改。

　　[10]征南參軍事：官名。即征南將軍府參軍。征南將軍，官
名。四征將軍之一。爲出鎮南方的最高名號將軍。三品。　謝儼：
人名。本書僅此一見，其事不詳。

　　[11]李武之：人名。本書僅此一見，其事不詳。　元由：事件
由來之本。元，本。

　　臣之所知，便有此三變，臣所不覺，尤不可
思。若守爵散輩，[1]寧當招此，誠由闇拙，非復可
防。自竊州任，倏已七月，[2]無德而禄，其殃將至。
且傅職清峻，亢禮儲極，[3]以臣凡走，[4]豈可暫安。
荷恩懼罪，不敢執固，[5]焦魂褫氣，[6]憂迫失常。況
臣髮醜人群，[7]病絕力效，穢朝點列，顧無與等，[8]
獨息易駭，慚懼難持。伏願薄回矜愍，[9]全臣身計，
大夫之俸，[10]足以自周，久懷欣羡，未敢干請，[11]
仰希慈宥，照臣款誠。

　　[1]守爵散輩：守爵、守散官之類者。守爵不仕，守散官不任
職事。散官指有秩禄無職任的官。

　　[2]自竊州任，倏已七月：考之本書紀、傳，疑“七月”有
誤。景文初授揚州刺史爲泰始六年（470）六月癸卯，而文中所言
驚駭三事，一爲六月中，二爲比日，三爲比十七日，則讓揚州刺史
又在六月。景文死於泰豫元年（472）二月，辭揚州之時當爲泰始
七年六月。考慮到景文爲揚州刺史授、拜間辭讓遷延之時間差，
“七月”當竪寫“十一月”之誤。又下段明帝答詔語中有“去五月
中”“（袁）粲遷爲（尚書）令，居之不疑”。考之粲傳，粲遷尚書

令在泰始七年，則景文上書及明帝答詔均在泰始七年六月。

[3]且傅職清峻，亢禮儲極：言太子太傅爲太子官屬中地位最高。傅職，景文時任太子太傅。清峻，清高峻拔，形容官勢之優極。儲，皇儲，指太子。

[4]凡：平凡。　走：走僕。臣子在皇帝面前之卑稱。

[5]執固：長久擔任要職。

[6]焦魂：精神焦慮。　褫（chǐ）氣：奪氣。褫，奪。

[7]髮醜：以髮喻年老。

[8]穢朝點列，顧無與等：污穢朝廷，玷污列卿，回顧衆官無與我相同者。

[9]薄回：稍稍顧及。

[10]大夫：景文時任中書監、散騎常侍、太子太傅、揚州刺史，辭揚州之後，尚餘三職，謙稱大夫。

[11]干：求取。《論語·爲政》：“子張學干祿。”何晏注：“干，求也。”

上詔答曰：

去五月中，吾病始差，[1]未堪勞役，使卿等看選牒，[2]署竟，請敕施行。[3]此非密事，外間不容都不聞。然傳事好訛，由來常患。殷恒妻，匹婦耳，閨閣之內，傳聞事復作一兩倍落漠，兼謂卿是親故，希卿署，不必云選事獨關卿也。恒妻雖是傳聞之僻，[4]大都非可駮異。且舉元薦凱，咸由疇諮，[5]可謂唐堯不明，下干其政邪？[6]悠悠好詐貴人及在事者，屬卿偶不悉耳，[7]多是其周旋門生輩，[8]作其屬託，貴人及在事者，永無由知。非徒止於京師，乃至州郡縣中，或有詐作書疏，灼然有文迹者。諸舍人右丞輩，[9] 及親近驅使人，慮有作其名。[10] 載禁物，[11] 求停檢校，強賣猥物與官，[12] 仍求交直，[13] 或屬人求乞州郡資禮，[14] 希矚呼召及虜發船車，[15] 並啓班下在所，有即駐録。[16] 但卿貴人，不容有此啓。由來有是，何故獨驚。

[1] 吾病始差（chāi）：我病初愈。差，病愈。

[2] 選牒：選任官員的文牒。初用木或竹片製成，晉及南朝亦用紙，但習慣仍稱牒。上書候選人資料，由掌握選任的官員審察、考核、簽署任用與否的意見，由皇帝裁定後，詔令施行。

[3] 署竟，請敕施行：即簽署任用意見畢，請皇帝發任命詔書。

[4] 傳聞之僻：傳聞之誤。僻，誤。《廣韻》：“僻，誤也。”

[5] 疇咨：籌議咨詢於大臣。

[6] 可謂唐堯不明，下干其政邪：堯咨政於四岳，難道可以説堯昏庸，下干其政嗎？唐堯，帝堯。傳説五帝之一。唐堯初封於陶，又封於唐，故號陶唐氏，又曰唐堯。堯有大事，常咨之於四岳。

[7] 悠悠好詐貴人及在事者，屬卿偶不悉耳：欺詐高貴及掌權者的事由來已久，對於卿來説是偶而遇之，不知有這種事罷了。悠悠，長久。貴人，朝中有勢有高官位者。在事者，掌權者。

[8] 周旋：據周一良《札記》，“乃親密往來之意”。下文明帝詔書又有“與卿周旋，欲全卿門户”，其意同。

[9] 舍人：官名。即中書舍人。　右丞：官名。即尚書右丞。二者職雖不高，但極有權勢。

[10] 慮有作其名：詐用其名。作，詐。

[11] 禁物：違禁物品。

[12] 猥物：鄙劣質量低下的物品。

[13] 交直：交易物品的貨價。

[14]屬：通“囑”，囑托。　資禮：憑借給予禮遇。

[15]蠲：免除。　呼召：徵發徭役。　虜發：強徵。

[16]並啟：上述慮有作其名至虜發船車諸事一並告之。　在所：有關官署。諸事發生之官署、地方。　有即駐録：有上述諸事馬上截停拿獲。

　　人居貴要，[1]但問心若爲耳。[2]大明之世，巢、徐、二戴，[3]位不過執戟，權亢人主；[4]顔師伯白衣僕射，[5]横行尚書中。令袁粲作僕射領選，[6]而人往往不知有粲。粲遷爲令，居之不疑。今既省録，[7]令便居昔之録任，置省事及幹童，並依録格。[8]粲作令來，亦不異爲僕射。人情向粲，淡淡然亦復不改常。以此居貴位要任，當有致憂兢理不？卿今雖作揚州，太子傅位雖貴，而不關朝政，可安不懼，差於粲也。想卿虚心受榮，而不爲累。

[1]人：殿本、局本等並作“之”，中華本據《元龜》卷四六三改，爲是。　貴要：貴位要任。

[2]若爲：怎樣作爲。

[3]巢：人名。即巢尚之。孝武帝幸臣，曾任中書舍人，參與高級官員的安排討論。本書卷九四有附傳。　徐：人名。即徐爰。字長玉，南琅邪開陽（今江蘇句容市）人。本書卷九四有傳。　二戴：即戴法興、戴明寶。法興，會稽山陰（今浙江紹興市）人。明寶，南東海丹徒（今江蘇鎮江市丹徒區）人。本書卷九四有傳。

[4]執戟：皇帝周圍的宿衛、郎官之類。喻官位不高。　亢：相等。　人主：皇帝。本書《恩倖傳》言前廢帝之時，“道路之言，謂法興爲真天子，帝爲贋天子”。

　　[5]顏師伯白衣僕射：顏師伯任尚書右僕射，坐違詔敕，白衣領職。事見本書卷七七《顏師伯傳》。

　　[6]令：《通鑑》卷一三三作“今”，是也。　袁粲：本名愍孫，因慕荀粲之爲人，宋明帝時改名爲粲。字奉倩（亦荀粲之字），陳郡陽夏人。本書卷八九有傳。

　　[7]今既省録：自宋孝武帝罷録尚書事以來，録尚書事一職省置不常。前廢帝以江夏王義恭録尚書事，旋殺又廢。至順帝末，蕭道成篡位前任録尚書事之外，宋後期二十多年基本不置録尚書事。參陳長琦《兩晋南朝政治史稿》。

　　[8]省事：尚書省事務。　幹：小吏。　童：奴僕。　並依録格：並依録尚書事的規格標準。格，規格。

　　　貴高有危殆之懼，卑賤有溝壑之憂，張、單雙災，[1]木雁兩失，[2]有心於避禍，不如無心於任運。夫千仞之木，既摧於斧斤；一寸之草，亦瘁於踐蹋。高崖之脩榦，[3]與深谷之淺條，存亡之要，[4]巨細一揆耳。[5]晋卿畢萬七戰皆獲，死於牖下；[6]蜀相費褘從容坐談，[7]斃於刺客。故甘心於履危，未必逢禍；縱意於處安，不必全福。但貴者自惜，故每憂其身；賤者自輕，故易忘其己。然爲教者，每誡貴不誡賤，言其貴滿好自恃也。凡名位貴達，人以在懷，泰則觸人改容，[8]不則行路嗟愕。至如賤者，否泰不足以動人，存亡不足以綴數，[9]死於溝瀆，死於塗路者，[10]天地之間，亦復何限？人不以係意耳。

　　[1]張、單雙災：張，即張孟談。典出《淮南子·人間訓》。

智伯率韓、魏以伐趙，決晉水以灌趙城，形勢危急，趙臣張孟談設謀離間韓、魏，共滅智伯而三分其國。但趙襄子賞軍功時，以"高赫爲賞首"。人問其故，襄子答曰：在國家危亡之時，"唯赫不失君臣之禮，吾是以先之"。言外之意張是靠陰謀取勝，故不能賞。對此《左傳》引君子的話説："或有罪而可賞也，或有功而可罪也。"單，即單穆公。典出《左傳》昭公二十二年。單穆公諫周靈王勿鑄大錢，勿鑄無射（大鐘），幾乎招來殺身之禍。

[2]木雁兩失：典出《莊子·山木》：山中大木以材用而被伐，不材者以無用而獲免。又主人享客，殺所養之雁，不能鳴者以無用而被殺，能鳴者以有用而獲免。以此喻禍福之得，不在有才與無才。

[3]崖：局本、毛本等作"涯"，中華本據《南史》、《元龜》卷四六三改，爲是。 脩幹：高大的樹木。

[4]亡：局本、毛本等並作"止"。中華本據《元龜》卷四六三、《通鑑》宋明帝泰始七年改，爲是。

[5]一揆：一個道理。揆，準則，道理。

[6]晉卿畢萬七戰皆獲，死於牖下：各本皆脱"卿"字，中華本據《元龜》卷四六三補，爲是。畢萬，人名。春秋晉大夫。牖，窗户。事見《左傳》哀公二年。

[7]費禕：人名。字文偉，江夏鄳（今河南信陽市）人。三國時蜀漢大臣，官至大將軍、録尚書事。延熙十六年（253），宴會時沉醉，爲刺客所殺。《三國志》卷四四有傳。

[8]泰：卦名。占卜得之，則主順達、美好。故以泰喻好運。改容：改恭敬之容。

[9]絓數：算爲羈律之數。絓，受阻，絆住。

[10]死於塗路者：丁福林《校議》引《南史》卷二三《王彧傳》作"困於塗路"，於文義爲長。

　　以此而推，貴何必難處，賤何必易安。但人生
也自應卑愼爲道，行己用心，務思謹惜。若乃吉凶
大期，[1]正應委之理運，[2]遭隨參差，莫不由命也。
既非聖人，不能見吉凶之先，正是依稀於理，[3]言
可行而爲之耳。得吉者是其命吉，遇不吉者是其命
凶。以近事論之，景和之世，晉平庶人從壽陽歸亂
朝，[4]人皆爲之戰慄，而乃遇中興之運；袁顗圖避
禍於襄陽，[5]當時皆羨之，謂爲陵霄駕鳳，遂與義
嘉同滅。[6]駱宰見幼主，[7]語人云：“越王長頸鳥
喙，[8]可與共憂，不可與共樂。范蠡去而全身，[9]文
種留而遇禍。[10]今主上口頸，頗有越王之狀，我在
尚書中久，不去必危。”遂求南江小縣。[11]諸都令
史住京師者，皆遭中興之慶，人人蒙爵級；[12]宰值
義嘉染罪，金木纏身，性命幾絶。[13]卿耳眼所聞
見，安危在運，何可預圖邪。

[1]大期：大運。

[2]正：止。　理：順。　運：命運。

[3]依稀：模糊。

[4]晉平庶人：指晉平王劉休祐。泰始七年（471），被明帝所
殺，追免爲庶人。　壽陽：縣名。治所在今安徽壽縣。當時爲豫州
刺史治所，休祐任豫州刺史，自壽陽回建康。

[5]袁顗：人名。字景章，陳郡陽夏人。前廢帝即位，多誅殺
宗王、大臣，顗慮禍及，乃求出鎮，被任命爲使持節、督雍梁南北
秦四州、郢州之竟陵隨二郡諸軍事，雍州刺史，出鎮襄陽。自謂逃
離京師爲“生出虎口”。

[6]謂爲陵霄駕鳳，遂與義嘉同滅：明帝政變即位，袁顗等奉

晋平王子勛爲帝，舉兵相抗，兵敗，爲部下所殺。陵霄駕鳳，駕雲陵空的鳳凰，喻其得志。義嘉，劉子勛稱帝所用之年號，當公元466 年。

[7]駱宰：人名。曾任尚書都令史。　幼主：即前廢帝。《南史》卷二三《王彧傳》作“狂主”，更符合實際。

[8]越王：春秋末越王勾踐。　長頸鳥喙：頸長而吻部突出。

[9]范蠡：人名。越大夫。佐越王滅吳，功成身退，經商而致富。事見《史記》卷一二九《貨殖列傳》。

[10]文種：人名。越大夫。與范蠡齊名，輔佐勾踐治理越國，滅吳後爲勾踐所殺。

[11]南江小縣：當爲江州屬下小縣。南江，江名。舊有吳淞江、贛江、荆江諸説。參復旦歷史地理所《中國歷史地名辭典》。以本段下句“值義嘉染罪”度之，應指贛江。如上所述，義嘉爲晋安王子勛稱帝用年號。子勛時任江州刺史，贛江爲江州的主要河道。

[12]諸都令史住京師者，皆遭中興之慶，人人蒙爵級：駱宰的同僚諸都令史，在京師未離開者遇明帝政變，人人受賜爵一級。

[13]金木纏身，性命幾絕：刑具加身，性命幾乎斷送。以上幾句，繼續爲吉凶由運、不可預測之論證。金木，鐵與木所製刑具。

時上既有疾，而諸弟並已見殺，[1]唯桂陽王休範人才本劣，[2]不見疑，出爲江州刺史。慮一旦晏駕，皇后臨朝，則景文自然成宰相，門族强盛，藉元舅之重，歲暮不爲純臣。[3]泰豫元年春，上疾篤，乃遣使送藥賜景文死，手詔曰：“與卿周旋，欲全卿門户，故有此處分。”死時年六十。追贈車騎將軍、開府儀同三司，[4]常侍、中書監、刺史如故，謚曰懿侯。

[1]時上既有疾，而諸弟並已見殺：明帝諸弟始安王休仁、晋平王休祐、巴陵王休若並爲明帝所殺。

[2]桂陽王：王爵名。王國在今湖南郴州市。　休範：人名。即劉休範。文帝第十八子。本書卷七九有傳。　人才本劣：人品、才能素爲低下。

[3]藉：同"借"。　元舅：大舅。　歲暮：晚年。　不爲純臣：不爲忠正之臣。喻竊國。

[4]車騎將軍：官名。位次僅在驃騎將軍下，諸名號將軍上。無具體職任，多作爲榮譽稱號授予重臣。二品。

長子絢字長素。年七歲，讀《論語》至"周監於二代"，外祖何尚之戲之曰："耶耶乎文哉。"[1]絢即答曰："草翁風必偃。"[2]少以敏惠見知。及長，篤志好學，官至秘書丞。[3]年二十四，先景文卒，謚曰恭世子。子媷襲封，齊受禪，國除。

[1]外祖何尚之：景文娶何尚之女，故尚之爲絢外祖父。何尚之，人名。字彦德，廬江灊人。本書卷六六有傳。　耶耶乎文哉：《論語》作"郁郁乎文哉"。景文名彧，與郁同音。故尚之戲而諱之。

[2]草翁風必偃：《論語》作"草上之風必偃"。絢改"上之"爲"翁"，巧妙避尚之諱。故人稱其敏惠。

[3]秘書丞：官名。秘書監的助手。掌處理秘書省日常雜務。六品。

景文兄子蘊字彦深。父楷，太中大夫，[1]人才凡劣，故蘊不爲群從所禮，[2]常懷耻慨。家貧爲廣德令，[3]會太宗初繼位，四方叛逆，蘊遂感激爲將，假寧朔將軍、建安王休仁司徒參軍，[4]令如故。景文甚不悦，語之曰：
"阿益，汝必破我門户。"阿益者，蘊小字也。事寧，封
吉陽縣男，[5]食邑三百户。爲中書、黄門郎，[6]晋陵、義
興太守，[7]所莅並貪縱。在義興應見收治，以太后故，[8]
止免官。廢帝元徽初，[9]復爲黄門郎，東陽太守。未之
郡，值桂陽王休範逼京邑，蘊領兵於朱雀門戰敗被創，
事平，除侍中，出爲寧朔將軍，湘州刺史。蘊輕躁，薄
於行業，時沈攸之爲荆州刺史，[10]密有異志，蘊與之結
厚。及齊王輔朝政，[11]蘊、攸之便連謀爲亂，會遭母
憂，還都，停巴陵十餘日，更與攸之成謀。時齊王世子
爲郢州行事，[12]蘊至郢州，謂世子必下慰之，欲因此爲
變，據夏口，與荆州連横。世子覺其意，稱疾不往，又
嚴兵自衛，蘊計不得行，乃下。及攸之爲逆，蘊密與司
徒袁粲等結謀，事在《粲傳》。事敗，走鬭場，[13]追禽，
斬於秣陵市。[14]

[1]太中大夫：官名。無職事，多用以安置老病官員。

[2]群從：諸從兄弟。從，從兄弟（堂兄弟）。

[3]家貧爲廣德令：南朝世族之俗，不齒縣職。蘊貧不擇官，
故特書之。廣德，縣名。治所在今安徽廣德縣西南。

[4]假：代理。　寧朔將軍：官名。諸名號將軍之一。四品。

[5]吉陽縣男：男爵名。封邑在今江西吉水縣東。

[6]爲中書、黄門郎：爲中書侍郎、黄門侍郎。中書侍郎，官
名。中書省屬官。五品。

[7]義興：郡名。治所在今江蘇宜興市。

[8]太后：明帝王皇后貞鳳。於蘊爲姑母。本書卷四一有傳。

[9]廢帝：即宋後廢帝劉昱。本書卷九有紀。　元徽：宋後廢

帝劉昱年號（473—477）。

[10]沈攸之：人名。字仲達，吳興武康人。本書卷七四有傳。

[11]齊王：齊高帝蕭道成。宋順帝封其爲齊王，以錄尚書事輔政。《南齊書》卷一、二有紀。

[12]齊王世子：蕭道成長子蕭賾。《南齊書》卷三有紀。世子，諸王之王儲，類太子。　郢州行事：官名。全稱行郢州刺史事，即代理郢州刺史。

[13]鬬場：地名。秣陵縣治所，在今江蘇南京市。

[14]秣陵：縣名。治所在今江蘇南京市。　市：貿易市場，也是古代行刑的地方。

　　景文弟子孚，大明末，爲海鹽令。[1]泰始初，天下反叛，唯孚獨不同逆，官至司徒記室參軍。

[1]海鹽：縣名。治所在今浙江海鹽縣。

　　史臣曰：王景文弱年立譽，聲芳籍甚，榮貴之來，匪由勢至。[1]若泰始之朝，身非外戚，與袁粲群公方駢並路，[2]傾覆之災，庶幾可免。庾元規之讓中書令，[3]義在此乎。

[1]匪由勢至：非憑家勢。匪，同“非”。

[2]方駢並路：並駕齊驅。方，並。駢，馬。路，車。

[3]庾元規：人名。名亮，字元規。東晉大臣，外戚，明帝后兄。《晉書》卷七三有傳。

宋書　卷八六

列傳第四十六

殷孝祖　劉勔

殷孝祖，陳郡長平人也。[1]曾祖羨，晋光禄勳。[2]父祖並不達。[3]

　[1]陳郡：治所在今河南淮陽縣。　長平：縣名。治所在今河南西華縣。

　[2]光禄勳：官名。漢代九卿之一，職任頗重。東晋已輕，且不常置，職任降爲宮殿門警衛。秩中二千石。三品。

　[3]不達：不顯達，没有名氣。

孝祖少誕節，好酒色，有氣幹。[1]太祖元嘉末，[2]爲奉朝請，[3]員外散騎侍郎。[4]世祖以其有武用，[5]除奮武將軍、濟北太守。[6]入爲積射將軍。[7]大明初，[8]索虜寇青州，[9]上遣孝祖北援，受刺史顏師伯節度，[10]累與虜戰，頻大破之，事在《師伯傳》。還授太子旅賁中郎將，[11]加龍驤將軍。[12]竟陵王誕據廣陵爲逆，[13]孝祖隸沈慶之攻誕，[14]又有戰功，遷西陽王子尚撫軍、寧朔將軍、南濟陰太守。[15]出爲盱眙太守，[16]將軍如故。還爲虎賁中郎將，[17]仍除寧朔將軍、陽平東平二郡太守。[18]又遷濟南、南郡，[19]將軍如故。

[1] 誕節：不重名節。誕，放縱。　氣幹：氣魄幹略。

[2] 太祖：宋文帝劉義隆廟號。　元嘉：宋文帝劉義隆年號（424—453）。

[3] 奉朝請：官名。南朝散官之一，無職事，僅以朝會時到朝，多授貴族子弟及老病官員。六品。

[4] 員外散騎侍郎：官名。散騎省屬官，晋武帝時始置，無職事。多作爲高級世族子弟的起家官或轉任官的踏階。兩晋南朝視爲清美之職。由此官起家者，遷轉快，且多進入高級官員隊伍。六品。參陳長琦《魏晋南朝的資品與官品》（《歷史研究》1990 年第 6 期）。

[5] 世祖：宋孝武帝劉駿廟號。

[6] 奮武將軍：官名。名號將軍之一。四品。　濟北：郡名。治所在今山東肥城市東南。

[7] 積射將軍：官名。名號將軍之一，領積射營兵，擔任宿衛。五品。

[8] 大明：宋孝武帝劉駿年號（457—464）。

[9] 索虜：宋時對北朝鮮卑人的蔑稱。以其有索髮爲辮之俗，故以索稱。　青州：南朝僑置。治所在今江蘇連雲港市東雲臺山一帶。

[10] 顏師伯：人名。字長淵，琅邪臨沂（今山東費縣）人。時任青冀二州刺史。本書卷七七有傳。

[11] 太子旅賁中郎將：官名。太子屬官，宋始置，掌侍衛太

子，職如虎賁中郎將。

[12]加：官制用語。加授。　龍驤將軍：官名。名號將軍之一。三品。

[13]竟陵王誕據廣陵爲逆：竟陵王劉誕時爲都督南兖、南徐、兖、青、冀、幽六州諸軍事，南兖州刺史，鎮廣陵。據廣陵反事在大明三年（459）。誕，人名。即劉誕。字休文，文帝第六子。本書卷七九有傳。廣陵，縣名。治所在今江蘇揚州市西北蜀崗上。

[14]沈慶之：人名。字弘先，吳興武康（今浙江德清縣）人。本書卷七七有傳。

[15]遷西陽王子尚撫軍、寧朔將軍、南濟陰太守：錢大昕《考異》："撫軍下當有脫文。是時子尚以撫軍將軍都督南徐、兖二州，南濟陰即南徐州屬郡。孝祖蓋爲撫軍府僚佐，而帶南濟陰太守。"錢氏言"撫軍下當有脫文"爲是。然"是時"以下子尚之職則失察。據《孝祖傳》，孝祖任職子尚撫軍府在大明三年之後。又據本書卷六《孝武帝紀》，孝建三年（456）七月，子尚爲揚州刺史；再據子尚本傳，亦言孝建三年，子尚督南徐、兖二州，其年即遷揚州刺史。督南徐不足一年，則是時子尚爲揚州刺史無疑。子尚督南徐、兖二州之時，軍號爲北中郎將，撫軍將軍乃於任揚州刺史之次年獲授。西陽王，王爵名。王國在今湖北黃岡市黃州區。子尚，人名。即劉子尚。字孝師，孝武帝第二子。本書卷八〇有傳。撫軍，官名。撫軍將軍的簡稱，與中軍、鎮軍將軍合稱三將軍，爲中央軍的重要軍職。三品。寧朔將軍，官名。諸名號將軍之一。四品。南濟陰，郡名。僑置，治所在今江蘇鎮江市一帶。

[16]盱眙：郡名。治所在今江蘇盱眙縣東北。

[17]虎賁中郎將：官名。隸於領軍將軍，掌宿衛皇帝。五品。

[18]陽平：郡名。寄治東平郡，故二郡太守皆由孝祖擔任。東平：郡名。治所在今山東東平縣西北。

[19]濟南：郡名。治所在今山東濟南市歷城區。　南郡：治所在今湖北荆州市荆州區。

　　前廢帝景和元年，[1]以本號督兗州諸軍事、兗州刺史。[2]太宗初即位，[3]四方反叛，孝祖外甥司徒參軍潁川葛僧韶建議銜命徵孝祖入朝。[4]上遣之。時徐州刺史薛安都遣薛索兒等屯據津逕，[5]僧韶間行得至，説孝祖曰："景和凶狂，[6]開闢未有。朝野危極，假命漏刻。[7]主上聖德天挺，神武在躬，曾不浹辰，[8]夷凶翦暴，更造天地，未足爲言。國亂朝危，宜立長主，公卿百辟，[9]人無異議，泰平之隆，非旦則夕。而群小相煽，構造無端，貪利幼弱，[10]競懷希望。使天道助逆，群凶事申，[11]則主幼時艱，權柄不一，兵難互起，豈有自容之地。舅少有立功之志，長以氣節成名，若便能控濟、河義勇，[12]還奉朝廷，非唯匡主静亂，乃可以垂名竹帛。"孝祖具問朝廷消息，僧韶隨方酬譬，并陳兵甲精強，主上欲委以前驅之任。孝祖即日棄妻子，率文武二千人隨僧韶還都。

　　[1]前廢帝：即劉子業。孝武帝子，立一年，爲明帝所廢殺。景和：宋前廢帝劉子業年號（465）。

　　[2]本號：即寧朔將軍。　督諸軍事：官名。當時將軍出鎮，統率軍事，有都督諸軍事、督諸軍事、監諸軍事三種名號，地位以都督爲最高，督軍爲最次，皆有所統方面軍事指揮權。　兗州：治所在今山東兗州市。

　　[3]太宗：宋明帝劉彧廟號。

　　[4]司徒參軍：官名。司徒屬曹長吏之一。司徒，官名。三公之一。不常置，但司徒府常設。掌處理日常行政事務，管理戶口名籍，考核地方官吏等。一品。　潁川：郡名。治所在今河南許昌

東。　葛僧韶：人名。據中華本考證，《元龜》卷三七一同，《南史》作“荀僧韶”。按：荀氏潁川大族，疑《南史》作“荀”是。

[5]薛安都：人名。河東汾陰（今山西萬榮縣）人。本書卷八八有傳。

[6]景和：年號。代指前廢帝。

[7]假命：權且存命。　漏刻：古時計時器。喻時間短暫，頃刻。

[8]曾不浹辰：不曾用一個浹辰。浹辰，十二日。《左傳》成公九年：“浹辰之間，而楚克其三都。”疏：“浹爲周匝也。從甲至癸爲十日，從子至亥爲十二辰。”

[9]百辟：諸侯。

[10]貪利幼弱：指明帝廢殺前廢帝後，衆臣推晉安王子勛爲帝，子勛時年僅十一。

[11]群凶：指推舉晉安王子勛的衆臣。　事申：事情得逞。

[12]濟、河義勇：北方戰士。濟，濟水。河，黃河。殿本、局本、毛本等並脫“河”字，中華本據《南史》補，爲是。

　　時普天同逆，朝廷唯保丹陽一郡，[1]而永世縣尋又反叛，[2]義興賊垂至延陵，[3]內外憂危，咸欲奔散。孝祖忽至，衆力不少，[4]並傖楚壯士，[5]人情於是大安。進孝祖號冠軍，[6]假節、督前鋒諸軍事，[7]遣向虎檻，[8]拒對南賊。御仗先有諸葛亮筩袖鎧帽，[9]二十五石弩射之不能入，上悉以賜孝祖。

[1]丹陽：郡名。京師所在郡。治所在今江蘇南京市。

[2]永世：縣名。丹陽郡屬縣。治所在今江蘇溧陽市南。

[3]義興賊：指義興太守劉延熙響應晉安王子勛，率軍攻建康事。義興，治所在今江蘇宜興市。　延陵：縣名。治所在今江蘇丹

陽市。

[4]衆力不少：壯大力量。

[5]傖楚：吳人對楚人之鄙稱。傖，粗野。

[6]冠軍：官名。即冠軍將軍。諸名號將軍之一。

[7]假節：官名。將軍出鎮，皇帝授權大小以使持節、持節、假節來區分。使持節權力最大，假節權力最小，唯軍事行動可以不用奏報而殺犯軍令者。

[8]虎檻：地名。在今安徽繁昌縣東北長江中。

[9]箭袖：用竹所作，用以保護胳臂的桶袖。 鎧帽：頭盔。丁福林《校議》云：《南史》卷三九《殷孝祖傳》作“筒袖鎧鐵帽”，《建康實錄》卷一四作“箭袖鎧鐵帽”。

孝祖負其誠節，凌轢諸將，[1]臺軍有父子兄弟在南者，[2]孝祖並欲推治，由是人情乖離，莫樂爲用。進使持節、都督兗州青冀幽四州諸軍事、撫軍將軍，[3]刺史如故。時賊據赭圻，[4]孝祖將進攻之，與大統王玄謨別，[5]悲不自勝，衆並駭怪。泰始二年三月三日，與賊合戰，常以鼓蓋自隨，[6]軍中人相謂曰：“殷統軍可謂死將矣。[7]今與賊交鋒，而以羽儀自標顯，若善射者十手攢射，[8]欲不斃，得乎？”是日，於陣爲矢所中，死，時年五十二。追贈散騎常侍、征北將軍，[9]持節、都督如故。封秭歸縣侯，[10]食邑千户。四年，追改封建安縣，[11]謚曰忠侯。[12]孝祖子悉爲薛安都所殺，以從兄子慧達繼封。齊受禪，國除。

[1]凌轢：欺凌。

[2]臺軍：朝廷的軍隊。東晉南朝間謂朝廷、禁省爲臺。

[3]使持節：官名。爲出鎮州都督權力最高者，可總統方鎮一切，殺二千石以下官吏，不用奏報。　　兗州青冀幽四州：丁福林《校議》云："非沈約史法，'兗'後之'州'字恐衍。"

[4]赭圻：城名。在今安徽繁昌縣西北長江南岸。

[5]大統：官名。軍事總指揮，疑爲宋明帝初置。　　王玄謨：人名。字彥德，太原祁（今山西祁縣）人。本書卷七六有傳。

[6]鼓蓋：儀仗。軍鼓儀仗。

[7]統軍：孝祖時任都督諸軍事，有統帥之任。　　死將：局本、監本等俱脫"將"字，中華本據《南史》等補，爲是。

[8]十手：諸本並作"十士"，中華本據《南史》等改，爲是。

[9]散騎常侍：官名。散騎省長官，掌侍從天子、顧問應對，職如侍中，時職任輕於侍中。三品。　　征北將軍：官名。四征將軍之一，地位較高，一般授予出鎮的重臣。三品。

[10]秭歸：縣名。治所在今湖北秭歸縣。　　縣侯：侯爵名。三品。

[11]建安：縣名。治所在今福建建甌市。

[12]忠：按《謚法》："危身奉上曰忠。"

　　劉勔字伯猷，彭城人也。[1]祖懷義，始興太守。[2]父穎之，汝南、新蔡二郡太守，[3]征林邑，[4]遇疾卒。

[1]彭城：郡名。治所在今江蘇徐州市。

[2]懷義：人名。即劉懷義。《晉書》無傳，本書僅此一見，其事不詳。　　始興：郡名。治所在今廣東韶關市曲江區。

[3]穎之：人名。即劉穎之。《晉書》無傳，本書僅此一見，其事不詳。　　汝南、新蔡二郡太守：時新蔡帖治（兼治）汝南，故太守治二郡。汝南，郡名。治所在今河南汝南縣。新蔡，郡名。治所在今河南固始縣。

[4]林邑：地區名。今屬越南。

　　勔少有志節，兼好文義。家貧，爲廣州增城令，[1]廣州刺史劉道錫引爲揚烈府主簿。[2]元嘉二十七年，索虜南侵，道錫遣勔奉使詣京都，太祖引見之，酬對稱旨。除寧遠將軍、綏遠太守。[3]元嘉末，蕭簡據廣州爲亂，[4]勔起義討之，燒其南門。廣州刺史宗愨又命爲軍府主簿，以功封大亭侯。[5]除員外散騎侍郎。孝建初，[6]荊、江反叛，[7]宗愨以勔行寧朔將軍、湘東內史，領軍出安陸。[8]會事平，以本號爲晉康太守，[9]又徙鬱林太守。[10]大明初還都，徐州刺史劉道隆請爲寧朔司馬。[11]竟陵王誕據廣陵爲逆，勔隨道隆受沈慶之節度，事平，封金城縣五等侯。[12]除西陽王子尚撫軍參軍，[13]入直閤。[14]先是，遣費沈伐陳檀，[15]不克，乃除勔龍驤將軍、西江督護、鬱林太守。[16]勔既至，率軍進討，隨宜翦定，大致名馬，并獻珊瑚連理樹。上甚悅。還除新安王子鸞撫軍中兵參軍，[17]遭母憂，不拜。前廢帝即位，起爲振威將軍、屯騎校尉，[18]入直閤。

　　[1]廣州：治所在今廣東廣州市。　　增城：治所在今廣東增城市。

　　[2]劉道錫：人名。彭城呂（今江蘇銅山縣）人。元嘉二十一年（444），獲授揚烈將軍、廣州刺史。本書卷六五有附傳。　　揚烈府主簿：官名。即揚烈將軍府主簿。主管將軍府文書簿籍。揚烈將軍爲諸名號將軍之一。四品。

　　[3]寧遠將軍：官名。諸雜號將軍之一。　　綏遠：郡名。治所

在今廣東廣寧縣南。按此當作"綏建"。本書《州郡志》廣州轄郡有綏建無綏遠。"遠"當爲"建"字之誤。

[4]蕭簡：人名。南蘭陵（今江蘇常州市武進區）人。元嘉末年爲前軍諮議參軍、南海太守。孝武帝即位，據廣州反抗，兵敗被殺。

[5]宗慤：人名。字元幹，南陽人。本書卷七六有傳。　軍府主簿：據本書卷六《孝武帝紀》，宗慤於元嘉三十年七月以右衛將軍爲廣州刺史，則勔當爲右衛將軍府主簿。　大亭侯：侯爵名。大亭，今址不詳。

[6]孝建：宋孝武帝劉駿年號（454—456）。

[7]荆、江反叛：時丞相、荆州刺史、南郡王劉義宣與車騎將軍、江州刺史臧質起兵反孝武帝。荆，荆州。江，江州。

[8]行寧朔將軍：權用寧朔將軍號。宗慤自擅，非天子所命，故曰行。　湘東內史：官名。湘東國行政長官，相當於郡太守。湘東，王國名。治所在今湖南衡陽市。　安陸：縣名。治所在今湖北安陸市。

[9]本號：寧朔將軍號。因功獲天子正式任命。　晉康：郡名。治所在今廣東德慶縣。

[10]徙：官制用語。轉任。　鬱林：郡名。治所在今廣西桂平市西南。

[11]劉道隆：人名。彭城人。本書卷四五有附傳。　寧朔司馬：官名。即寧朔將軍府司馬。寧朔將軍的軍事助手。

[12]金城：縣名。治所在今甘肅蘭州市。　五等侯：侯爵名。五等爵制的縣侯，亦可省稱曰縣侯。

[13]撫軍參軍：官名。即撫軍將軍府參軍。諸本脫"參軍"二字，中華本據《南史》補。

[14]入直閣：官制用語。入宮宿衛皇帝。閣，宮中辦公的地方。

[15]費沈：人名。大明四年（460）任朱提太守（今雲南昭通

市)，奉命配合廣州歸順俚帥陳檀伐廣州俚蠻，無功。殺檀而返，下獄死。　陳檀：人名。廣州俚人大帥，合浦（今廣西合浦縣）人。宋孝武帝時歸順朝廷，拜龍驤將軍、高興太守。被費沈所殺。

［16］西江督護：官名。廣州刺史屬下主護西江地區的軍事長官。西江，江名。珠江的主要河流之一。

［17］新安王：王爵名。王國在今浙江淳安縣。　子鸞：人名。即劉子鸞。字孝羽，孝武帝第八子。本書卷八〇有傳。

［18］振威將軍：官名。名號將軍之一。四品。　屯騎校尉：官名。不領營兵，隸中領軍，爲皇帝侍衛武官。四品。

　　太宗即位，加寧朔將軍，校尉如故。江州刺史晉安王子勛爲逆，[1]四方響應，勛以本官領建平王景素輔國司馬，[2]進據梁山。[3]會豫州刺史殷琰反叛，[4]徵勛還都，假輔國將軍，率衆討琰，甲仗三十人入六門，[5]復兼山陽王休祐驃騎司馬，[6]餘如故。破琰將劉順於宛唐，[7]杜叔寶於橫塘，[8]事在《琰傳》。除輔國將軍、山陽王休祐驃騎諮議參軍、梁郡太守、假節，[9]不拜。琰嬰城固守，自始春至于末冬，薛道標、龐孟虯並向壽陽，[10]勛內攻外禦，戰無不捷。善撫將帥，以寬厚爲衆所依。將軍王廣之求勛所自乘馬，[11]諸將帥並忿廣之叨冒，[12]勸勛以法裁之。勛歡笑，即時解馬與廣之。復除使持節、督廣交二州諸軍事、平越中郎將、廣州刺史，[13]將軍如故。不拜。及琰開門請降，勛約令三軍，不得妄動，城內士民，秋毫無所失，百姓感悦，咸曰來蘇。[14]百姓生爲立碑。改督益寧二州諸軍事、益州刺史，[15]持節、將軍如故。又不拜。還京都，拜太子左衛率，[16]封鄱陽縣侯，^[17]食邑千户。

[1]江州刺史晋安王子勛爲逆：宋明帝殺前廢帝即位，晋安王子勛在江州受衆將擁戴稱帝。江州，州名。治所在今湖北黄梅縣。晋安王，王爵名。王國在今福建福州市。子勛，人名。即劉子勛。字孝德，孝武帝第三子。本書卷八〇有傳。

[2]建平王：王爵名。王國在今重慶巫山縣。　景素：人名。即劉景素。文帝孫。本書卷七二有附傳。　輔國司馬：官名。即輔國將軍府司馬。輔國將軍的軍事助手。輔國將軍爲名號將軍之一。三品。

[3]梁山：山名。在今安徽和縣南長江西岸西梁山。

[4]豫州：南朝僑置。治所在今安徽壽縣。　殷琰：人名。陳郡長平人。宋時將領。本書卷八七有傳。

[5]甲仗三十人入六門：六門爲臺城之門。周一良《札記》："南朝史書屢見六門字樣，非建康城門，乃宮廷及中央官廨集中所在之臺城之門也。"然六門究竟是臺城環繞的六座城門，抑或是貫穿臺城的六道門，頗難理解。《通鑑》梁承聖元年追述湘東王與王僧辯語："六門之内，自極兵威。"胡三省注曰："臺城六門，大司馬門、萬春門、東華門、西華門、太陽門、承明門。"顯然爲環繞臺城之六座門，然甲仗三十人入六門，又爲貫穿之意。

[6]兼山陽王休祐驃騎司馬：山陽王休祐爲驃騎將軍，勔爲驃騎將軍府司馬。山陽王，王爵名。王國在今江蘇淮安市。休祐，人名。即劉休祐。文帝第十三子。本書卷七二有傳。驃騎司馬，官名。驃騎將軍的軍事助手。驃騎將軍爲地位最高的將軍，位次三公之下。二品。

[7]劉順：人名。時任琰之建武將軍府司馬。　宛唐：地名。即宛塘。一名死虎塘，在今安徽壽縣東南。

[8]杜叔寶：人名。時爲琰之軍府長史、梁郡太守。　橫塘：

地名。在今安徽壽縣東。

[9]驃騎諮議參軍：官名。即驃騎將軍府諮議參軍。掌顧問諫議，地位在諸曹參軍之上。　梁郡：治所在今安徽碭山縣。

[10]薛道標：人名。晋安王子勛所置輔國將軍。　龐孟虬：人名。子勛所置司州刺史。　壽陽：地名。時豫州刺史治所，殷琰駐守處。在今安徽壽縣。

[11]王廣之：人名。字林之，沛郡相（今安徽濉溪縣）人。《南齊書》卷二九有傳。

[12]叨冒：貪得。

[13]平越中郎將：官名。名號將軍。四品。諸本並脱“將”字，中華本據本書《百官志》補。

[14]來蘇：從疾若之中獲得再生。

[15]益：州名。治所在今四川成都市。

[16]太子左衞率：官名。太子的屬官，領兵負責太子宿衞，與太子右衞率對置。五品。

[17]鄱陽縣侯：侯爵名。侯國在今江西鄱陽縣。

　　琰初求救索虜，虜大衆屯據汝南。泰始三年，以勔爲征虜將軍、督西討前鋒諸軍事，假節、置佐，本官如故。[1]先是，常珍奇據汝南，[2]與琰爲逆，琰降，因據戍降虜，事在《琰傳》。至是引虜西河公、長社公攻圍輔國將軍、汝陰太守張景遠，[3]景遠與軍主楊文萇拒擊，[4]大破之。景遠尋病卒，太宗嘉其功，追贈冠軍將軍、豫州刺史，追封含洭縣男，[5]食邑三百户，以文萇代爲汝陰太守。除勔右衞將軍，[6]仍以爲使持節、都督豫司二州諸軍事、征虜將軍、豫州刺史，[7]餘如故。四年，除侍中，[8]領射聲校尉，[9]又不受。進號右將軍。[10]其年，

虜遣汝陽司馬趙懷仁步騎五百，[11]寇武津縣，[12]勔遣龍
驤將軍曲元德輕兵進討，[13]虜衆驚散。虜子都公闍于拔
又率三百人防運車□□千兩，[14]於汝陽臺東水上結
營。[15]元德單騎直入，斬拔首，因進攻汝陽臺，即陷外
壘，獲車一千三百乘，斬首一百五十級。勔又使司徒參
軍孫曇瓛督弋陽以西，[16]會虜寇義陽，曇瓛大破之。虜
上其北豫州租，[17]有車二千兩，勔招荒人，邀擊於許
昌，[18]虜衆奔散，焚燒米穀。

[1]泰始：宋明帝劉彧年號（465—471）。　征虜將軍：官名。
名號將軍。三品。

[2]常珍奇：人名。晋安王子勛所置汝南、新蔡二郡太守，後
降魏。

[3]虜西河公：封爵名。北魏將領元石。　長社公：封爵名。
北魏將領，史失其姓名。　汝陰：郡名。治所在今安徽阜陽市。
張景遠：人名。其事迹皆見本卷。

[4]楊文萇：人名。宋時將領，後官汝陰太守。

[5]含洭縣男：男爵名。封邑在今廣東英德市。

[6]右衛將軍：官名。禁衛軍將領之一，屬中領軍。四品。

[7]豫州刺史：官名。丁福林《校議》據本書卷八《明帝紀》
及本卷下文考證，劉勔時任行豫州刺史，此於“豫州”前佚
“行”字。

[8]侍中：官名。門下省長官，侍從皇帝，備參謀顧問，地位
重要。置四員，亦作爲加官授予重臣。三品。

[9]射聲校尉：官名。禁衛武職，不領營兵，隸中領軍（領
軍）。四品。

[10]右將軍：官名。軍府名號，用作加官。三品。

[11]汝陽司馬：官名。汝陽郡屬官，管軍事。

[12]武津：縣名。治所在今河南上蔡縣東。

[13]曲元德：人名。《通鑑》宋泰始四年作"申元德"。

[14]子都公：《通鑑》宋泰始四年作"于都公"。 □□：二字空白，無考。 千兩：千輛。兩，同"輛"。

[15]汝陽臺：臺名。《魏書·地形志上》曰汝陽縣"有章華臺"。《通鑑》宋泰始四年，胡三省注曰："此書汝陽臺者，蓋以別南郡之章華臺也。"

[16]司徒參軍：官名。司徒府屬佐之一，主一曹事。 孫曇瓘：人名。本書卷八三有附傳。各本並作"孫臺瓘"。《通鑑》胡三省注云："臺瓘當作曇瓘。"中華本據改。 弋陽：郡名。治所在今河南潢川縣西。

[17]北豫州：北魏置，《魏書·地形志中》曰"治虎牢"，則治所在今河南滎陽市。

[18]許昌：縣名。治所在今河南許昌市。

淮西人賈元友上書太宗，[1]勸北攻懸瓠，[2]可收陳郡、南頓、汝南、新蔡四郡之地。[3]上以其所陳示勔，使具條答。勔對曰：

[1]淮西：地名。時俗稱今皖北、豫東淮河以北一帶爲淮西。 人：當作"民"。唐避李世民諱改。 賈元友：人名。僅見本卷，其事不詳。

[2]懸瓠：地名。一作"懸壺"。在今河南汝南縣。兵家必爭之戰略要地。

[3]南頓：郡名。治所在今河南項城市。

元友稱："虜主幼弱，姦僞競起，內外規亂，天亡有期。"臣以爲獫醜侵縱,[1]蹈藉王境,[2]盤據州郡,百姓殘亡。去冬衆軍失耕,今春連城圍逼,國家復境之略,實有不遑,[3]滅虜未及。元友又云:"有七千餘家,穀米豐積,可供二萬人數年資儲。"臣又以爲二萬人歲食米四十八萬斛,五年合須米二百四十萬斛,既理不容有,恐事難稱言。元友又云:"虜於懸瓠開驛保,[4]虜已先據,若不足恃,此不須缺。"[5]俱是攻城,便應先圖懸瓠,何更越先取郾,[6]以受腹背之災。且七千餘家豐積,而虜猶當遠運爲糧,是威不制民,民非異計。元友又云:"虜欲水陸運糧,以救軍命,可襲之機,在於今日。"臣又以爲開立驛道,據守堅城,觀其形候,不似蹙弱。[7]可乘之機,恐爲難驗。元友又云:"四郡民人,遭虜二十七年之毒,皆欲雪讎報恥,伏待朝威。"臣又以爲垣式寶等受國重恩,[8]今猶驅略車營,翻還就賊,蓋是戀本之情深,非報怨之宜,何可輕試。元友又云:"請救荆、雍兩州,[9]遣二千精兵,從義陽依西山北下,[10]直據郾城。"臣又以爲郾城是賊驛路要戍,且經蠻接嶮,數百里中,裹糧潛進,方出平地,攻賊堅城,自古名將,未有能以此濟者。假其剋捷,不知足南抗懸瓠、北捍長社與不?[11]且賊擁據數城,水陸通便,而今使官以二千斷其資運,於事爲難。元友又云:"虜圍逼汝陰,遊魂二歲,爲張景遠所挫,不敢渡淮。"臣又以爲景遠兵力寡弱,不能自固,遠遣救援,方得少剋。

今定是爲賊所畏不？景遠前所摧傷，裁至數百虜。步騎四萬，猶不敢前，而今必勸國家以輕兵遠討，指掌可克，言理相背，莫復過此。元友又云：“龍山雉水，[12]魯奴、王景直等並受朝爵，[13]馬步萬餘。進討之宜，唯須敕命。”臣以爲魯奴與虜交關，彌歷年世，去歲送誠朝廷，誓欲立功。自蒙榮爵，便即逃遁，殊類姦猾，豈易闇期。兼王景直是一亡命，部曲不過數十人，既不可言，又未足恃。萬餘之言，似不近實。元友又云：“四郡恨忿此非類，車營連結，廢田二載，生業已盡，賊無所資，糧儲已罄。斷其運道，最是要略。”臣又以斷運須兵，兵應資食，而當此過懸瓟二百里中，使兵食兼足，何處求辦。

[1]獯醜：對北魏鮮卑族的蔑稱。獯，一作“獯鬻”，舊指匈奴。

[2]蹈：中華本校勘記云：“各本並作‘乘’，據《通鑑》宋泰始四年改。”爲是。

[3]不遑：不暇，無機會。《玉篇·辵部》：“遑，暇也。”

[4]驛保：驛站。“保”借爲“堡”。

[5]缺：元友之書爲劉勔所裁，此句不通有誤，亦當有錯簡，下書劉勔駁元友攻郾文字，當在元友言攻郾文字之後。

[6]郾：縣名。治所在今河南漯河市郾城區。

[7]形候：形情。候，徵候，情形。 蹙（cù）弱：困弱。蹙，困窘。

[8]垣式寶：人名。前汝南、新蔡二郡太守常珍奇部將，反復降於北魏與宋之間。

[9]荆：州名。治所在今湖北荆州市荆州區。南朝兵力最强之州。　雍：州名。南朝僑置。治所在今湖北襄陽市襄城區。

[10]義陽：郡名。治所在今河南信陽市。

[11]長社：縣名。治所在今河南長葛市。

[12]龍山雉水：在今河南魯山縣境。

[13]魯奴、王景直：人名。僅見本卷，其事不詳。

　　臣竊尋元嘉以來，傖荒遠人，[1]多干國議，負儋歸闕，皆勸討虜。魯爽誕説，[2]實挫國威，徒失兵力，虛費金寶。凡此之徒，每規近説，從來信納，皆詒後悔。界上之人，唯視强弱，王師至境，必壺漿候塗，裁見退軍，便抄截蜂起。首領回師，何嘗不爲河畔所弊。

太宗納之，元友議遂寢。

[1]傖荒遠人：鄙野粗俗的人。

[2]魯爽：人名。小名女生，扶風郿（今陝西眉縣）人。本爲北魏所置荆州刺史，元嘉二十八年降宋，二十九年宋聽魯爽之議興師北伐，受挫。本書卷七四有傳。

　　勔與常珍奇書，勸令反虜，珍奇乃與子超越、羽林監垣式寶，於譙殺虜子都公費拔等凡三千餘人。[1]勔馳驛以聞，太宗大喜，以珍奇爲使持節、都督司北豫二州諸軍事、平北將軍、司州刺史，[2]汝南新蔡縣侯，[3]食邑千户；超越輔國將軍，北豫州刺史，潁川汝陽□□三郡太守，[4]安陽縣男；[5]式寶輔國將軍、陳南頓二郡太守，真陽縣男，[6]食邑三百户。珍奇爲虜所攻，引軍南出，虜追擊破之，珍奇走依山，得至壽陽，超越、式寶爲人所殺。

[1]譙：縣名。治所在今安徽亳州市譙城區。

[2]平北將軍：官名。宋時四平將軍之一，多授出鎮將軍以爲名號。三品。　司州：宋僑置。治所在今河南汝南縣。

[3]汝南新蔡縣侯：孫彪《考論》云：“汝南下當有‘太守’二字。”丁福林《校議》云：“此云‘汝南新蔡縣侯’，固誤，而孫氏説亦未審，校失考……《殷琰傳》載泰始二年十一月，‘太宗即以珍奇爲司州刺史，領汝南新蔡二郡太守’，即珍奇時並非單領汝南太守，乃領汝南新蔡二郡太守也。可見此乃於‘新蔡’後佚‘太守’二字……然‘縣侯’前又別有佚文，蓋珍奇時當被封爲縣侯，而所封何縣，則不可知矣。”

[4]潁川：郡名。治所在今河南許昌市。　汝陽：郡名。治所在今河南商水縣。　□□：丁福林據本卷上下文考證：“其以珍奇爲汝南新蔡二郡，已見上文；以垣式寶爲陳南頓二郡，又見下文；是七郡已去其四，所餘三郡當爲汝陽汝陰潁川，而潁川汝陽已見，則所佚一郡乃汝陰也，應據之以補。”

[5]安陽縣男：男爵名。封邑在今河南正陽縣西南。

[6]真陽：縣名。治所在今河南正陽縣北。

五年，汝陰太守楊文萇又頻破虜於荆亭及戍西。[1]詔進勔號平西將軍、豫州刺史，[2]餘如故，不拜。其年，徵拜散騎常侍、中領軍。[3]勔以世路糾紛，有懷止足，求東陽郡。[4]上以勔啓徧示朝臣，自尚書僕射袁粲以下，[5]莫不稱贊，咸爲宜許。上曰：“巴陵、建平二王，[6]並有獨往之志。若世道寧晏，皆當申其所請。”勔經始鍾嶺之南，[7] 以爲棲息，聚石蓄水，彷彿丘中，朝士愛素者，多往游之。六年，改常侍爲侍中。其年，南兗州刺史齊王出鎮淮陰，[8] 以勔爲使持節、都督南徐兗青冀□五州諸軍事、平北將軍，[9] 侍中、中領軍如故，出鎮廣陵。[10] 固辭侍中、軍號，許之，以爲假平北將軍。[11] 七年，解都督、假號、并節。太宗臨崩，顧命以爲守尚書右僕射，[12] 中領軍如故，給鼓吹一部。[13] 廢帝即位，[14] 加兵五百人。

[1] 荆亭：亭名。在今安徽懷遠縣境内。

[2] 平西將軍：官名。諸名號將軍之一。三品。

[3] 中領軍：官名。禁衛軍統帥，資深者稱領軍將軍，統領六軍，即左右衛將軍，前、後、左、右將軍。三品。

[4] 東陽：郡名。治所在今浙江金華市。

[5] 尚書僕射：官名。尚書省次官，尚書令的助手。單設時稱爲僕射，雙設時則分左、右僕射，亦爲相職。三品。　袁粲：人名。本名愍孫，明帝時改名粲，字奉倩。陳郡陽夏（今河南太康縣）人。本書卷八九有傳。

[6] 巴陵：王國名。代指巴陵王劉休若。文帝第十九子。本書卷七二有傳。　建平：指建平王劉景素。

[7] 鍾嶺：山名。一名鍾山。即今江蘇南京市紫金山。

[8] 南兗州：東晉置。治所在今江蘇揚州市。　齊王：即蕭道成。　淮陰：縣名。治所在今江蘇淮安市淮陰區。

[9] 以勔爲使持節、都督南徐兗青冀□五州諸軍事、平北將軍：中華本曰："按五州數之祇四州，少一州。疑闕'徐州'，當補於'南徐'之下。"按：所補之字，當爲"兗"。應補於"南"之下，爲"南兗"。勔所督五州應爲南兗、徐、兗、青、冀五州。以上文

義可知，勔督五州爲代蕭道成之職。據《南齊書》卷一《高帝紀》，泰始三年，道成遷督南兗、徐二州諸軍事、南兗州刺史。五年進督兗、青、冀三州，則合并有上述五州。另據本書卷八《明帝紀》，泰始六年督南徐州者爲晉平王休祐。

[10]出鎮廣陵：南兗州刺史本治今揚州市廣陵區。

[11]假平北將軍：代理平北將軍。假，代理。

[12]以爲守尚書右僕射：各本脱"爲"字。中華本據《南史》補。守尚書右僕射，暫攝尚書右僕射。

[13]鼓吹：鼓吹樂隊。高級儀仗，多作爲榮譽、地位的象徵賜給大臣。

[14]廢帝：即後廢帝劉昱。本書卷九有紀。

元徽初，[1]月犯右執法，[2]太白犯上將，[3]或勸勔解職。勔曰："吾執心行己，[4]無愧幽明。若才輕任重，災眚必及，天道密微，避豈得免。"桂陽王休範爲亂，[5]奄至京邑，加勔使持節、領軍，[6]置佐史，鎮扞石頭。[7]既而賊衆屯朱雀航南，[8]右軍王道隆率宿衛向朱雀，[9]聞賊已至，急信召勔。勔至，命閉航，[10]道隆不聽，催勔渡航進戰。率所領於航南戰敗，臨陳死之，時年五十七。事平，詔曰："夫義實天經，忠惟人則，篆素流采，金石宣輝，自非識洞情靈，理感生極，豈有捐軀衛主、舍命匡朝者哉。[11]故持節、鎮軍將軍、守尚書右僕射、中領軍、鄱陽縣開國侯勔，[12]思懷亮粹，體業淹明，弘勳樹績，譽洽華野。綢繆顧託，契闊屯夷，方倚謀猷，翌康帝道。逆蕃扇禍，逼擾京甸，援枹誓旅，奉律行師，身與事滅，名隨操遠。朕用傷悼，震慟于厥心。昔王允秉誠，[13]卞壼峻節，[14]均風往德，歸茂先軌。泉途就永，冤逝無追，思崇徽策，式光惇史。可贈散騎常侍、司空，[15]本官、侯如故，謚曰忠昭公。"

[1]元徽：宋後廢帝劉昱年號（473—477）。

[2]月犯右執法：月亮衝撞右執法，則預示所當的將領要受天子的責罰。《史記·天官書》："月五星順入軌道。司其出。所守，天子所誅也。其逆入，若不軌道，以所犯命之。"勔時任中領軍，星官以其當右執法。月，月亮。右執法，將星。

[3]太白犯上將：星象學家認爲太白衝撞上將星，則預示所當之將不利。太白，金星。上將，星名。

[4]執：堅持不動搖。 行己：立身行事。《論語·公冶長》："子謂子産有君子之道四焉，其行己也恭，其事上也敬，其養民也惠，其使民也義。"

[5]桂陽王休範爲亂：元徽二年（474）五月，休範起兵攻京師。桂陽王，王爵名。王國在今湖南郴州市。休範，人名。即劉休範。文帝第十八子。本書卷七九有傳。

[6]領軍：官名。領軍將軍的省稱。與中領軍通職，資深者爲領軍，輕者爲中領軍。丁福林《校議》云："'領軍'，《南史·劉勔傳》作'鎮軍將軍'。"

[7]石頭：即石頭城。在今江蘇南京市西清涼山。本楚金陵邑，其城負山面江，控扼江險，爲當時京師的重要門户。

[8]朱雀航：即朱雀橋。一名朱雀桁，在秦淮河上（今江蘇南京市南）。

[9]右軍：官名。右軍將軍的省稱。爲禁衛軍主要將領之一，隸於領軍（中領軍）。 王道隆：人名。後廢帝時幸臣，曾兼中書舍人，權傾一時。本書卷九四有傳。

[10]命閉航：丁福林《校議》云："《南齊書·高帝紀上》云是時'劉勔欲開航，王道隆不從'，與此適相反。蓋謂勔欲依常例

撤航以斷叛軍之路，而道隆不聽耳。《通鑑》卷一三三云：'勔至，命撤桁以折南軍之勢，道隆怒曰："賊至，但當急擊，寧可開桁自弱邪！"'則《南齊書》作'開桁'是也。此'閉'乃'開'之形訛。"

[11]軀：各本並作"驅"，中華本引龔道耕《蛛隱廬日箋》云："驅當作軀。"據改。

[12]故持節：丁福林《校議》云："上文及《南史·劉勔傳》皆云劉勔戰歿前爲使持節，此於'持節'前佚'使'一字。" 鎮軍將軍：官名。與撫軍、中軍合稱三將軍，位比四鎮將軍。本爲中央軍職，亦授出鎮大臣。三品。

[13]王允：人名。東漢大臣，官至司徒。設計用呂布殺董卓，後爲董舊部將李傕所殺。《後漢書》卷六六有傳。

[14]卞壼：人名。東晉大臣。官至尚書令，曾不畏權臣，當面斥責丞相王導。《晉書》卷七〇有傳。

[15]司空：官名。三公之一，無具體職任，多作榮譽宰相授予大臣。一品。

　　子悛嗣，順帝昇明末，[1]爲廣州刺史。齊受禪，國除。

[1]昇明：宋順帝劉準年號（477—479）。

　　勔弟勍，泰始中，爲寧朔將軍、交州刺史，[1]於道遇病卒。先有都鄉侯爵，[2]謚曰質侯。

[1]交州：治所在今越南北寧省仙遊縣東。
[2]都鄉侯：即鄉侯。都鄉，縣治所在鄉爲都鄉。

史臣曰：吳漢平蜀，[1]城内流血霑踝，[2]而其後無聞於漢。陸抗定西陵，步氏禍及嬰孩，而機、雲爲戮上國。[3]劉勴克壽春，士民無遺芻委粒之嘆，莫不扶老攜幼，歌唱而出重圍，美矣。

[1]吳漢：人名。東漢初年光武帝時將領，率兵伐蜀公孫述，殺戮過多。《後漢書》卷一八有傳。

[2]霑：同“沾”。 踝：脚腕。

[3]陸抗：人名。三國時吳國將領。《三國志》卷五八有附傳。步氏：步闡。本吳將，守西陵。後叛吳降晋，爲陸抗所攻殺。裴松之注曰：“初，抗之克步闡也，誅及嬰孩，識道者尤之曰：‘後世必受其殃。’” 機、雲爲戮上國：機、雲皆爲陸抗之子。吳亡之後歸晋，八王之亂中被殺。機，人名。即陸機。《晋書》卷五四有傳。雲，人名。即陸雲。上國，指晋。

宋書　卷八七

列傳第四十七

蕭惠開　殷琰

蕭惠開，南蘭陵人，[1]征西將軍思話子也。[2]初名慧開，後改慧爲惠。

[1]南蘭陵：郡名。治所在今江蘇常州市武進區。
[2]征西將軍：官名。宋時四征將軍之一，是出鎮地方名號最高的將軍。三品。　　思話：人名。即蕭思話。宋室外戚，高祖繼母蕭文壽之侄。本書卷七八有傳。

少有風氣，涉獵文史，家雖貴戚，而居服簡素。初爲秘書郎，[1]著作並名家年少，[2]惠開意趣與人多不同，比肩或三年不共語。[3]外祖光禄大夫沛郡劉成戒之曰：[4]“汝恩戚家子，當應將迎時俗，緝外内之歡。如汝自業，[5]將無小傷多異，以取天下之疾患邪？”惠開曰：“人間宜相緝和，甚如慈旨。但不幸耿介，[6]耻見作凡人，畫龍未成，故遂至於多忤耳。"轉太子舍人。[7]與汝南周朗同官友善，[8]以偏奇相尚。轉尚書水部郎，[9]始興王濬征北府主簿，[10]南徐州治中從事史，[11]徙汝陰王友，[12]又爲南徐州別駕，[13]中書侍郎，[14]江夏王義恭大將軍大司馬從事中郎。[15]

[1]秘書郎：官名。隸秘書省，置四名。掌藝文圖籍，多爲貴族子弟起家官。六品。

[2]著作：官名。著作郎的省稱，又名大著作。掌著國史。六品。

[3]比肩：喻同僚，官位相同者。此指秘書著作郎。

[4]光禄大夫：官名。無職任，多作爲優待致仕老病有資大臣。三品。　沛郡：治所在今江蘇沛縣。　劉成：人名。劉敬文之父，曾任南琅邪太守。本書、《晋書》均無傳。

[5]自業：自大。

[6]耿介：守志不趨時。《楚辭》宋玉《九辯》："獨耿介而不隨兮。"王逸注曰："執節守度，不枉傾也。"

[7]太子舍人：官名。太子的屬官，隸太子詹事，掌文翰、書記，爲秘書性屬官。七品。

[8]周朗：人名。字義利，汝南安成（今河南汝南縣東南）人。本書卷八二有傳。　同官：時周朗亦任太子舍人，與惠開同官。

[9]水部：官署名。尚書郎曹之一，隸都官尚書，由水部郎主之。

[10]始興王：王爵名。王國在今廣東韶關市東南蓮花嶺下。濬：人名。即劉濬。字休明，文帝子。本書卷九九有傳。　征北府主簿：官名。即征北將軍府主簿。掌簿籍文書，爲征北將軍的重要屬吏。征北將軍爲四征將軍之一，出鎮地方名號最高的將軍。

[11]治中從事史：官名。州刺史的重要屬吏，掌衆曹文書事，處理州日常事務。

[12]汝陰王友：官名。宋制，王置師、友、文學，以輔佐、訓導諸王。六品。汝陰王，此指劉渾。字休淵，文帝第十子，後改封武昌王。本書卷七九有傳。

[13]南徐州別駕：官名。即別駕從事史。州刺史屬吏，掌管州吏任用及選舉事務。

[14]中書侍郎：官名。中書省屬官，初掌詔命起草，宋初置中書通事舍人後，其任漸輕。五品。

[15]義恭：人名。即劉義恭。武帝第五子。本書卷六一有傳。大將軍大司馬從事中郎：官名。諸公領兵者置，掌參謀職。六品。時義恭任大將軍、大司馬，二府置從事中郎。

孝建元年，[1]自太子中庶子轉黄門侍郎，[2]與侍中何偃争積射將軍徐沖之事。[3]偃任遇甚隆，惠開不爲之屈，偃怒，使門下推彈之。[4]惠開乃上表解職曰："陛下未照臣愚，故引參近侍。臣以職事非長，故委能何偃，凡諸當否，不敢參議。竊見積射將軍徐沖之爲偃命所黜，臣愚懷謂有可申，故聊設微異。偃恃恩使貴，[5]欲使人靡二情，便訶脅主者，手定文案，割落臣議，專載己辭。雖天照廣臨，竟未見察臣理，違顔咫尺，致兹壅濫，則臣之受劾，蓋何足悲。但不順侍中，臣有其咎，當而行之，不知何過。且議之不允，未有彈科，省心揆天，了知在宥。臣不能謝愆右職，[6]改意重臣，刺骨鑠金，將在朝夕，乞解所忝，保拙私庭。"時偃寵方隆，由此忤旨，别敕有司以屬疾多，免惠開官。思話素恭謹，操行與惠開不同，常以其峻異，每加嫌責。及見惠開自解表，自嘆曰：“兒子不幸與周朗周旋，理應如此。”[7]杖之二百。尋重除中庶子。

[1]孝建：宋孝武帝劉駿年號（454—456）。

[2]太子中庶子：官名。太子的屬官，掌侍從太子，職如侍中。五品。　黄門侍郎：官名。門下省次官，掌參謀顧問，與侍中職同。五品。

[3]與侍中何偃爭積射將軍徐沖之事：丁福林《校議》云：“‘爭積射將軍’，意頗難解，《南史·蕭思話傳蕭惠開附傳》作‘爭推積射將軍’，推，推問也，謂與何偃因推問積射將軍徐沖之而爭也。”“爭”後佚“推”字。侍中，官名。門下省長官，掌侍從顧問。亦作爲加官授予大臣。三品。何偃，人名。字仲弘，廬江灊（今安徽霍山縣）人。本書卷五九有傳。積射將軍，官名。領積射營，擔任皇帝宿衛。五品。徐沖之，人名。本書僅此一見，其事不詳。

[4]門下：此指何偃之屬吏。　推彈：推究彈劾。

[5]偃恃恩使貴：宋孝武帝愛女配偃子，故恃之。

[6]謝愆：認錯。　右職：官長。時偃爲門下省長官侍中，而惠開爲門下省次官黄門侍郎，故在偃下。

[7]兒子不幸與周朗周旋，理應如此：惠開之父思話責惠開語。時周朗以耿介、峻直有名。惠開與之交友，受其影響。周旋，往來親密。

丁父艱，居喪有孝性。家素事佛，凡爲父起四寺，南岸南岡下，[1]名曰禪岡寺；曲阿舊鄉宅，[2]名曰禪鄉寺；京口墓亭，[3]名曰禪亭寺；所封封陽縣，[4]名曰禪封寺。謂國僚曰：“封秩蓋鮮，而兄弟甚多，若使全關一人，則在我所讓。若使人人等分，又事可悲恥。寺衆既立，自宜悉供僧衆。"由此國秩不復下均。[5]服除，除司徒左長史。[6]大明二年，[7]出爲海陵王休茂北中郎長史、寧朔將軍、襄陽太守，[8]行雍州州府事。[9]善於爲政，威行禁止。襲封封陽縣侯。還爲新安王子鸞冠軍長史，行吳郡事。[10]惠開妹當適桂陽王休範，[11]女又當適世祖子，[12]發遣之資，應須二千萬。乃以爲豫章內史，[13]聽其肆意聚納，由是在郡著貪暴之聲。入爲尚書吏部郎，[14]不拜，徙御史中丞。[15]世祖與劉秀之詔曰："今以蕭惠開爲憲司，[16]冀當稱職。但一往服領，[17]已自殊有所震。"及在任，百僚畏憚之。八年，入爲侍中。詔曰："惠開前在憲司，奉法直繩，不阿權戚，朕甚嘉之。可更授御史中丞。"母憂去職。

[1]南岡：地名。在今江蘇南京市境內。

[2]曲阿：縣名。治所在今江蘇丹陽市。

[3]京口：縣名。治所在今江蘇鎮江市京口區。

[4]封陽：縣名。治所在今廣西賀州市東南。

[5]國秩：封國租稅應食部分。　不復下均：不再往下均分於兄弟。

[6]服除：服喪期滿。　司徒左長史：官名。南朝司徒不常置，而司徒府常置，左長史爲司徒府主要負責人之一，掌考課地方官員、選舉人才等事宜。五品。

[7]大明：宋孝武帝劉駿年號（457—464）。

[8]海陵王：王爵名。王國在今江蘇泰州市姜堰區北。　休茂：人名。即劉休茂。文帝第十四子。本書卷七九有傳。　北中郎長史：官名。即北中郎將長史。時休茂爲北中郎將。長史爲其主要屬吏，諸吏之首。北中郎將爲四中郎將之一，餘爲南、東、西中郎

將，以所在京師方位爲稱，多授出鎮京師之北的宗室。四品。　　寧朔將軍：官名。名號將軍之一。四品。　　襄陽：郡名。治所在今湖北襄陽市襄城區。

[9]行雍州州府事：官名。爲行雍州刺史、北中郎將府事的省稱。宋時諸幼王臨藩不能理事者，多由長史代理行使職權，簡稱爲"行事"。時休茂年十四，未能理政，故以惠開爲行州府事。

[10]新安王子鸞：即劉子鸞。孝武帝第八子。本書卷八〇有傳。　冠軍長史：官名。即冠軍將軍府長史。時子鸞爲冠軍將軍、吳郡太守。　行吳郡事：官名。行吳郡太守事的省稱。時子鸞年五歲，故以惠開爲行事。

[11]桂陽王：王爵名。王國在今湖南郴州市。　休範：人名。即劉休範。文帝第十八子。本書卷七九有傳。

[12]世祖：宋孝武帝劉駿廟號。

[13]豫章内史：官名。豫章國行政長官，相當於郡守。五品。豫章，治所在今江西南昌市。

[14]尚書吏部郎：官名。尚書省屬下有吏部，吏部尚書屬下有吏部曹郎，主吏部郎曹事。六品。

[15]徙：官制用語。升遷。　御史中丞：官名。御史臺長官，負責官吏監察事務。秩千石。四品。

[16]憲司：指御史臺。

[17]服領：官制用語。任職。《元龜》卷五一二、《南史》作"眼額"。服，服職。領，領職。一般用於高官兼任低職官位。

　　起爲持節、督青冀二州諸軍事、輔國將軍、青冀二州刺史，[1]不行。改督益寧二州刺史，[2]持節、將軍如故。惠開素有大志，[3]至蜀，欲廣樹經略，善於述事，對賓僚及士人說收牂柯、越巂以爲内地，[4]綏討蠻、濮，[5]闢地徵租。聞其言者，以爲大功可立。太宗即位,[6]進號冠軍將軍，又進平西將軍,[7]改督爲都督。晋安王子勛反,[8]惠開乃集將佐謂之曰：“湘東，太祖之昭；晋安，世祖之穆。[9]其於當璧,[10]並無不可。但景和雖昏,[11]本是世祖之嗣,[12]不任社稷，其次猶多。吾奉武、文之靈,[13]兼荷世祖之眷，今便當投袂萬里，推奉九江。”[14]乃遣巴郡太守費欣壽領二千人東下,[15]爲巴東人任叔兒起義所邀,[16]欣壽敗没，陝口道不復通。[17]更遣州治中程法度領三千人步出梁州,[18]又爲氐賊楊僧嗣所斷。[19]

　　[1]起：官制用語。起於家而仕於官。　持節：官名。節爲權力的表徵。魏晋以後，出鎮地方將軍的權力大小，以使持節、持節、假節來區分。使持節最高，假節最低。持節可殺無官位之人，軍事行動時則與使持節相同，可以殺二千石以下官員。　督諸軍事：官名。出鎮將軍名號，分爲都督諸軍事、督諸軍事、監諸軍事，地位以都督爲最高，監軍次之，督軍最下，其間權力大小還需以使持節、持節、假節來區分。　青冀二州：宋泰始中並僑置於鬱洲。治所在今江蘇連雲港市東雲臺山一帶。　輔國將軍：官名。將軍名號。三品。

　　[2]改督益寧二州刺史：疑有漏字。“督二州刺史”，當爲“督二州軍事”。本書卷七《前廢帝紀》，大明八年八月丁卯，王玄謨爲青冀二州刺史。已巳，以青冀二州刺史蕭惠開爲益州刺史。據此，當改爲“督益寧二州軍事、益州刺史”。

　　[3]大志：諸本作“大意”，中華本據《南史》改。

　　[4]牂（zāng）柯：郡名。西漢初置。治所在今貴州凱里市西北。　越巂（xī）：郡名。西漢初置。治所在今四川西昌市。時二郡已爲少數民族控制。

[5]蠻：中國古代少數民族的一支。一説爲今日黎族的族源（《中國大百科全書·民族卷》）。　濮：中國古代西南族群名。商周以來著於史籍，散居於雲、貴、川等地，與“百越”雜處。參與武王伐紂，與周共同滅商。雲南的大理、曲靖地區是古代濮人聚集較爲集中的地區。

[6]太宗：宋明帝劉彧廟號。

[7]平西將軍：官名。四平將軍之一，餘爲平東、平北、平南將軍，多授出鎮京師之西將軍以爲名號。三品。

[8]晋安王：王爵名。王國在今福建福州市。　子勛：人名。即劉子勛。字孝德，孝武帝第三子。本書卷八〇有傳。

[9]湘東，太祖之昭；晋安，世祖之穆：中華本標點作“湘東太祖之昭，晋安世祖之穆”，當改作從前。湘東，湘東王的省稱。劉彧稱帝前的封爵。彧初封淮陽王，元嘉二十九年（452）改封湘東王。太祖之昭，“太祖”爲文帝廟號，劉彧爲文帝第十一子，故曰太祖之昭。昭，昭穆制度下宗廟祭祀中的班輩區分。晋安，晋安王的省稱。世祖之穆，“世祖”爲孝武帝廟號，子勛爲孝武帝子，故曰世祖之穆。

[10]當璧：喻嗣爲帝。見《左傳》昭公十三年：楚共王欲立嗣，而有寵子五人，以璧告禱於神曰：“當璧而拜者，神所立也。”於是埋璧於宗廟之庭，使五人依長幼次序入拜。平王小，最後入而伏於璧而拜，得立爲嗣。

[11]景和：宋前廢帝劉子業年號（465）。代指前廢帝。

[12]本是世祖之嗣：前廢帝子業爲孝武帝長子，孝武帝即位立子業爲太子。

[13]武：宋武帝。　文：宋文帝。

[14]推奉九江：擁戴晋安王子勛。九江，《尚書·禹貢》：荆州“九江孔殷”。地當今湖北武穴市、黄梅縣一帶，時子勛任江州刺史，治所在黄梅縣。故以推奉九江，借喻擁戴子勛。

[15]乃遣巴郡太守費欣壽領二千人東下：丁福林《校議》云：

“‘二千人’，《通鑑》卷一三一作‘五千人’。又考本書《鄧琬傳》
云：‘蕭惠開遣費欣壽等五千人攻叔兒，叔兒又戰，大破之。’則此
‘二千’或‘五千’之訛。”巴郡，治所在今重慶市。費欣壽，人
名。本書僅此一見，其事不詳。

[16]任叔兒：人名。助明帝於白帝城有功，後不知所終。　所
邀：即伏擊、攔擊。

[17]陝口：即今重慶出入湖北的長江西陵峽口。陝，通
“峽”。峽口。

[18]程法度：人名。本書僅此一見，其事不詳。　梁州：治所
在今陝西漢中市。

[19]氐賊：對氐族的蔑稱。　楊僧嗣：人名。氐族首領，曾被
宋封爲武都王，對宋時叛時服。事見本書卷九八《氐胡傳》。

　　先是惠開爲治，多任刑誅，蜀土咸懷猜怨。及聞欣
壽没，法度又不得前，晋原一郡遂反，[1]於是諸郡悉應
之，並來圍城。城内東兵不過二千，[2]凡蜀人惠開疑之，
皆悉遣出。子勛尋平，蜀人並欲屠城，以望厚賞。惠開
每遣軍出戰，未嘗不捷，前後所摧破殺傷不可勝計。外
衆逾合，勝兵者十餘萬人。時天下已平，太宗以蜀土險
遠，赦其誅責，遣惠開弟惠基步道使蜀，[3]具宣朝旨。
惠基既至涪，[4]而蜀人志在屠城，不欲使王命遠達，遏
留惠基不聽進。惠基率部曲破其渠帥馬興懷等，[5]然後
得前。惠開奉旨歸順，城圍得解。

　　[1]晋原：郡名。東晋永和中以漢原郡改置。治所在江原縣
（今四川崇州市西北）。　一郡：諸本原作“一部”，中華本據《通
鑑》宋泰始二年改，爲是。

[2]東兵：惠開由京師帶入益州的軍隊。以其原籍位於益州之東，故曰東兵。

[3]惠基：人名。即蕭惠基。蕭惠開四弟，官至侍中，封武安侯。

[4]涪：縣名。治所在今四川綿陽市涪城區東。

[5]部曲：軍隊之稱。漢時軍隊編制有部、曲。《續漢書·百官志》：“其領軍皆有部曲。大將軍營五部，部校尉一人……部下有曲，曲有軍候一人。”魏晋以後，衍化爲私人武裝的代稱。　渠帥：首領。　馬興懷：人名。本書僅此一見，其事不詳。

　　時太宗遣惠開宗人寶首水路慰勞益州，[1]寶首欲以平蜀爲功，更獎説蜀人，於是處處蜂起，凡諸離散者，一時還合。渠帥趙燕、句文章等，[2]與寶首屯軍于上，去成都六十里，衆號二十萬人。惠開欲遣擊之，將佐咸曰：“攻破蜀賊，誠不爲難。但慰勞使至，未獲奉受，而遣兵相距，何以自明本心。”惠開曰：“今水陸四斷，表啓路絶，[3]寶首或相誣陷，謂我不奉朝旨。我之欲戰，本在通使，使若得通，則誠心達矣。”乃作啓事，[4]具陳事情，使腹心二人帶啓，戒之曰：“須賊破路開，便躍馬馳去。”遣宋寧太守蕭惠訓、別駕費欣業萬兵並進，[5]與戰，大破之，生禽寶首，囚於成都縣獄。所遣使至，上使執送寶首，除惠開晉平王休祐驃騎長史、南郡太守。[6]不拜。泰始四年，[7]還至京師。

[1]宗人：同宗之人。　寶首：人名。即蕭寶首。本書僅此一見，其事不詳。

[2]趙燕、句文章：皆人名。本書皆一見，餘事不詳。

[3]表啓：向皇帝上書言事的兩種文體。表可露布，啓則需密封。

[4]啓事：即啓。言密事之啓。

[5]宋寧：郡名。元嘉十年置，寄治成都，即今四川成都市。“永”當與“宋”形近而訛。諸本作“永寧”。中華本據《南史》改。按本書《州郡志》，益州無永寧郡，而有宋寧郡。

[6]驃騎長史：官名。即驃騎將軍府長史。驃騎將軍爲地位較高的將軍，僅授予重臣，位在三公之下，僅次於大將軍。二品。南郡：治所在今湖北荆州市荆州區。

[7]泰始：宋明帝劉彧年號（465—471）。

　　初，惠開府録事參軍到希微負蜀人債將百萬，[1]爲責主所制，未得俱還。惠開與希微共事不厚，[2]以爲隨其同上，不能攜接得還，意恥之，廐中凡有馬六十匹，悉以乞希微償責，其意趣不常皆如是。先劉瑀爲益州，[3]張悅代之，[4]瑀去任，凡所攜將佐有不樂反者，必逼制將還，語人曰：“隨我上，豈可爲張悅作西門客邪。”惠開自蜀還，資財二千餘萬，悉散施道路，[5]一無所留。

[1]録事參軍：官名。掌將軍録事曹，總録衆曹文簿，舉善彈惡，位在列曹參軍上。　　到希微：人名。當是輔國將軍府録事參軍。《南史》、《御覽》卷四七七引作“劉希微”。

[3]劉瑀：人名。字茂琳，東莞莒（今山東莒縣）人。宋初大臣劉穆之之孫。本書卷四二有附傳。　　爲益州：爲益州刺史。

[4]張悅：人名。曾歷侍中、州刺史等職。本書卷四六有附傳。

[5]道路：《南史》作“道俗”。

　　五年，又除桂陽王休範征北長史、南東海太守。[1]
其年，會稽太守蔡興宗之郡，[2]而惠開自京口請假還都，
相逢於曲阿。惠開先與興宗名位略同，又經情款，[3]自
以負釁摧屈，慮興宗不能詣己，戒勒部下："蔡會稽部
伍若借問，慎不得答。"惠開素嚴，自下莫敢違犯。興
宗見惠開舟力甚盛，不知爲誰，遣人歷舫訊。惠開有舫
十餘，事力二三百人，皆低頭直去，無一人答者。

　　[1]征北長史：官名。即征北將軍府長史。　　南東海：郡名。
治所在今江蘇鎮江市京口區。
　　[2]會稽：郡名。治所在今浙江紹興市。　　蔡興宗：人名。濟
陽考城（今河南民權縣）人，曾任尚書僕射。本書卷五七有附傳。
　　[3]情款：情誼誠摯融洽。

　　復爲晋平王休祐驃騎長史，太守如故。六年，除少
府，[1]加給事中。[2]惠開素剛，至是益不得志，寺内所住
齋前，有嚮種花草甚美，惠開悉剗除，列種白楊樹。每
謂人曰："人生不得行胸懷，雖壽百歲，猶爲夭也。"發
病歐血，吐如肝肺者甚多。除巴陵王休若征西長史、寧
朔將軍、南郡太守，[3]未拜。七年卒，時年四十九。子
叡嗣，齊受禪，國除。

　　惠開與諸弟並不睦。惠基使益州，遂不相見，與同
産弟惠明亦著嫌隙云。

　　[1]少府：官名。九卿之一，負責官營手工業。秩中二千石。
三品。
　　[2]給事中：官名。職侍從皇帝，顧問應對，與侍中職相似。

五品。

〔3〕巴陵王：王爵名。王國在今湖南岳陽市。　休若：人名。
即劉休若。文帝第十九子。本書卷七二有傳。　征西長史：官名。
即征西將軍府長史。

　　殷琰，陳郡長平人也。[1]父道鸞，衡陽王義季右軍
長史。[2]

　　〔1〕陳郡：治所在今河南淮陽縣。　長平：縣名。治所在今河
南西華縣北。
　　〔2〕衡陽王：王爵名。王國在今湖南株洲縣。　義季：人名。
即劉義季。小字師護，宋武帝少子。本書卷六一有傳。　右軍長
史：官名。即右軍將軍府長史。

　　琰少爲太祖所知，見遇與琅邪王景文相埒。[1]初爲
江夏王義恭征北行參軍，[2]始興王濬後軍主簿，[3]出爲鄱
陽、晉熙太守，[4]豫州治中從事史，廬陵内史。[5]臧質
反，[6]棄郡奔北皖。[7]琰性有計數，欲進退保全，故不還
都邑。事平，坐繫尚方，[8]頃之被宥。除海陵王國郎中
令，[9]不拜。臨海王子頊爲冠軍將軍、吳興太守，[10]以
琰爲録事參軍，行郡事。[11]復爲豫州别駕，太宰户曹
屬，[12]丹陽丞，[13]尚書左丞，[14]少府，尋陽王子房冠軍
司馬，[15]行南豫州，[16]隨府轉右軍司馬，[17]又徙巴陵王
休若左軍司馬。[18]

　　〔1〕琅邪：郡名。治所在今山東臨沂市。　王景文：人名。本
書卷八五有傳。

　　[2]征北行參軍：官名。即征北將軍府參軍。將軍府的重要僚屬，掌諸曹（辦事機關）事。七品。

　　[3]後軍主簿：官名。即後軍將軍府主簿。將軍府僚屬，掌文書簿籍。

　　[4]鄱陽：郡名。治所在今江西鄱陽縣。　晉熙：郡名。治所在今安徽潛山縣。

　　[5]豫州治中從事史：官名。豫州刺史的僚屬，主財穀簿書。廬陵：王國名。在今江西吉水縣東北。　內史：官名。掌治封國民政，職如郡太守。

　　[6]臧質：人名。字含文，東莞莒人。本書卷七四有傳。

　　[7]北皖：地名。在今安徽潛山縣境內。

　　[8]尚方：官署名。隸少府，掌役使工徒，製作軍械。

　　[9]海陵王國郎中令：官名。王國郎中令爲王國三卿之一，掌王國郎中及宿衛。六品。

　　[10]臨海王：王爵名。王國在今浙江臨海市。　子頊：人名。即劉子頊。字孝列，孝武帝第七子。本書卷八〇有傳。　吳興：郡名。治所在今浙江湖州市吳興區。

　　[11]錄事參軍：官名。此爲冠軍將軍府的錄事參軍，爲將軍府的重要僚屬，掌處理將軍府的日常事務。　行郡事：代理郡內政事。

　　[12]豫州別駕：官名。即豫州別駕從事史。　太宰戶曹屬：官名。太宰的屬僚，戶曹的次官。劉昭《續漢書·百官志》注引《漢書音義》：公府諸曹主吏“正曰掾，副曰屬”。

　　[13]丹陽丞：官名。丹陽尹的佐官。七品。

　　[14]尚書左丞：官名。尚書令的佐官，與尚書右丞對掌省內公務。六品。

　　[15]尋陽王：王爵名。王國在今江西九江市。　子房：人名。即劉子房。字孝良，孝武帝第六子。本書卷八〇有傳。　冠軍司馬：官名。冠軍將軍府的僚屬，掌參贊軍務，管理府內武職，位次

長史。品秩隨府主地位而定。

　　[16]南豫州：宋永初二年（421）置。治所在今安徽和縣。

　　[17]隨府轉右軍司馬：隨劉子房由冠軍將軍轉任右軍將軍而改任右軍將軍府司馬。

　　[18]左軍司馬：官名。職掌、品秩同右軍司馬。

　　前廢帝永光元年，[1]除黃門侍郎，出爲山陽王休祐右軍長史、南梁郡太守。[2]休祐入朝，琰仍行府州事。[3]太宗泰始元年，以休祐爲荊州，欲以吏部郎張岱爲豫州刺史。[4]會晋安王子勛反，即以琰督豫司二州南豫州之梁郡諸軍事、建武將軍、豫州刺史，[5]以西汝陰太守龐道隆爲琰長史，[6]殿中將軍劉順爲司馬。[7]順勸琰同子勛。琰家累在京邑，意欲奉順，而土人前右軍參軍杜叔寶、前陳南頓二郡太守皇甫道烈、道烈從弟前馬頭太守景度、前汝南潁川二郡太守龐天生、前睢陽令夏侯季子等，[8]並勸琰同逆。琰素無部曲，門義不過數人，[9]無以自立，受制於叔寶等。太宗遣冗從僕射柳倫領軍助，[10]驃騎大將軍山陽王休祐又遣中兵參軍鄭瑗説琰令還。[11]二人至，即與叔寶合。叔寶者，杜坦之子，[12]既土豪鄉望，内外諸軍事並專之。

　　[1]前廢帝：即劉子業。小字法師，孝武帝長子。本書卷七有紀。　　永光：宋前廢帝劉子業年號（465）。

　　[2]南梁郡：治所在今安徽壽縣。

　　[3]行府州事：簡稱行事。時出鎮宗王多身兼將軍、刺史，總統地方軍政。代理宗王統領地方軍政者（一般爲軍府長史），稱之爲行府州事。

〔4〕張岱：人名。字景山，吳郡吳人。張茂度子，官至吏部尚書。《南齊書》卷三二有傳。

〔5〕梁郡：治所在今安徽碭山縣。　建武將軍：官名。時爲五武將軍之一。四品。

〔6〕西汝陰：郡名。即汝陰郡。治所在今安徽阜陽市。　龐道隆：人名。本書僅此一見，其事不詳。

〔7〕殿中將軍：官名。宮殿侍衛武職。六品。

〔8〕土人：各本作"士人"，中華本據《南史》改。　杜叔寶：人名。其事迹主要在本卷。　南頓：郡名。治所在今河南項城市西南南頓鎮。　皇甫道烈：人名。其事盡在本卷。　馬頭：郡名。治所在今安徽懷遠縣馬城鎮。　景度：人名。即皇甫景度。本書僅此一見，其事不詳。　龐天生：人名。其事僅見本卷。　睢陽：縣名。治所在今安徽壽縣。　夏侯季子：人名。本書僅此一見，其事不詳。

〔9〕門義：門生義從。門生，指自己的學生。義從，指仰慕道義跟隨自己的人。

〔10〕太宗遣冗從僕射柳倫領軍助：中華本校勘記云："'助'下有脫文。孫虨《宋書考論》云：'助下疑脫琰字。'"冗從僕射，官名。領軍將軍的屬吏，職掌宮禁侍衛。五品。柳倫，人名。其事迹主要在本卷。

〔11〕中兵參軍：官名。驃騎大將軍的僚屬，掌中兵曹，兼參謀議。　鄭瑗：人名。壽陽强族，曾任盱眙太守，後在劉子勛之亂中被邢僧愍所殺。

〔12〕杜坦：人名。京兆杜陵人，杜驥之兄。本書卷六五有附傳。

弋陽太守卜天生據郡同逆，[1] 斷梁州獻馬得百餘匹。邊城令宿僧護起義斬天生，[2] 傳首京邑，太宗嘉之，以

爲龍驤將軍，[3]封建興縣侯，[4]食邑三百户。時綏戎將
軍、汝南新蔡二郡太守周矜起義於懸瓠，[5]收兵得千餘
人。袁顗遣信誘矜司馬汝南人常珍奇，[6]以金鈴爲信。
珍奇即日斬矜，送首詣顗，顗以珍奇爲汝南、新蔡二郡
太守。太宗追贈矜本官，以義陽内史龐孟虯爲司州刺
史，[7]領隨郡太守。孟虯不受命，起兵同子勛。子勛召
孟虯出尋陽，而以孟虯子定光行義陽郡事。[8]

[1]弋陽：郡名。治所在今河南潢川縣。　卜天生：人名。吴
興餘杭（今浙江杭州市餘杭區）人，卜天與之弟。本書卷九一有
附傳。

[2]邊城：縣名。治所在今河南商城縣。

[3]龍驤將軍：官名。三品。

[4]建興縣侯：侯爵名。三品。侯國在今湖南武岡市。

[5]綏戎將軍：官名。名號將軍之一。六品。　周矜：人名。
本書僅此一見，其事不詳。　懸瓠：地名。一名懸壺城。在今河南
汝南縣。時爲軍事形勝，兵家必争之地。

[6]袁顗：人名。字景章，陳郡陽夏（今河南太康縣）人。本
書卷八四有傳。　遣信：各本作“遺信”。張森楷《校勘記》云：
“遺信當作遣信，遣信猶言遣使也。”中華本據改。　常珍奇：人
名。汝南人，大明中任司州刺史，曾參加晋安王子勛反明帝戰争，
失敗後降魏。後殺魏子都公費拔歸宋，明帝賜官司州刺史。

[7]義陽：郡國名。治所在今河南信陽市。　龐孟虯：人名。
汝南人。孝武帝時歷官屯騎校尉、虎賁主、義陽内史，對魏戰争屢
立戰功，後參加晋安王子勛反明帝戰争，失敗後逃於蠻中。

[8]定光：人名。即龐定光。其事僅見本卷。

　　太宗知琰逼迫土人，事不獲已，猶欲羈縻之。以琰

兄前中書郎瑗爲司徒右長史，[1]子邈爲山陽王休祐驃騎參軍。子勛遣使以琰爲輔國將軍、梁郡太守，後又加豫州，假節督南豫數郡。杜叔寶求琰上佐，龐道隆慮其爲禍，乃請奉表使尋陽，琰即以叔寶爲長史、梁郡太守。休祐步入朝，家內猶分停壽陽，琰資給供贍，事盡豐厚。

[1]瑗：人名。即殷瑗。其事迹僅見本卷。　司徒右長史：官名。司徒的屬吏，與司徒左長史分掌司徒府事務。五品。

　　二年正月，太宗遣輔國將軍劉勔率寧朔將軍呂安國西討，[1]休祐出鎮歷陽，[2]爲諸軍總統。時徐州刺史薛安都亦據彭城反，[3]募能生禽琰、安都，封千戶縣侯，賜布絹各二千匹。二月，勔進軍小峴。[4]初，合肥戍主、南汝陰太守薛元寶委郡奔子勛，[5]前太守朱輔之據城歸順，琰遣攻輔之，輔之敗走。琰以前右軍參軍裴季爲南汝陰太守，[6]季又歸順，太宗即而授之。琰所用象縣令許道蓮亦率二百人歸降，[7]太宗以爲馬頭太守。三月，上又遣寧朔將軍劉懷珍、段僧愛、龍驤將軍姜産之馬步三軍助勔討琰。[8]義軍主黃回募江西楚人千餘，[9]斬子勛所置馬頭太守王廣元，[10]以回爲龍驤將軍。淮西人前奉朝請鄭墨率子弟部曲及淮右郡起義於陳郡城，[11]有眾一萬，太宗以爲司州刺史，後虜寇淮西，戰敗見殺，追贈冠軍將軍。

[1]劉勔：人名。字伯猷，彭城（今江蘇徐州市）人。本書卷

八六有傳。　呂安國：人名。廣陵廣陵（今江蘇揚州市廣陵區）人，宋、齊時將領。《南齊書》卷二九有傳。按：呂安國時爲建威將軍，非寧朔將軍。《南齊書·呂安國傳》曰："泰始二年，勸征殷琰於壽春，安國以建威將軍爲勸軍副。"

［2］歷陽：郡名。治所在今安徽和縣歷陽鎮。

［3］薛安都：人名。河東汾陰（今山西萬榮縣）人。本書卷八八有傳。

［4］小峴：即小峴戍。在今安徽壽縣東南。

［5］合肥：縣名。治所在今安徽合肥市。

［6］裴季：人名。《通鑑》宋泰始二年作"裴季之"。按：六朝人名後的"之"可省。

［7］象縣：本書《州郡志》無。疑爲殷琰所治豫州之下蒙縣，"象""蒙"形近，易以相訛。　許道蓮：人名。僅見本卷，其事不詳。

［8］劉懷珍：人名。字道玉，宋齊時將領，爵艾縣侯、中宿縣侯等。《南齊書》卷二七有傳。　段僧愛：人名。其事僅見本卷。姜産之：人名。明帝幸臣。本書卷九四有附傳。

［9］黃回：人名。出身軍户，以軍功累至將軍。本書卷八三有傳。　江西楚人：南遷江西的江淮人。江淮間舊爲楚地，故名之。

［10］王廣元：人名。本書僅此一見，其事不詳。

［11］鄭墨：人名。中華本校勘記云："'鄭墨'《通鑑》宋泰始二年作'鄭黑'。《考異》云：宋《殷琰傳》作鄭墨，今從宋本紀、《宋略》。"

是月，劉順、柳倫、皇甫道烈、龐天生等馬步八千人，東據宛唐，[1]去壽陽三百里。[2]勸率衆軍並進，去順數里立營。在道遇雨，旦始至，壘塹未立，順欲擊之。時琰所遣諸軍並受節度，而以皇甫道烈土豪，柳倫臺之所遣，[3]順本卑微，不宜統督。唯二軍不受命，至是道烈、倫不同，順不能獨進，乃止。既而勔營壘漸立，不可復攻，因相持守。四月，勔録事參軍王起、前部賊曹參軍甄澹等五人委勔奔順，[4]順因此出軍攻勔。順幢主樊僧整與臺馬軍主驃騎中兵參軍段僧愛交稍鬭，[5]僧整刺僧愛，殺之，追贈屯騎校尉。[6]僧愛勇冠三軍，軍中並懼。太宗又遣太尉司馬垣閎率軍來會，[7]步兵校尉龐沈之助裴季成合肥。[8]初，淮南人周伯符説休祐求起義兵，[9]休祐不許，固請，乃遣之。杖策單行，至安豐，[10]收得八百餘人，於淮西爲遊兵。[11]珍奇所置弋陽太守郭確遣將軍郭慈孫擊伯符於金丘，[12]琰又遣中兵參軍杜叔寶助之。慈孫等爲伯符所敗，並投水死。太宗以伯符爲驃騎參軍。

[1]宛唐：地名。在今安徽壽縣東南。本書卷八三《黄回傳》作“死虎”。中華本校勘記云：“胡三省《通鑑》注云：‘《通典》宛唐作死虎。《水經·肥水注》作死雩亭。’”按：“死虎”當爲形近而訛，後人以訛傳訛，故又名宛唐爲死虎塘。

[2]壽陽：郡名。治所在今安徽壽縣。

[3]臺：南朝朝廷禁省的代稱。

[4]賊曹參軍：官名。此爲輔國將軍的賊曹參軍，主盜賊事。甄澹：人名。本書僅此一見，其事不詳。

[5]幢主：官名。統領衛隊的武官。　樊僧整：人名。原是宮廷衛隊隊主，後降劉順。　臺馬軍主：朝廷馬軍的統領。僧愛以驃騎中兵參軍領之。

[6]屯騎校尉：官名。皇帝的侍衛武官，隸中領軍。四品。

[7]垣閎：人名。各本並作“垣閎”。中華本據本書卷五〇

《垣護之傳》改。當是。

[8]步兵校尉：官名。皇帝的侍衛武官。職、品如屯騎校尉。
龐沈之：人名。本書僅此一見，其事不詳。

[9]周伯符：人名。本書僅此一見，其事不詳。

[10]安豐：縣名。治所在今安徽霍邱縣西南。

[11]淮西：區域名。時俗稱皖北、豫東的淮水北岸一帶爲
淮西。

[12]郭確：人名。僅見本卷，其事不詳。　郭慈孫：人名。本
書僅此一見。　金丘：地名。在今河南新蔡縣東。

叔寶本謂臺軍停住歷陽不辦進，[1]順等至，無不瓦
解，唯齎一月日糧。既與勔相持，軍食盡，報叔寶送
食，叔寶乃發車千五百乘載米餉順，自以五千精兵防送
之。勔聞之，軍副吕安國曰：[2]“劉順精甲八千，而我
衆不能居半，相持既久，强弱勢殊，苟復推遷，則無以
自立，所賴在彼糧將竭，我食有餘耳。若使叔寶米至，
非唯難可復圖，我亦不能持久。今唯有間道襲其米車，
出彼不意，若能制之，將不戰走矣。”勔以爲然，乃以
疲弱守營，簡選千百精手，配安國及軍主黄回等，間路
出順後，於橫塘抄之。[3]安國始行，計叔寶尋至，止齎
二日熟食，食盡，叔寶不至，將士並欲還。安國曰：
“卿等旦已一食，今晚米車不容不至。若其不至，夜去
不晚。”叔寶果至，以米車爲函箱陣，[4]叔寶於外爲遊
軍，幢主楊仲懷領五百人居前，[5]與安國、回等相會。
仲懷部曲並欲退就叔寶，并力擊安國。仲懷曰：“賊至
不擊，復欲何待？且統軍在後，政三二里間。[6]比吾交

手，何憂不至。"即便前戰，回所領並淮南楚子，[7]天下
精兵，眾力既倍，合戰，便破之，於陣殺仲懷，仲懷所
領五百人死盡。叔寶至，而仲懷及士卒伏尸蔽野，回等
欲乘勝擊之，安國曰："彼將自走，不假復擊。"退軍三
十里止宿，夜遣騎參候，叔寶果棄米車奔走。安國即復
夜往，燒米車，驅牛二千餘頭而還。劉順聞米車見燒，
叔寶又走，五月一日夜，眾潰，奔還壽陽，仍走淮西就
常珍奇。勔於是方軌而進。[8]

[1]臺軍：朝廷軍隊。

[2]軍副：官名。軍隊的副統領。《南齊書》卷二九《呂安國
傳》："安國以建威將軍爲勔軍副。"

[3]橫塘：地名。在今安徽壽縣東。

[4]函箱陣：軍陣名。軍隊行進中組成的方形軍陣。

[5]楊仲懷：人名。天水西縣（今甘肅天水市）人，曾任豫州
刺史，戰死於橫塘。

[6]政三二里間：祇有三二里左右。政，祇，止。

[7]淮南楚子：移居淮南的淮北人，以淮北舊爲楚地而名。

[8]方軌：雙車並行。《戰國策·齊策一》："車不得方軌，馬不
得並行。"言方軌而進，軍不得退轉。時勔已破叔寶，無敵情之憂，
故得方軌而行。

叔寶斂居民及散卒，嬰城自守。[1]勔與諸軍分營城
外，黃回立航渡肥水，[2]叔寶遣馬步三千，欲破航，并
柵斷小峴埭，回擊大破之，焚其船柵。

[1]嬰城自守：環城固守。嬰城，環城。

[2]立航：用船建浮橋。《通鑑》梁紹泰元年："陳霸先對冶城立航，悉渡衆軍。"胡三省注："航，連舟爲橋也。" 肥水：水名。即今東肥河。在今安徽中部。

休祐與琰書曰："君本文弱，素無武幹，是遠近所悉，且名器清顯，不應復有分外希覬。近者之事，當是劫於凶竪，不能守節。今大軍長驅，已造城下，勢孤援絕，禍敗交至，顧昔情款，猶有惻然。聖上垂天地之仁，開不世之澤，好生惡殺，遐邇所聞。顧琛、王曇生等皆軍敗迸走，[1]披草乞活，尚蒙恩恕，晏處私門。今神鋒所臨，前無橫陳，況窮城弱衆，殘傷之餘，而欲自固乎。若開門歸順，自可不失富貴，將佐小大，並保榮爵。何故苟困士民，自求齏膾，身膏斧鑊，妻息并盡，老兄垂白，東市受刑邪。幸自思之。信言不爽，有如皎日。"

[1]顧琛：人名。字弘瑋，吳郡吳（今江蘇蘇州市）人。本書卷八一有傳。 王曇生：人名。琅邪臨沂（今山東臨沂市）人，歷吏部尚書、太常卿等職。本書卷九三有附傳。

上又遣王道隆齎詔宥琰罪。[1]勔又與琰書曰："昔景和凶悖，行絕人倫，昏虐險穢，諫諍杜塞，遂殘毀陵廟，芟刈百僚，縱毒窮凶，靡有紀極。于時人神回遑，莫能自保，中外士庶，[2]咸願一匡。予職在直衛，目所備覩。主上神機天發，指麾克定，橫流塗炭，一朝太平，扶危拯急，實冠終古。而四方持疑，成此乖逆，資斧所臨，每從偃簡。足下以衣冠華胄，[3]信概夙昭，附戾從違，猶見容養。賢兄長史，[4]階升清列，[5]賢子參軍，亦塞國網。間者進軍宛唐，計由劉順，退衆閉城，當時未了。過蒙朝恩，謬充將帥，叄承風素，情有依然。今皇威遠申，三方蠭弱，勝敗之勢，皎然可覽。王御史昨至，[6]主上敕、驃騎教、賢兄賢子書，[7]今悉遣送。百代以來，未有弘恩曲宥，乃至於此。且朝廷方宣示大義，惟新王道，[8]何容摽虛辭於士女，失國信於一州。以足下明識淵見，想必不俟終日。如其孤背亭毒，弗忌屠陷者，便當窮兵肆武，究法極刑，將恐貴門無復祭祀之主，墳壠乏掃灑之望，進謝忠臣，退慚孝子，名實兩喪，没有餘責。扶力略白，幸加研覽。"

[1]王道隆：人名。爵吳平縣侯。本書卷九四有傳。

[2]外：諸本作"內"。中華本據《元龜》卷四一六改。

[3]衣冠：士大夫的衣服冠冕。代指官僚士人。　華胄：華族之胄，貴族後裔。

[4]長史：官名。司徒左長史。

[5]清列：清官，清顯之列。

[6]王御史：指王道隆。

[7]主上敕：明帝給殷琰的敕書。　驃騎：指驃騎大將軍劉休祐。　教：官僚間上級給下級的公文。

[8]惟新：亦作"維新"。刷新，變革。

　　琰本無反心，事由力屈，叔寶等有降意，前後屢遣送誠牋，而衆心持疑，莫能相一，故歸順之計，每多愆塞，嬰城愈固。

弋陽西山蠻田益之起義，[1]攻郭確於弋陽，以益之爲輔國將軍，督弋陽西山事。六月，勔築長圍始合。田益之率蠻衆萬餘人攻龐定光於義陽，定光遣從兄文生拒之，爲益之所破，見殺，遂圍其城。定光求救於子勛，子勛以定光父孟虯爲司州刺史，率精兵五千救義陽，并解壽陽之圍。常珍奇又自懸瓠遣三千人援定光，屯軍柳水。益之不戰，望風奔散。孟虯乘勝進軍向壽陽。初，常珍奇遣周當、垣式寶率數百人送仗與琰。式寶驍勇絶衆，因留守北門，乃率所領，開門掩襲勔，入其營，勔逃避得免，式寶得勔衣帽而去。

[1]西山蠻：本書卷九七《夷蠻傳》作“西陽蠻”。　田益之：人名。蠻酋，以軍功封邊城縣王。事見本書《夷蠻傳》。

勔於是乃竪長圍，治攻道於東南角，并填塹。東南角有高樓，隊主趙法進計曰：[1]“外若進攻，必先攻樓，樓頹落，既傷將士，又使人情沮壞，不如先自毀之。”從其言。勔用草茅苞土，擲以塞塹，擲者如雲，城內乃以火箭射之，草未及燃，後土續至，一二日，塹便欲滿。趙法進復獻計，以鐵珠子灌之，珠子流滑，悉緣隙得入，草於是火燃，二日間草盡，塹中土不過二三寸。勔乃作大蝦蟆車載土，牛皮蒙之，三百人推以塞塹。琰戶曹參軍虞挹之造礌車，[2]擊之以石，車悉破壞。

[1]趙法進：人名。本書僅此一見，其事不詳。
[2]虞挹之：人名。本書僅此一見，其事不詳。　礌車：《御

覽》卷三三六引作"抛車",《元龜》卷三六八作"礮車"。中華本校勘記云:"按古無礮字,故借碻字爲之。碻車即礮車。"

　　初,廬江太守王子仲棄郡奔尋陽,[1]廬江人起義,休祐遣員外散騎侍郎陸悠之助之。[2]劉胡遣其輔國將軍薛道標渡江煽動羣蠻,規自廬江掩襲歷陽。悠之衆弱,退保譙城。[3]司徒建安王休仁遣參軍沈靈寵馳據廬江,[4]道標後一日方至,悠之自譙城來會,因與道標相持。七月,龐孟虯至弋陽,勔遣吕安國、垣閎、龍驤將軍陳顯達、驃騎參軍孟次陽拒之。孟虯軍副吕興壽與安國有舊,[5]率所領降。安國進軍,破孟虯於蓼潭,[6]義軍主陳胇又破之於汝水,[7]孟虯走向義陽。義陽已爲王玄謨子曇善起義所據,[8]乃逃於蠻中。淮西人鄭叔舉起義擊常珍奇,[9]以爲北豫州刺史。

　　[1]廬江:郡名。治所在今安徽舒城縣。　王子仲:人名。本書兩見,均記其奔尋陽事,餘事不詳。　尋陽:郡名。治所在今江西九江市。
　　[2]員外散騎侍郎:官名。掌侍從皇帝,地位清顯,多爲貴族子弟起家官。六品。　陸悠之:人名。本書卷七七《沈慶之傳》作"陸攸之"。
　　[3]譙城:地名。治所在今安徽亳州市譙城區。
　　[4]沈靈寵:人名。原爲寧朔將軍,曾參與晉安王子勛反明帝事,後歸降,改任參軍事,率軍東討,屢立戰功。
　　[5]吕興壽:人名。後爲薛安都部將,參與平定南郡王義宣之亂。
　　[6]蓼潭:地名。在今河南固始縣東南。

［7］陳肫：人名。本書僅此一見，其事不詳。

［8］曇善：人名。即王曇善。本書僅此一見，其事不詳。本書卷七六《王玄謨傳》祇記"子深早卒"，而不提有子曇善。

［9］鄭叔舉：人名。本書兩見，所記均爲任北豫州刺史事，餘事不詳。

八月，皇甫道烈、柳倫等二十一人聞孟虯敗，並開門出降。勔因此又與琰書曰："柳倫來奔，具相申述，方承足下迹纏穢亂，心秉忠誠，惘默窮愁，不親戎政。去冬開天之始，愚迷者多，如足下流比，進非社稷宗臣，退無顧命寄託，朝廷既不偏相嫌責，足下亦復無所獨愧。程天祚已舉城歸順，[1]龐孟虯又繼迹奔亡，劉胡困於錢溪，袁顗欲戰不得，推理揆勢，亦安能久。且南方初起，連州十六，擁徒百萬，仲春以來，無戰不北，摧陷殄滅，十無一二。南憑袁顗弱卒，北恃足下孤城，以兹定業，恐萬無一理。方今國網疏略，示舉宏維，比日相白，想亦已具矣。且倫等皆是足下腹心牙爪，所以攜手相捨，非有怨恨也，了知事不可濟、禍害已及故耳。夫擁數千烏合，抗天下之兵，傾覆之狀，豈不易曉。假令六蔽之人，[2]猶當不爲其事，况復足下少祖名教，疾没世無稱者邪。所以復有此白者，實惜華州重鎮，鞠爲茂草，兼傷貴門一日屠滅。足下若能封府庫，開四門，宣語文武，示以禍福，先遣咫尺之書，表達誠款，然後素車白馬，來詣轅門，若令足下髮膚不全、兒姪彫耗者，皇天后土，實聞此言。至辭不華，寧復多白。"

　　[1]程天祚：人名。文帝時戍守彭城，戰敗被俘，北魏封其南安公。後逃歸宋，歷任山陽太守、龍驤將軍、征北參軍，參加平元凶、竟陵王誕之亂，有功。明帝初即位，又投向晉安王子勛，後又歸順明帝，參與平定子勛之戰。

　　[2]六蔽：見《論語·陽貨》：“好仁不好學，其蔽也愚；好知不好學，其蔽也蕩；好信不好學，其蔽也賊；好直不好學，其蔽也絞；好勇不好學，其蔽也亂；好剛不好學，其蔽也狂。”

　　薛道標猶在廬江，劉胡又分兵揚聲向壽陽及合肥。勔遣許道蓮馳赴合肥，助裴季文，[1]又遣黃回、孟次陽及屯騎校尉段佛榮、武衛將軍王廣之繼之。[2]道標率其黨薛元寶等攻合肥，勔所遣諸軍未至，爲道標所陷，季文及武衛將軍葉慶祖力戰死之。[3]勔馳遣垣閬總統諸軍攻合肥。是月，劉胡敗走，尋陽平定，太宗遣叔寶從父弟季文至琰城下，[4]與叔寶語，説四方已定，勸令時降。叔寶曰：“我乃信汝，恐爲人所誑耳。”叔寶閉絶子勛敗問，有傳者即殺之。時琰子邈東在京邑，繫建康，太宗送邈與琰，令説南賊已平之問，自建康出，便防送就道。議者以爲宜聽邈與伯父瑗私相見，不爾無以解城內之惑，不從。邈至，叔寶等果疑，守備方固。十月，薛道標突圍，與十餘騎走奔淮西，投常珍奇，薛元寶歸降。

　　[1]裴季文：人名。乃“裴季之”之誤。“之”“文”形似而訛。

　　[2]段佛榮：人名。京兆（今陝西西安市）人。本書卷八四有

附傳。 王廣之：人名。字林之，沛郡相（今安徽濉溪縣）人。在宋初任相縣令，後以軍功升冠軍將軍、徐州刺史，入齊官至侍中、鎮軍將軍。《南齊書》卷二九有傳。

[3]葉慶祖：人名。本書僅此一見，其事不詳。

[4]季文：人名。即杜季文。杜驥四子，其事不詳。

先是，晋熙太守閻湛之據郡同逆，[1]至是沈靈寵自廬江攻之，[2]湛之未知尋陽已敗，固守不降。靈寵乃取諸將破劉胡文書置車中，攻城僞敗，棄車而走，湛之得書大駭，其夜奔逃。十一月，常珍奇乞降，慮不見納，又求救於索虜。[3]太宗即以珍奇爲司州刺史，領汝南、新蔡二郡太守。虜亦遣僞帥張窮奇騎萬匹救之。[4]十二月，虜至汝南，珍奇開門納虜，淮西七縣民並連營南奔，[5]劉順亦棄虜歸順。[6]

[1]晋熙：郡名。治所在今安徽潛山縣。 閻湛之：晋安王子勛反明帝的主將，後被晋熙蠻梅式生所攻殺。

[2]沈靈寵：人名。《通鑑》卷一三一作“沈靈寶”，其事不詳。

[3]索虜：南朝對北朝鮮卑人的蔑稱。以其頭上有辮髮，故稱。

[4]張窮奇：人名。本書僅此一見，《魏書》不見記載，事迹無考。

[5]淮西七縣：丁福林《校議》云：“《通鑑》卷一三一作‘淮西七郡’。”“此‘七縣’，乃‘七郡’之訛。”

[6]劉順：“順”字下諸本有“之”字。孫彪《考論》曰：“劉順，無之字。”據删。

　　南賊降者，太宗並送琰城下，令與城內交言，由是人情沮喪。琰將降，先送休祐內人出城，[1]然後開門。時琰有疾，以板自輿，與諸將帥面縛請罪，劭並撫宥，無所誅戮。自將帥以下，財物資貨，皆以還之，纖毫無所失。虜騎救琰，至師水，[2]聞城陷，乃破義陽，殺掠數千人而去。垣式寶尋復反叛，投常珍奇。以平琰功，劉懷珍封艾縣侯，食邑四百戶；垣閬樂鄉縣侯，孟次陽攸縣子，王廣之蒲圻縣子，陳顯達彭澤縣子，呂安國鍾武縣子，[3]食邑各三百戶；黃回葛陽縣男，食邑二百戶。送琰及僞節還京都。

　　[1]內人：家人。前文云："休祐步入朝，家內猶分停壽陽。"
　　[2]師水：水名。一作"荐水"。淮河支流。在今河南南部。
　　[3]呂安國鍾武縣子：丁福林《校議》據《南齊書》卷二九《呂安國傳》、本書卷七四《沈攸之傳》考證，呂安國實封鍾武縣男，"子"爲"男"之訛。

　　久之，爲王景文鎮南諮議參軍，[1]兼少府。泰豫元年，除少府，加給事中。後廢帝元徽元年，[2]卒，時年五十九。琰性和雅靜素，寡嗜慾，諳前世舊事，事兄甚謹，少以名行見稱。在壽陽被攻圍積時，爲城內所懷附。揚州刺史王景文、征西將軍蔡興宗、司空褚淵，並與之友善云。

　　[1]鎮南諮議參軍：官名。即鎮南將軍府諮議參軍。職掌參謀軍事。
　　[2]元徽：宋後廢帝劉昱年號（473—477）。

史臣曰：夫求忠臣必於孝子之門，蓋以類得之也。昔啓方説主，迹表遺親，[1]鄧攸淳行，愛兼猶子，[2]雖禀分參差，情紀難一，而均薄等厚，未之或偏。惠開親禮雖篤，弟隙尤著，[3]方寸之内，孝友異情，險於山川，有驗於此也。

[1]啓方説主，迹表遺親：典出《史記》卷三二《齊太公世家》。管仲病危，桓公問開方可否繼其任，管仲答開方"倍親以適君，非人情，難近"。開方即啓方，因避漢景帝諱改"啓"爲"開"。説，同"悦"。

[2]鄧攸淳行，愛兼猶子：典出《晋書》卷九〇《鄧攸傳》。鄧攸逃難，"擔其兒及其弟子綏。度不能兩全，乃謂其妻曰：'吾弟早亡，唯有一息，理不可絕，止應自棄我兒耳。幸而得存，我後當有子。'妻泣而從之"。猶子，侄子。《禮記·檀弓上》："兄弟之子，猶子也。"

[3]惠開親禮雖篤，弟隙尤著：指蕭惠開爲父盡孝，事佛建寺，而與諸弟關係不睦。

宋書　卷八八

列傳第四十八

薛安都　沈文秀　崔道固

薛安都，河東汾陰人也。[1]世爲强族，同姓有三千家。父廣爲宗豪，高祖定關、河，[2]以爲上黨太守。[3]

[1]河東：郡名。治所在今山西夏縣西北禹王城。　汾陰：縣名。治所在今山西萬榮縣西南。

[2]廣：人名。即薛廣。本書僅此一見，其事不詳。　高祖：宋武帝劉裕廟號。　關：關中。　河：黄河。此指黄河中游汴、洛一帶。故本書卷一《武帝紀上》“關、河”又作“關、洛”。

[3]上黨：郡名。治所在今山西黎城縣南古城。

安都少以勇聞，身長七尺八寸，便弓馬。索虜使助秦州刺史北賀汩擊反胡白龍子，[1]滅之，由是爲僞雍、秦二州都統，[2]州各有刺史，都總統其事。[3]元嘉二十一年，索虜主拓跋燾擊芮芮大敗，[4]安都與宗人薛永宗起義，[5]永宗營汾曲，[6]安都襲得弘農。[7]會北地人蓋吳起兵，^[8]遂連衡相應。燾自率衆擊永宗，滅其族，進擊蓋吳。安都料衆寡不敵，率壯士辛靈度等，^[9]棄弘農歸國。太祖延見之，^[10]求北還構扇河、陝，^[11]招聚義衆。上許之，給錦百疋，雜繒三百疋。復襲弘農，虜已增戍，城不可克，蓋吳又死，乃退還上洛。^[12]世祖鎮襄陽，^[13]板爲揚武將軍、北弘農太守。^[14]虜漸強盛，安都乃歸襄陽。從叔沈亦同歸國，^[15]官至綏遠將軍、新野太守。^[16]

[1]索虜：南朝對北朝鮮卑人的蔑稱，以其頭上有辮髮而名。秦州：治所在今甘肅天水市。　北賀汨：人名。據《魏書》爲并州刺史娥清。擊白龍，據《魏書》在延和三年。“汨”三朝本、毛本、局本、北監本、殿本作“泊”。　反胡：即山胡。《通鑑》宋文帝元嘉十一年胡三省注：“一曰步落稽，蓋匈奴別種，劉元海五部之苗裔也。或云：山戎，赤狄之後。”　白龍子：人名。山胡酋帥，被魏軍斬於西河。《魏書》《通鑑》均作“白龍”。

[2]僞雍、秦二州都統：此爲南朝卑稱北魏所置雍、秦二州軍事統帥。雍，州名。治所在今陝西西安市。秦，州名。治所在今甘肅天水市。都統，官名。由文義可知，略當於南朝的都督。

[3]都總統其事：丁福林《校議》云：“‘都總統其事’，意頗難解，殿本《宋書》作‘都統總其事’，是也。”

[4]拓跋燾：人名。即北魏太武帝。公元424年至452年在位。《魏書》卷四有紀。　芮芮：即柔然。西北少數民族。

[5]薛永宗：人名。北方勢力強大的河東薛氏的領袖人物。

[6]汾曲：地名。在今山西新絳縣。

[7]弘農：郡名。治所在今河南陝縣。

[8]北地：北魏郡名。治所在今陝西富平縣。　蓋吳：人名。盧水胡人。太平真君六年（445）起兵反魏，次年兵敗而死。

[9]辛靈度：人名。本書僅此一見，其事不詳。

[10]太祖：宋文帝劉義隆廟號。

[11]河：河洛地區。　陝：今河南三門峽地區。

[12]上洛：地名。在今陝西洛南縣東南。

[13]襄陽：郡名。治所在今湖北襄陽市襄城區。

[14]揚武將軍：官名。名號將軍之一。四品。　北弘農：郡名。即北魏恒農郡。宋遙置。治所在今河南陝縣。

[15]沈：人名。即薛沈。本書僅此一見，其事不詳。

[16]綏遠將軍：官名。名號將軍之一。四品。　新野：郡名。治所在今河南新野縣。

　　二十七年，[1]隨王誕版安都爲建武將軍，[2]隨柳元景向關、陝，[3]率步騎居前，所向克捷，事在《元景傳》。軍還，誕版爲後軍行參軍。[4]二十九年，除始興王濬征北行參軍，[5]加建武將軍。魯爽向虎牢，[6]安都復隨元景北出，即據關城，期俱濟河取蒲坂。[7]會爽退，安都復率所領隨元景引還。仍伐西陽五水蠻。[8]世祖伐逆，[9]轉參軍事，加寧朔將軍，[10]領馬軍，與柳元景俱發。四月十四日，至朱雀航，[11]橫矛瞋目，叱賊將皇甫安民等曰：[12]“賊弑君父，何心事之！”世祖踐阼，除右軍將軍。[13]五月四日，率所領騎爲前鋒，直入殿庭，賊尚有數百人，一時奔散。以功封南鄉縣男，[14]食邑五百户。安都從征關、陝，[15]至曰口，[16]夢仰頭視天，正見天門開，謂左右曰：“汝見天門開不？”[17]至是嘆曰：“夢天開，乃中興之象邪。”

[1]二十七年：元嘉二十七年，即公元450年。

[2]隨王：王爵名。王國在今湖北隨州市。　誕：人名。即劉

誕。字休文，文帝第六子。本書卷七九有傳。　版：官制用語。亦作"板"。即板官、板授官職。宋時凡非中央政府所任命，而爲高級官吏任命下屬官吏稱版授。《文選》陸機《謝平原內史表》："今月九日，魏郡太守遣兼丞張含，齎板、詔書、印綬，假臣爲平原內史。"李善注曰："凡王封拜，謂之板官。時成都（王）攝政，故稱板詔。"　建武將軍：官名。名號將軍。

［3］柳元景：人名。字孝仁，河東解（今山西臨猗縣）人。本書卷七七有傳。

［4］後軍行參軍：官名。即後軍將軍府行參軍。行參軍，將軍自己任命的僚屬，例低於朝廷拜授的參軍。

［5］濬：人名。即劉濬。字休明，文帝子。本書卷九九有傳。征北行參軍：官名。即征北將軍府行參軍。

［6］魯爽：人名。小名女生，扶風郿（今陝西眉縣）人。本書卷七四有傳。　虎牢：關隘名。在今河南滎陽市西北。自古爲兵家必爭之地。

［7］蒲坂：關名。即蒲板津。在今山西永濟市境內。扼守黃河的重要關口。

［8］西陽：郡名。治所在今湖北黃岡市黃州區。　五水蠻：當時少數民族的一支。五水，即今湖北黃岡地區江北五條河水（巴水、蘄水、浠水、倒水、舉水）的合稱。

［9］世祖伐逆：指孝武帝討伐劉劭的戰事。世祖，宋孝武帝劉駿廟號。

［10］寧朔將軍：官名。名號將軍之一。四品。

［11］朱雀航：橋名。一作"朱雀橋"。在今江蘇南京市南秦淮河上。

［12］皇甫安民：人名。本書僅此一見，其事不詳。

［13］右軍將軍：官名。領軍將軍轄下掌宮廷宿衛的四軍將軍之一。四品。

［14］南鄉縣男：男爵名。五等爵中的第五等。南鄉，縣名。治

所在今河南淅川縣。

[15]從：各本均作“後”，張森楷《校勘記》曰：“後當作從。”按張校是，今據改。

[16]臼口：地名。在今湖北京山縣境内。

[17]汝見天門開不：丁福林《校議》云：“‘汝’，《南史·薛安都傳》作‘汝等’。按安都既謂左右而言，則當以‘汝等’爲是。”

　　從弟道生，[1]亦以軍功爲大司馬參軍，[2]犯罪，爲秣陵令庾淑之所鞭。[3]安都大怒，乃乘馬從數十人，令左右執矟，欲往殺淑之，行至朱雀航，逢柳元景。元景遥問：“薛公何處去？”安都躍馬至車後曰：“小子庾淑之鞭我從弟，今指往刺殺之。”元景慮其不可駐，乃紿之曰：“小子無宜適，卿往與手，[4]甚快。”安都既回馬，復追呼之：“別宜與卿有所論。”令下馬入車。既入車，因責讓之曰：“卿從弟服章言論，[5]與寒細不異，雖復人士，庾淑之亦何由得知？且人身犯罪，理應加罰，卿爲朝廷勳臣，宜崇奉法憲，云何放恣，輒欲於都邑殺人。[6]非唯科律所不容，[7]主上亦無辭以相宥。”因載之俱歸，安都乃止。其年，以憚直免官。

[1]道生：人名。即薛道生。本書僅此一見，其事不詳。

[2]大司馬參軍：官名。大司馬屬官，職掌參謀。七品。

[3]秣陵令：官名。秣陵縣治在京師（今江蘇南京市），秣陵令有督察京師百官之責。　庾淑之：人名。本書僅此一見，其事不詳。

[4]無宜適：周一良《札記》：“無宜適即無禮。”　與手：周

一良《札記》:"與手猶言毆打也。"

[5]言論:周一良《札記》考證云:"言論非指談論内容,而是指語音。《梁書》四八《盧廣傳》:'時北來人儒學者音詞鄙拙,唯廣言論清雅,不類北人。'言論與音詞互舉,足見所謂言論衹是音詞之意。"

[6]都邑:京師,首都。

[7]科律:科條,刑律,即刑法。

　　孝建元年,[1]復除左軍將軍。[2]二月,魯爽反叛,遣安都及冗從僕射胡子反、龍驤將軍宗越率步騎據歷陽。[3]爽遣將鄭德玄戍大峴,[4]德玄使前鋒楊胡與輕兵向歷陽。[5]安都遣宗越及歷陽太守程天祚逆擊破之,[6]斬胡與及其軍副。德玄復使其司馬梁嚴屯峴東,[7]安都幢主周文恭晨往偵候,因而襲之,悉禽。賊未敢進。世祖詔安都留三百人守歷陽,渡還採石,[8]遷輔國將軍、竟陵内史。[9]

[1]孝建:宋孝武帝劉駿年號(454—456)。

[2]左軍將軍:官名。領軍將軍所轄四軍將軍之一。四品。

[3]冗從僕射:官名。領軍將軍屬下的宫禁侍衛武官。五品。
胡子反:人名。本書卷六八《南郡王義宣傳》作"胡子友"。
龍驤將軍:官名。名號將軍之一。三品。　宗越:人名。南陽葉人。本書卷八三有傳。　歷陽:郡名。治所在今安徽和縣歷陽鎮。

[4]鄭德玄:人名。滎陽人,地方豪强。元嘉二十七年宋北伐,德玄起義響應宋將到坦之,後爲魯爽戰將,並隨魯爽反叛。魯爽平後,其下落不明。

[5]楊胡與:人名。本書《宗越傳》作"楊胡興",《通鑑》也

作“楊胡興”。

　　[6]程天祚：人名。廣平（今河南鄧州市東南）人，文帝時任殿中將軍。元嘉二十七年隨劉駿戍彭城，爲北魏拓跋燾所俘，後逃歸。因參與平定元凶及竟陵王誕之亂，有功，官至山陽太守。曾一度起兵反明帝，後又歸降。

　　[7]梁嚴：人名。本書僅此一見，其事不詳。

　　[8]採石：地名。一作“采石”。在今安徽當塗縣。自古爲江防重鎮。

　　[9]輔國將軍：官名。名號將軍之一。三品。　　竟陵：郡國名。治所在今湖北鍾祥市。

　　四月，魯爽使弟瑜率三千人出小峴，[1]爽尋以大衆阻大峴。又遣安都步騎八千度江，與歷陽太守張幼緒等討爽。[2]安都軍副建武將軍譚金率數十騎挑戰，[3]斬其偏帥。幼緒恇怯，輒引軍退還，安都復還歷陽。臧質久不至，[4]世祖復遣沈慶之濟江督統諸軍。[5]爽軍食少，引退，慶之使安都率輕騎追之，四月丙戌，及爽於小峴，爽自與腹心壯騎斷後。譚金先薄之，不能入，安都望見爽，便躍馬大呼，直往刺之，應手而倒，左右范雙斬爽首。[6]爽累世梟猛，生習戰陳，咸云萬人敵，安都單騎直入，斬之而反，時人皆云關羽之斬顏良，[7]不是過也。進爵爲侯，增邑五百户，并前千户。

　　[1]瑜：人名。即魯瑜。原臧質部將，後隨質反孝武帝劉駿，兵敗被殺。事見本書卷七四《魯爽傳》。　　小峴：地名。即小峴城。在今安徽含山縣北。

　　[2]張幼緒：人名。孝武帝時任歷陽太守，因討魯爽叛軍不力

而下獄。

[3]譚金：人名。荒中傖人。事見卷八三《宗越傳》。

[4]臧質：人名。字含文，東莞莒（今山東莒縣）人。本書卷七四有傳。

[5]沈慶之：人名。字弘先，吳興武康（今浙江德清縣）人。本書卷七七有傳。

[6]范雙：人名。事迹主要見本卷。

[7]關羽之斬顏良：事見《三國志》卷三六《蜀書·關羽傳》：“先主奔袁紹。曹公禽羽以歸，拜爲偏將軍，禮之甚厚。紹遣大將軍顏良攻東郡太守劉延於白馬，曹公使張遼及羽爲先鋒擊之。羽望見良麾蓋，策馬刺良於萬衆之中，斬其首還。”

時王玄謨距南郡王義宣、臧質於梁山，[1]安都復領騎爲支軍。賊有水步營在蕪湖，[2]安都遣將呂興壽率數十騎襲之，[3]賊衆驚亂，斬首及赴水死者甚衆。義宣遣將劉諶之及質攻玄謨，[4]玄謨命衆軍擊之，使安都引騎出賊陣右。其副建武將軍譚金三歷賊陳，[5]乘其隙縱騎突之，諸將係進。是朝，賊馬軍發蕪湖，欲來會戰，望安都騎甚盛，隱山不敢出。賊陣東南猶堅，安都橫擊陷之，賊遂大潰。安都隊主劉元儒於艦中斬諶之首。[6]轉太子左衛率。[7]

[1]王玄謨：人名。字彦德，太原祁（今山西祁縣）人。本書卷七六有傳。 南郡王：王爵名。王國在今湖北荆州市荆州區。義宣：人名。即劉義宣。宋武帝子。本書卷六八有傳。 梁山：山名。在今安徽和縣南。

[2]蕪湖：縣名。在今安徽蕪湖市。

[3]吕興壽：人名。原爲龐孟虯軍副，並隨孟虯反明帝，兵敗降於吕安國，後轉爲薛安都部將。

[4]劉諶之：人名。各本並作“劉諶”，中華本據本書《王玄謨傳》改。按當時習慣，人名後的“之”字可省。

[5]其副建武將軍譚金：各本並脱“其副建武將軍”六字，中華本據《元龜》卷三五一補。

[6]劉元儒：人名。本書僅此一見，其事不詳。

[7]太子左衛率：官名。掌太子宿衛。五品。《南史》作“太子右衛率”，非是。

大明元年，[1]虜向無鹽，[2]東平太守劉胡出戰失利。[3]二月，遣安都領馬軍北討，東陽太守沈法系水軍向彭城，[4]並受徐州刺史申坦節度。[5]上戒之曰：“賊若可及，便盡力殄之。若度已回，可過河耀威而反。”時虜已去，坦求回軍討任榛，見許。安都當向左城，左城去滑臺二百餘里，[6]安都以去虜鎮近，軍少不宜分行。至東坊城，[7]遇任榛三騎，討擒其一，餘兩騎得走。任榛聞知，皆得逃散。時天旱，水泉多竭，人馬疲困，不能遠追，安都、法系並白衣領職，[8]坦繫尚方。[9]任榛大抵在任城界，[10]積世逋叛所聚，所在皆棘榛深密，難爲用師，故能久自保藏，屢爲民患。安都明年復職，改封武昌縣侯，[11]加散騎常侍。[12]七年，又加征虜將軍，[13]爲太子左衛率十年，終世祖世不轉。

[1]大明：宋孝武帝劉駿年號（457—464）。

[2]無鹽：縣名。治所在今山東東平縣。

[3]東平：郡名。治所在今山東東平縣。　劉胡：人名。本名

坳胡，南陽涅陽（今河南鄧州市東）人。本書卷八四有附傳。

[4]東陽：郡名。治所在今浙江金華市。　沈法系：人名。字體先，沈慶之的從弟。本書卷七七有附傳。　彭城：郡名。治所在今江蘇徐州市。

[5]徐州：治所在今江蘇鎮江市。永初二年（421）改爲南徐州。同年改北徐州爲徐州，治所在今江蘇徐州市。　申坦：人名。魏郡魏（今河北大名縣）人。本書卷六五有附傳。

[6]左城：地名。在今山東曹縣西北。　滑臺：地名。在今河南滑縣境内。

[7]東坊城：地名。在今山東濟寧市境内。

[8]白衣領職：官制用語。對有過失官員的一種處分，類似今留職察看，彌補過失後方可復位。白衣，庶民之服。

[9]坦繫尚方：申坦被拘役於尚方。尚方，隸屬少府的官府作坊。掌役使工徒，製作軍械，也多役使罪吏。

[10]任城：縣名。治所在今山東濟寧市。

[11]武昌縣侯：侯爵名。侯國在今湖北鄂州市鄂城區。

[12]散騎常侍：官名。掌侍從皇帝，顧問應對，職如侍中。常作爲勳臣加官。三品。

[13]征虜將軍：官名。亦作高級文官的加官。三品。

前廢帝即位，[1]遷右衛將軍，[2]加給事中。[3]永光元年，[4]出爲使持節、督兗州諸軍事、前將軍、兗州刺史。[5]景和元年，[6]代義陽王昶督徐州豫州之梁郡諸軍事、平北將軍、徐州刺史。[7]太宗即位，[8]進號安北將軍，[9]給鼓吹一部。安都不受命，舉兵同晉安王子勛。[10]初，安都從子索兒，前廢帝景和中，爲前軍將軍，直閤，[11]從誅諸公，封武安縣男，[12]食邑三百户。太宗即位，以爲左將軍，[13]直閤如故。安都將爲逆，遣密信報之，又遣數百人至瓜步迎接。[14]時右衛將軍柳光世亦與安都通謀。[15]泰始二年正月，[16]索兒、光世並在省，安都信催令速去，二人俱自省逃出，攜安都諸子及家累，席卷北奔。青州刺史沈文秀、冀州刺史崔道固並皆同反。[17]文秀遣劉彌之、張靈慶、崔僧琁三軍，[18]道固遣子景徵、傅靈越領眾，並應安都。彌之等南出下邳，[19]靈越自泰山道向彭城。時濟陰太守申闡據睢陵城起義，[20]索兒率靈越等攻之。安都使同黨裴祖隆守下邳城，彌之等至下邳，改計歸順，因進軍攻祖隆，僧琁不同，率所領歸安都。索兒聞彌之有異志，舍睢陵馳赴下邳，彌之等未戰潰散，並爲索兒所執，見殺。

[1]前廢帝：即劉子業。小字法師，孝武帝長子，爲明帝劉彧所廢。本書卷七有紀。

[2]右衛將軍：官名。典宮廷宿衛。四品。

[3]給事中：官名。門下省次官，掌顧問應對，常作加官。五品。

[4]永光：宋前廢帝劉子業年號（465）。

[5]使持節：官名。授予重要將帥的加銜，有此加銜的將帥具有專殺之權，可殺二千石以下的官吏。　督諸軍事：官名。亦爲將帥的加銜，時都督爲上，監軍爲次，督諸軍事爲下。　前將軍：官名。軍府名號，用作加官。三品。　兗州：治所在今山東兗州市。

[6]景和：宋前廢帝劉子業年號（465）。

[7]昶：人名。即劉昶。字休道，文帝第九子。年十歲封義陽王，死後改封晉熙王。本書卷七二有傳。　豫州：治所在今安徽壽縣。　梁郡：治所在今安徽碭山縣。　平北將軍：官名。四平將軍之一。三品。

　　[8]太宗：宋明帝劉彧廟號。

　　[9]安北將軍：官名。四安將軍之一，在四征、四鎮將軍之下，高於四平將軍。三品。

　　[10]晉安王：王爵名。王國在今福建福州市。　子勛：人名。即劉子勛。字孝德，孝武帝第三子。時明帝登基，子勛不從，在江州起兵稱帝。本書卷八〇有傳。

　　[11]直閣：宿衛值守於宮閣門。

　　[12]武安縣男：男爵名。武安，縣名。治所在今廣西柳州市東南。

　　[13]左將軍：據中華本考證，《南史》作“左軍將軍”。疑是。

　　[14]瓜步：地名。在今江蘇南京市六合區東南。時爲軍事要地。

　　[15]柳光世：人名。柳元景從祖弟。本書卷七七有附傳。

　　[16]泰始：宋明帝劉彧年號（465—471）。

　　[17]青州：僑置。治所在今江蘇連雲港市東雲臺山一帶。　冀州：僑置。治所同青州。

　　[18]劉彌之、張靈慶、崔僧瑗：三人事迹僅見本卷。

　　[19]下邳：郡名。治所在今江蘇睢寧縣西北。

　　[20]濟陰：郡名。治所在今江蘇睢寧縣。　申闡：人名。申坦子，申令孫弟，因抗拒薛安都，後雖降亦被殺。事見本書卷六五《申坦傳》。　裴祖隆：人名。其事僅見本卷，其事不詳。

　　時太宗以申令孫爲徐州，代安都。令孫進據淮陽，[1]密有反志，遣人告索兒曰：“欲相從順，而百口在都。可進軍見攻，若戰敗被執，家人可得免禍。”索兒乃遣靈越向淮陽，令孫出城，爲相距之形，既而奔散，北投索兒。索兒使令孫説闡令降，闡既降，索兒執闡及令孫，並殺之。索兒因引軍渡淮，軍糧不給，掠奪百姓穀食。太宗遣齊王率前將軍張永、寧朔將軍垣山寶、王寬、員外散騎侍郎張寘震、蕭順之、龍驤將軍張季和、黃文玉等諸軍北討。[2]其年五月，軍次平原，[3]索兒等率馬步五千，列陳距戰，擊大破之。索兒又虜掠民穀，固守石梁，[4]齊王又率鎮北參軍趙曇之、呂湛之擊之。[5]索兒軍無資實，所資野掠，既見攻逼，無以自守，於是奔散，又追破之於葛家白鵠。索兒走向樂平縣界，[6]爲申令孫子孝叔所斬。[7]安都子道智、大將范雙走向合肥，[8]詣南汝陰太守裴季降。[9]

[1]淮陽：郡名。治所在今江蘇淮安市淮陰區西古泗水西岸。

[2]齊王：即南齊開國皇帝齊高帝蕭道成。《南齊書》卷一、二有紀。　張永：人名。字景雲，吳郡吳（今江蘇蘇州市）人。本書卷五三有附傳。　垣山寶：人名。本書僅此一見，其事不詳。王寬：人名。王玄謨之子。《南齊書》卷二七有附傳。　員外散騎侍郎：官名。職侍從應對，多爲貴族子弟起家官。　張寘震：人名。本書僅此一見，其事不詳。　蕭順之：人名。梁武帝蕭衍之父。事見《梁書》卷一《武帝紀上》。　張季和：人名。本書僅此一見，其事不詳。　黃文玉：人名。本書僅此一見，其事不詳。

[3]平原：地名。在今江蘇南京市六合區境內。

[4]石梁：地名。在今江蘇南京市六合區西。

[5]鎮北參軍：官名。即鎮北將軍府參軍。職參謀軍事，掌屬曹。七品。　趙曇之：人名。本書僅此一見，其事不詳。　呂湛之：人名。本書僅此一見，其事不詳。

[6]樂平：縣名。治所在今安徽鳳陽縣東。

[7]孝叔：人名。即申孝叔。本書僅此一見，其事不詳。

[8]道智：人名。即薛道智。本書僅此一見，其事不詳。　范

雙：人名。薛安都之大將，曾助安都斬魯爽。餘見本卷。

[9]南汝陰：郡名。治所在今安徽合肥市西。 裴季：人名。即裴季之。曾爲殷琰部將，並隨殷琰反明帝，後歸順，任南汝陰太守，餘見本卷。

　　時武衛將軍王廣之領軍隸劉勔，[1]攻殷琰於壽陽，[2]傅靈越奔逃，爲廣之軍人所生禽，厲聲曰：“我傅靈越也。汝得賊何不即殺。”生送詣勔，勔躬自慰勞，詰其叛逆。對曰：“九州唱義，豈獨在我。”勔又問：“四方阻逆，無戰不禽，主上皆加以曠蕩，即其才用。卿何不早歸天闕，乃逃命草間乎？”靈越答曰：“薛公舉兵淮北，[3]威震天下，不能專任智勇，委付子姪，致敗之由，實在於此。然事之始末，備皆參豫，人生歸於一死，實無面求活。”勔壯其意，送還京師。太宗欲加原宥，靈越辭對如一，終不回改，乃殺之。靈越，清河人也。[4]時輔國將軍、山陽內史程天祚據郡同安都，[5]攻圍彌時，然後歸順。

　　[1]武衛將軍：官名。五武將軍之一，代殿中將軍之任，比員外散騎常侍。四品。 王廣之：人名。字林之，沛郡相（今安徽濉溪縣西北）人，入齊官至侍中，鎮軍將軍。《南齊書》卷二九有傳。 劉勔：人名。字伯猷，彭城（今江蘇徐州市）人。本書卷八六有傳。

　　[2]壽陽：縣名。在今安徽壽縣。

　　[3]薛公：對薛安都的尊稱。

　　[4]清河：郡名。治所在今山東淄博市淄川區。

　　[5]山陽：郡國名。治所在今江蘇淮安市。 內史：官名。王

國行政長官，職同郡守。

子勛平定，安都遣別駕從事史畢衆愛、下邳太守王煥等奉啓書詣太宗歸款，[1]曰：“臣庸隸荒萌，偷生上國，過蒙世祖孝武皇帝過常之恩，犬馬有心，實感恩遇。是以晉安始唱，投誠孤往，不期生榮，實存死報。今天命大歸，群迷改屬，輒率領所部，束骸待誅，違拒之罪，伏聽湯鑊。”索兒之死也，安都使柳光世守下邳，至是亦率所領歸降。太宗以四方已平，欲示威於淮外，遣張永、沈攸之以重軍迎之。[2]安都謂既已歸順，不應遣重兵，懼不免罪，乃遣信要引索虜。[3]三年正月，索虜遣博陵公尉遲苟人、城陽公孔伯恭二萬騎救之。[4]永等引退，安都開門納虜，虜即授安都徐州刺史、河東公。[5]四年三月，召還桑乾。[6]五年，死於虜中，時年六十。

[1]別駕從事史：官名。州刺史的屬吏，掌州吏事及選舉。畢衆愛：人名。本書僅此一見，其事不詳。　王煥：人名。本書僅此一見，其事不詳。

[2]沈攸之：人名。字仲達，吳興武康人。本書卷七四有傳。

[3]要：通“邀”。

[4]博陵公尉遲苟人：即尉元。北魏大臣。《魏書》卷五〇《尉元傳》曰：“尉元，字苟仁。”又曰：“天安元年，薛安都以徐州內附，請師救援。顯祖以元爲使持節、都督東道諸軍事、鎮南大將軍、博陵公，與城陽公孔伯恭赴之。”　城陽公孔伯恭：北魏將領。時以鎮東將軍率兵隨尉元迎安都。《魏書》卷五一有傳。

[5]徐州：北魏所置徐州。治所在今河南蘭考縣。　河東公：

公爵名。即河東郡公。公國在今山西永濟市。

[6]桑乾：北魏京師之謂。桑乾河源出山西朔州市，東北流經代郡。代郡平城（今山西大同市）時爲北魏京師。

初，安都起兵，長史蘭陵儼密欲圖之，[1]見殺。安都未向桑乾，前軍將軍裴祖隆謀殺苟人，舉彭城歸順，事洩，見誅。員外散騎侍郎孫耿之擊索兒戰死，[2]及劉彌之、張靈慶皆戰敗見殺，並爲太宗所哀，追贈儼光禄勳，[3]祖隆寧朔將軍、兗州刺史，耿之羽林監，[4]彌之輔國將軍、青州刺史，靈慶寧朔將軍、冀州刺史。

[1]長史：官名。此爲平北將軍府長史，職主將軍府事。五品。安都時任平北將軍。　蘭陵儼：人名。本書僅此一見，其事不詳。

[2]孫耿之：人名。本書僅此一見，其事不詳。

[3]光禄勳：官名。本九卿之一，時職能已退化，多爲榮賞之名。三品。

[4]羽林監：官名。掌皇帝宿衛。秩六百石。六品。

安都子伯令、環龍，[1]亡命梁、雍二州之間。[2]三年，率亡命數千人襲廣平，[3]執太守劉冥虬；[4]攻順陽，[5]克之，略有義成、扶風，[6]置立守宰。雍州刺史巴陵王休若遣南陽太守張敬兒、新野太守劉攘兵擊破之，[7]並禽。

[1]伯令：丁福林《校議》云：“‘伯令’，《通鑑》卷一三二作‘令伯’。”

[2]亡命：脱逃。　梁：州名。治所在今陝西漢中市東。　雍：

州名。治所在今湖北襄陽市襄城區。

　[3]廣平：郡名。治所在今河南鄧州市東南。

　[4]執太守劉冥虬：孫彪《考論》曰：“按此疑即《柳元景傳》之劉寬虬。”

　[5]順陽：郡名。治所在今河南淅川縣。

　[6]義成：郡名。治所在今湖北丹江口市。　扶風：郡名。宋孝武帝時僑置。治所在今湖北襄陽市襄城區。

　[7]巴陵王：王爵名。王國在今湖南岳陽市。　休若：人名。即劉休若。文帝第十九子。本書卷七二有傳。　南陽：郡名。治所在今河南南陽市。　張敬兒：人名。本名苟兒，後改名敬兒。《南齊書》卷二五有傳。　新野：郡名。治所在今河南新野縣。　劉攘兵：人名。曾任巴東太守，後爲沈攸之軍府司馬、冠軍將軍，並隨攸之反朝廷（實反蕭道成），但在軍勢不利的情況下又投向蕭道成。

　　先是，東安、東莞二郡太守張讜守團城，[1]在彭城東北。始同安都，末亦歸順，太宗以爲東徐州刺史，[2]復爲虜所没。

　[1]東安：郡名。治所在今山東沂源縣東南。　東莞：郡名。治所在今山東莒縣。　張讜：人名。字處言，清河東武城（今河北清河縣東北）人，原爲宋臣，後降北魏。《魏書》卷六一有傳。團城：地名。在今山東沂水縣。

　[2]東徐州：治所在今江蘇宿遷市宿豫區。

　　沈文秀字仲遠，吳興武康人，[1]司空慶之弟子也。[2]父劭之，[3]南中郎行參軍。[4]

　[1]吳興：郡名。治所在今浙江湖州市吳興區。　武康：縣名。

治所在今浙江德清縣。

[2]司空：官名。名譽宰相。一品。

[3]劭之：人名。即沈劭之。曾任廬陵王紹南中郎行參軍，討伐過建安揭陽人暴動。事見本書卷七七《沈慶之傳》。

[4]南中郎行參軍：官名。即南中郎將府行參軍。南中郎將自辟的參軍，無固定職掌。

文秀初爲郡主簿，[1]功曹史。[2]慶之貴後，文秀起家爲東海王褘撫軍行參軍，[3]又度義陽王昶東中郎府，[4]東遷、錢塘令，[5]西陽王子尚撫軍參軍，[6]武康令，尚書庫部郎，[7]本邑中正，[8]建康令。[9]坐爲尋陽王鞭殺私奴，[10]免官，加杖一百。尋復官。前廢帝即位，爲建安王休仁安南録事參軍，[11]射聲校尉。[12]

[1]郡主簿：官名。郡守的屬吏，掌郡之簿書文案。

[2]功曹史：郡守的屬吏，掌郡吏的選舉考課。

[3]起家：官制用語。指第一次擔任的官職。　東海王：王爵名。王國在今山東蒼山縣南。　褘：人名。即劉褘。字休秀，文帝第八子。初封東海，太宗即位，改封廬江王。本書卷七九有傳。撫軍行參軍：官名。即撫軍將軍府行參軍。由撫軍將軍任命的參軍，無固定職掌。

[4]度：過渡，轉任。　義陽王：王爵名。王國在今河南信陽市。　東中郎府：即東中郎將府。東中郎將爲四中郎將之一，多兼任刺史，或持節、都督相鄰數州。四品。

[5]東遷：縣名。治所在今浙江湖州市東遷鎮。　錢塘：縣名。治所在今浙江杭州市。

[6]西陽王：王爵名。王國在今湖北黃岡市黃州區。　子尚：人名。即劉子尚。字孝師，孝武帝第二子。初封西陽王，大明五年

（461）改封豫章。本書卷八〇有傳。

　　[7]尚書庫部郎：官名。尚書庫部曹長官，掌戎仗器用。六品。

　　[8]本邑：指吳興郡。　中正：官名。掌本郡人物品評，區別高下，第其品等，報司徒審校，然後由吏部授任官職。

　　[9]建康令：官名。京師所在的建康縣縣令。建康，縣名。治所在今江蘇南京市。

　　[10]尋陽王：王爵名。王國在今江西九江市。尋陽王即劉子房，字孝良，孝武帝第六子。初封尋陽王，太宗即位，降封松滋侯。本書卷八〇有傳。

　　[11]建安王：王爵名。王國在今福建建甌市南松溪南岸。　休仁：人名。即劉休仁。文帝第十二子，始封建安，改封始安王。本書卷七二有傳。　安南録事參軍：官名。即安南將軍録事參軍。掌處理將軍府日常事務。

　　[12]射聲校尉：官名。皇帝的侍衛武官，隸領軍將軍，多用以安置勳臣。四品。

　　景和元年，遷督青州徐州之東莞東安二郡諸軍事、建威將軍、青州刺史。[1]時帝狂悖無道，內外憂危，文秀將之鎮，部曲出屯白下，[2]説慶之曰：“主上狂暴如此，土崩將至，而一門受其寵任，萬物皆謂與之同心。且此人性情無常，猜忌特甚，將來之禍，事又難測。今因此衆力，圖之易於反掌，千載一時，萬不可失。”慶之不從。文秀固請非一，言輒流涕，終不回。文秀既行，慶之果爲帝所殺。慶之死後，帝遣直閤江方興領兵誅文秀。[3]方興未至，太宗已定亂，馳驛駐之。方興既至，爲文秀所執，尋見釋，遣還京師。

　　[1]遷督青州徐州之東莞東安二郡諸軍事：各本均脱“徐州”
二字，錢大昕《考異》：“當云督青州、徐州之東莞東安二郡，史脱
徐州二字，下文詔書可證。”中華本據補。

　　[2]部曲：軍隊之謂。漢時軍隊編制有部曲，後人以此概稱軍
隊。　白下：地名。在今江蘇南京市金川門外，幕府山南麓。時爲
屯兵重地。

　　[3]江方興：人名。濟陰考城（今河南民權縣）人，以戰功爲
太子左衞率，卒後追封武當縣侯。事見本書卷八四《鄧琬傳》。

　　時晉安王子勛據尋陽反叛，六師外討，[1]徵兵於文
秀，文秀遣劉彌之、張靈慶、崔僧琁三軍赴朝廷。時徐
州刺史薛安都已同子勛，遣使報文秀，以四方齊舉，勸
令同逆。文秀即令彌之等回應安都。彌之等尋歸順，事
在《安都傳》。彌之青州强姓，門族甚多，諸宗從相合
率奔北海，[2]據城以拒文秀。平原、樂安二郡太守王玄
默據琅邪，[3]清河、廣川二郡太守王玄邈據盤陽城，[4]高
陽、勃海二郡太守劉乘民據臨濟城，[5]並起義。文秀司
馬房文慶謀應之，[6]爲文秀所殺。文秀遣軍主解彦士攻
北海，陷之，[7]乘民從弟伯宗合率鄉兵，[8]復克北海，因
率所領向青州所治東陽城。[9]文秀拒之，伯宗戰敗被創，
弟天愛扶持將去。[10]伯宗曰：“丈夫當死戰場，以身殉
國，安能歸死兒女手中乎？弟可速去，無爲兩亡。”乃
見殺，追贈龍驤將軍、長廣太守。[11]

　　[1]六師：一作“六軍”。禁衞軍之總稱。指領軍將軍、護軍
將軍、驍騎將軍、游擊將軍、左衞將軍、右衞將軍所統之師。

　　[2]北海：郡名。治所在今山東昌樂縣。

[3]王玄默：人名。本書僅此一見，其事不詳。

[4]王玄邈：人名。字彥遠，下邳人，王玄載之弟。因反對沈
文秀，明帝任爲青州刺史，入齊官至護軍將軍加散騎常侍。《南齊
書》卷二七有附傳。　盤陽城：地名。在今山東臨朐縣。

[5]劉乘民：人名。明帝時先任寧朔將軍，後任冀州刺史。餘
事均見本卷。　臨濟城：地名。在今山東高青縣。

[6]文秀司馬：當爲建威將軍司馬。文秀時爲建威將軍。　房
文慶：人名。本書僅此一見，其事不詳。

[7]解彥士：人名。本書僅此一見，其事不詳。

[8]伯宗：人名。即劉伯宗。本書僅此一見，其事不詳。

[9]東陽城：地名。在今山東青州市。

[10]天愛：人名。即劉天愛。本書僅此一見，其事不詳。

[11]長廣：郡名。治所在今山東青島市西北。

太宗遣青州刺史明僧暠、東莞東安二郡太守李靈謙
率軍伐文秀。[1]玄邈、乘民、僧暠等並進軍攻城，每戰
輒爲文秀所破，離而復合，如此者十餘。泰始二年八
月，尋陽平定，太宗遣尚書度支郎崔元孫慰勞諸義
軍，[2]隨僧暠戰敗見殺，追贈寧朔將軍、冀州刺史。上
遣文秀弟文炳詔文秀曰：[3]“皇帝問前督青州徐州之東
莞東安二郡諸軍事、建威將軍、青州刺史，[4]朕去歲撥
亂，功振普天，於卿一門，特有殊澤，卿得延命至今，
誰之力邪？何故背國負恩，遠同逆豎。今天下已定，四
方寧壹，卿獨守窮城，何所歸奉？且卿百口在都，兼有
墳墓，想情非木石，猶或顧懷。故指遣文炳具相宣示。
凡諸逆節，[5]親爲戎首，一不加罪，文炳所具。卿獨何
人，而能自立。便可速率部曲，同到軍門，別詔有司，

一無所問。如其不爾，國有常刑，非惟戮及弟息，[6]亦當夷卿墳壟，既以謝齊土百姓，亦以勞將士之心。故有今詔。”三年二月，文秀歸命請罪，即安本任。

[1]明僧暠：人名。平原鬲（今山東平原縣北）人，明僧紹之弟，好學，爲時所譽。事見《南齊書》卷五四《明僧紹傳》。　李靈謙：人名。明帝時先任山陽太守，後任兗州刺史。順帝時先任宣城太守，後再任兗州刺史。餘事見本卷。

[2]尚書度支郎：官名。尚書度支郎曹的長官，職主財政。秩四百石。六品。　崔元孫：人名。本書僅此一見，其事不詳。

[3]文炳：人名。即沈文炳。本書僅此一見，其事不詳。

[4]問前：各本均作“前問”。中華本據《元龜》卷二一五改。按：當作“問前”，“前問”不似皇帝詔書語氣。

[5]節：各本並作“郎”，中華本據《元龜》卷二一五改。

[6]弟息：弟弟與兒子。

先是，冀州刺史崔道固亦據歷城同逆，爲土人起義所攻，與文秀俱遣信引虜，虜遣將慕輿白曜率大衆援之。[1]文秀已受朝命，乃乘虜無備，縱兵掩擊，殺傷甚多。虜乃進軍圍城，文秀善於撫御，將士咸爲盡力，每與虜戰，輒摧破之，掩擊營砦，往無不捷。太宗進文秀號輔國將軍。其年八月，虜蜀郡公拔式等馬步數萬人入西郭，[2]直至城下，文秀使輔國將軍垣謘擊破之。[3]九月，又逼城東。十月，進攻南郭。文秀使員外散騎侍郎黃彌之等邀擊，[4]斬獲數千。四年，又進文秀號右將軍，封新城縣侯，[5]食邑五百戶。虜青州刺史王隆顯於安丘縣又爲軍主高崇仁所破，[6]死者數百人。虜圍青州積久，

太宗所遣救兵並不敢進，乃以文秀弟征北中兵參軍文静
爲輔國將軍，[7]統高密、北海、平昌、長廣、東萊五郡
軍事，[8]從海道救青州。[9]文静至東萊之不其城，[10]爲虜
所斷遏，不得進，因保城自守，又爲虜所攻，屢戰輒
剋，太宗加其東青州刺史。四年，不其城爲虜所陷，文
静見殺。

[1]慕輿白曜：人名。北魏大臣，封濟南王，皇興四年（470）
因乙渾案被殺。《魏書》卷五〇《慕容白曜傳》作“慕容白曜”。

[2]虜蜀郡公拔式：人名。即北魏西河公元石。《魏書》卷一
四有傳。

[3]垣諶：人名。本書僅此一見，其事不詳。

[4]黄彌之：人名。本書僅此一見，其事不詳。

[5]新城縣侯：侯爵名。三品。侯國在今浙江富陽市西南。

[6]王隆顯：人名。本書僅此一見，其事不詳。

[7]征北中兵參軍：官名。即征北將軍府中兵參軍。領本府中
兵曹事務，兼備參謀咨詢。七品。　文静：人名。本書卷八《明帝
紀》作“文靖”。

[8]高密：郡名。治所在今山東膠州市西南。　平昌：郡名。
治所在今山東諸城市。　東萊：郡名。治所在今山東萊州市。

[9]從海道救青州：各本並脱“從”字，中華本據《元龜》卷
四四四補。

[10]不其：縣名。治所在今山東青島市崂山區。

文秀被圍三載，外無援軍，士卒爲之用命，無離叛
者，日夜戰鬬，甲胄生蟣虱。五年正月二十四日，遂爲
虜所陷。城敗之日，解釋戎衣，緩服静坐，命左右取所

持節。虜既入，兵刃交至，問曰："青州刺史沈文秀何在？"文秀厲聲曰："身是。"因執之，牽出聽事前，[1]剝取衣服。時白曜在城西南角樓，裸縛文秀至曜前，執之者令拜，文秀曰："各二國大臣，無相拜之禮。"曜命還其衣，爲設酒食，鏁送桑乾。其餘爲亂兵所殺，死者甚衆。太宗先遣尚書功論郎何如真選青州文武，[2]亦爲虜所殺。文秀在桑乾凡十九年，[3]齊之永明四年，[4]病死，時年六十一。

[1]聽事：辦公的廳堂。

[2]尚書功論郎：官名。吏部尚書的屬吏，功論郎曹之長，主考察文武官員。六品。　何如真：人名。本書僅此一見，其事不詳。

[3]文秀在桑乾凡十九年：丁福林《校議》云："沈文秀於泰始五年（469）正月二十四日爲北魏所俘，鏁送桑乾……至永明四年（486）卒，在桑乾前後凡十八年，非十九年。此'十九年'與'永明四年'間應有一誤。"

[4]永明：齊武帝蕭賾年號（483—493）。

崔道固，清河人也。世祖世，以幹用見知，歷太子屯騎校尉，[1]左軍將軍。大明三年，出爲齊、北海二郡太守。民焦恭破古冢，[2]得玉鎧，道固檢得，獻之，執繫恭。入爲新安王子鸞北中郎諮議參軍，[3]永嘉王子仁左軍司馬。[4]

[1]太子屯騎校尉：官名。太子的侍衛武官。

[2]焦恭：人名。本書僅此一見，其事不詳。

　　[3]新安王：王爵名。王國在今浙江淳安縣西北。　子鸞：人名。即劉子鸞。字孝羽，孝武帝第八子。本書卷八〇有傳。　北中郎諮議參軍：官名。即北中郎將府諮議參軍。掌謀議。

　　[4]永嘉王：王爵名。王國在今浙江溫州市。　子仁：人名。即劉子仁。字孝和，孝武帝第九子。本書卷八〇有傳。　左軍司馬：官名。即左軍將軍司馬。掌參贊軍務，管理府内武職，位僅次於長史。

　　景和元年，出爲寧朔將軍、冀州刺史，鎮歷城。泰始二年，進號輔國將軍，又進號征虜將軍。時徐州刺史薛安都同逆，上即還道固本號爲徐州代之。道固不受命，遣子景微、軍主傅靈越率衆赴安都。[1]既而爲土人起義所攻，屢戰失利，閉門自守。會四方平定，上遣使宣慰，道固奉詔歸順。先是與沈文秀共引虜，虜既至，固守距之，因被圍逼。虜每進，輒爲道固所摧。三年，以爲都督冀青兗幽并五州諸軍事、前將軍、冀州刺史，加節，又進號平北將軍。其年，爲虜所陷，[2]被送桑乾，死於虜中。

　　[1]景微：人名。張森楷《校勘記》曰：“景微，《薛安都傳》作景徵，必有一誤。”按：本傳當是。

　　[2]其年，爲虜所陷：丁福林《校議》據《魏書》之《顯祖紀》、《慕容白曜傳》、《崔道固傳》、《通鑑》卷一三二考證，崔道固陷於魏在魏皇興二年（468），即宋泰始四年，認爲“其年”乃“明年”之訛。

　　史臣曰：《春秋》列國大夫得罪，皆先致其邑而後去，唯邾、莒三臣，[1]書以叛人之目，蓋重地也。安都勤王之略，義闕於藩屏，以地外奔，罪同於三叛。《詩》云：“誰生厲階，至今爲梗。”[2]其此之謂乎。

[1]邾、莒三臣：《春秋》昭公五年：夏，“莒牟夷以牟婁及防茲來奔”。又《春秋》昭公三十一年：冬，“（邾）黑肱以濫來奔”。似指此典故。

[2]誰生厲階，至今爲梗：誰始生此禍者，乃至今日相梗不已。見《詩·大雅·桑柔》。

宋書　卷八九

列傳第四十九

袁粲

　　袁粲字景倩，陳郡陽夏人，[1]太尉淑兄子也。[2]父濯，揚州秀才，[3]蚤卒。祖母哀其幼孤，名之曰愍孫。伯叔並當世榮顯，而愍孫饑寒不足，母琅邪王氏，[4]太尉長史誕之女也，[5]躬事績紡，以供朝夕。愍孫少好學，有清才，有欲與從兄顗婚者，伯父洵即顗父，[6]曰：“顗不堪，政可與愍孫婚耳。”[7]時愍孫在坐，流涕起出。

　　[1]陳郡：治所在今河南淮陽縣。　陽夏：縣名。治所在今河南太康縣。

　　[2]太尉：官名。東漢時三公之首，魏晉爲名譽宰相。但東晉末劉裕任太尉則有實權。一品。　淑：人名。即袁淑。字陽源。本書卷七〇有傳。

　　[3]揚州：治所在今江蘇南京市。　秀才：宋時察舉科目之一。由州及中央高級官員從屬下人員中推薦，到中央政府接受策試，合格者根據策試成績檔次分別授予不同官職。

　　[4]琅邪王氏：宋時的高門大姓。琅邪，郡名。治所在今山東臨沂市。

　　[5]太尉長史：官名。太尉的屬吏，爲太尉府僚之長。秩千石。三品。　誕：人名。即王誕。字茂世。本書卷五二有傳。

　　[6]洵：人名。即袁洵。事見本書卷五二《袁豹傳》。　顗：人名。即袁顗。字景章。本書卷八四有傳。《南史》《建康實録》作“國章”。

　　[7]政可：正好。政，同“正”。

　　畲以操立志行見知，[1]初爲揚州從事，[1]世祖安北、鎮軍、北中郎行參軍，[2]南中郎主簿。[3]世祖伐逆，轉記室參軍。[4]及即位，除尚書吏部郎，[5]太子右衛率，[6]侍中。[7]孝建元年，[8]世祖率羣臣並於中興寺八關齋，[9]中食竟，愍孫別與黄門郎張淹更進魚肉食。[10]尚書令何尚之奉法素謹，[11]密以白世祖，世祖使御史中丞王謙之糾奏，[12]並免官。二年，起爲廷尉，[13]太子中庶子，[14]領右軍將軍。[15]出爲輔國將軍、西陽王子尚北中郎長史、廣陵太守，[16]行兖州事。[17]仍爲永嘉王子仁冠軍長史，[18]將軍、太守如故。大明元年，[19]復爲侍中，領射聲校尉，[20]封興平縣子，[21]食邑五百户，事在《顔師伯傳》。三年，坐納山陰民丁象文貨，[22]舉爲會稽郡孝廉，[23]免官。尋爲西陽王子尚撫軍長史，[24]又爲中庶子，[25]領左軍將軍。[26]四年，出補豫章太守，[27]加秩中二千石。[28]五年，復還爲侍中，領長水校尉，[29]遷左衛將軍，[30]加給事中。[31]七年，轉吏部尚書，[32]左衛如故。其年，皇太子冠，[33]上臨宴東宫。[34]愍孫勸顔師伯酒,[35]師伯不飲，愍孫因相裁辱。師伯見寵於上，上常嫌愍孫以寒素凌之，[36]因此發怒，出爲海陵太守。[37]前廢帝即位,[38]除御史中丞，不拜。復爲吏部尚書。永光元年，徙右衛將軍，加給事中。景和元年，[39]復入爲侍中，領驍騎將軍。[40]太宗泰始元年，[41]轉司徒左長史、冠軍將軍、南東海太守。[42]

[1]揚州從事：官名。州吏，掌一曹事。

[2]世祖：宋孝武帝劉駿廟號。 安北、鎮軍、北中郎行參軍：言粲歷任安北將軍、鎮軍將軍、北中郎將三個軍府的行參軍。行參軍，軍府的僚屬，掌軍府一曹事，級別低於參軍。

[3]南中郎主簿：官名。即南中郎將主簿。掌軍府簿籍文書。南中郎，各本並作“侍中郎”，孫彪《考論》云：“侍字當作南，南中郎亦世祖府也。”按孫說是，中華本據改。

[4]記室參軍：官名。掌軍府記室，負責爲將軍起草文書章奏事宜。七品。

[5]除：官制用語。意即拜、授、任用。 尚書吏部郎：官名。尚書省下屬吏部尚書曹的吏部郎曹之長，掌官吏的選用。六品。

[6]太子右衛率：官名。太子的侍衛武官，職領太子衛隊，與太子左衛率並置。五品。

[7]侍中：官名。皇帝的高級侍從顧問，職顧問應對，拾遺補缺，是皇帝的重要謀臣。有專職，亦作爲加銜授予重臣，以示榮寵。三品。

[8]孝建：宋孝武帝劉駿年號（454—456）。

[9]八關齋：佛教的八條戒律，亦稱八關戒。一不殺生，二不偷盜，三不邪淫，四不妄語，五不飲酒、食肉，六不著花鬘瓔珞、香油塗身、歌舞倡伎故往觀聽，七不得坐高廣大床，八不得過齋後吃食。

[10]黃門郎：官名。即黃門侍郎。皇帝的侍從顧問，門下省次官。五品。　張淹：人名。張暢子。本書卷四六有附傳。

[11]尚書令：官名。尚書省長官，負責處理全國的日常政務，居宰相之職。三品。　何尚之：人名。字彥德，廬江灊（今安徽霍山縣）人。本書卷六六有傳。

[12]御史中丞：官名。負責監察百官的御史臺長官。四品。王謙之：人名。字休光，琅邪臨沂人。本書卷四五有附傳。

[13]廷尉：官名。原爲九卿之一，負責司法的長官。三品。時因修訂法律及刑獄之政令仰承尚書省，又置建康三尉分掌刑獄，廷尉職權漸輕。

[14]太子中庶子：官名。太子的屬吏，職如侍中，侍從太子，顧問應對。秩六百石。五品。

[15]領：官制用語。兼任。　右軍將軍：官名。皇帝的侍衛武官。四品。

[16]輔國將軍：官名。名號將軍之一。三品。　西陽王：王爵名。王國在今湖北黃岡市黃州區。　子尚：人名。即劉子尚。字孝師，孝武帝第二子。初立西陽王，後改封豫章王。本書卷八〇有傳。　北中郎長史：官名。即北中郎將府長史。北中郎將的屬吏，幕僚之長。　廣陵：郡名。治所在今江蘇揚州市廣陵區。

[17]行：官制用語。代理，攝行。　兗州：治所在今山東兗州市。丁福林《校議》據本書卷六《孝武帝紀》、卷八〇《孝武十四王傳》考證，“行”後佚“南”字，實爲“行南兗州事”。南兗州，治廣陵（今江蘇揚州市）。

[18]永嘉王：王爵名。王國在今浙江溫州市。　子仁：人名。即劉子仁。字孝和，孝武帝第九子。本書卷八〇有傳。　冠軍長史：官名。即冠軍將軍府長史。冠軍將軍的屬吏之長。丁福林《校議》據本書《孝武帝紀》、卷七二《文九王傳》、《孝武十四王傳》考證，“子尚於孝建三年三月爲南兗州刺史，七月改任揚州刺史；建安王休仁於孝建三年七月由秘書監而出爲冠軍將軍、南兗州刺

史，鎮廣陵，乃繼子尚而任也。亦即袁粲於子尚離任後乃轉入休仁幕，爲休仁冠軍長史並領廣陵太守。可見此‘永嘉王子仁’乃‘建安王休仁’之訛”。

[19]大明：宋孝武帝劉駿年號（457—464）。

[20]射聲校尉：官名。皇帝侍從武官，隸中領軍。四品。

[21]興平縣子：子爵名。五等爵第四級。封邑在今江西永豐縣東北。

[22]坐：因某某罪之由。　山陰：縣名。治所在今浙江紹興縣。　丁象文：人名。《南史》作“丁承文”。

[23]會稽：郡名。治所在今浙江紹興市。　孝廉：時察舉科目之一。由具有察舉權的官員向中央政府推薦自己屬下的臣民應選，到中央政府參加策試，合格者可根據成績等次獲得官職。

[24]撫軍長史：官名。撫軍將軍的屬吏之長。

[25]中庶子：官名。即太子中庶子。與中舍人共掌文翰。五品。

[26]左軍將軍：官名。皇帝侍衛武官，與右軍將軍並置。四品。

[27]豫章：郡名。治所在今江西南昌市。

[28]中二千石：秩別名。戰國時，官吏俸祿以石計粟，言年俸滿二千石。秦漢時爲九卿級官員的秩級。太守本秩爲二千石，加秩中二千石，爲榮賞。中，滿。

[29]長水校尉：官名。皇帝侍從武官。四品。

[30]左衛將軍：官名。皇帝侍衛武官，與右衛將軍並置。四品。

[31]給事中：官名。皇帝的侍從顧問，職顧問應對。五品。

[32]吏部尚書：官名。尚書省屬曹吏部的長官，掌官吏選用，權高位重，時爲貴途。三品。

[33]皇太子：即後來的前廢帝劉子業。　冠：冠禮，成人儀式。子業時年十五歲。

[34]東宮：太子所居宮名。

[35]顏師伯：人名。字長淵，琅邪臨沂（今山東費縣）人。本書卷七七有傳。

[36]寒素：素族寒門之意。指無爵位且政治地位低下的人士（參見陳長琦《兩晉南朝政治史稿》，河南大學出版社1992年版）。

[37]海陵：郡名。治所在今江蘇泰州市姜堰區北。

[38]前廢帝：即劉子業。孝武帝長子，永光元年（465）即位，旋爲明帝劉彧篡殺。本書卷七有紀。

[39]景和：宋前廢帝劉子業年號（465）。

[40]驍騎將軍：官名。皇帝侍衛武官。四品。

[41]太宗：宋明帝劉彧廟號。　泰始：宋明帝劉彧年號（465—471）。

[42]司徒左長史：官名。司徒府屬吏長之一，與司徒右長史並置，職主官吏選任，負責九品官人法下的人才品等考核。五品。南東海：郡名。治所在今江蘇鎮江市京口區。

愍孫清整有風操，自遇甚厚，常著《妙德先生傳》以續嵇康《高士傳》以自況，[1]曰：

有妙德先生，陳國人也。[2]氣志淵虛，姿神清映，性孝履順，栖沖業簡，有舜之遺風。先生幼鳳多疾，性疏嬾，無所營尚，然九流百氏之言，[3]雕龍談天之藝，[4]皆泛識其大歸，而不以成名。

家貧嘗仕，非其好也，混其聲迹，晦其心用，故深交或迕，俗察罔識。所處席門常掩，三逕裁通，雖揚子寂漠，[5]嚴叟沈冥，[6]不是過也。修道遂志，終無得而稱焉。

[1]常：同"嘗"。曾經。　嵇康：人名。字叔夜，譙國銍（今安徽宿州市）人。《晋書》卷四九有傳。　《高士傳》：書名。已佚。現存皇甫謐之《高士傳》中收有其佚文十條，爲後人所輯。

[2]陳國：國名。由陳郡改置，在今河南淮陽縣。

[3]九流百氏：泛指各學術派別。九流，先秦時期的九大學術流派。百氏，百家學術派別。參見《漢書·藝文志》。

[4]雕龍談天：語出《史記》卷七四《荀卿列傳》："故齊人頌曰：'談天衍，雕龍奭。'"《集解》引劉向《別録》曰："騶衍之所言五德終始，天地廣大，盡言天事，故曰'談天'。騶奭脩衍之文，飾若雕鏤龍文，故曰'雕龍'。"

[5]揚子：即揚雄。字子雲，西漢學者。《漢書》卷八七有傳。

[6]嚴叟：即嚴光。字子陵，一名遵，會稽餘姚（今浙江餘姚市）人。《後漢書》卷八三有傳。

又嘗謂周旋人曰：[1]"昔有一國，國中一水，號曰狂泉。[2]國人飲此水，無不狂，唯國君穿井而汲，獨得無恙。國人既並狂，反謂國主之不狂爲狂，於是聚謀，共執國主，療其狂疾，火艾針藥，莫不畢具。[3]國主不任其苦，於是到泉所酌水飲之，飲畢便狂。君臣大小，其狂若一，衆乃歡然。我既不狂，難以獨立，比亦欲試飲此水。"

[1]周旋人：指親密往來之人。見周一良《札記》。

[2]狂泉：此乃袁粲自創的寓言故事，後遂以狂泉喻接受錯誤的思想、學術。

[3]畢：各本並作"必"。中華本據《元龜》卷九一七改。按：作"畢"是。

惔孫幼慕荀奉倩之爲人，[1]白世祖，求改名爲粲，不許。至是言於太宗，乃改爲粲，字景倩焉。

[1]荀奉倩：人名。即荀粲。三國魏人，荀彧之子，善道家之學，爲當時名士。《三國志》卷一〇《魏書·荀攸傳》裴松之注引有何劭撰粲傳。

二年，遷領軍將軍，[1]仗士三十人入六門。[2]其年，徙中書令，[3]領太子詹事，[4]增封三百户，固辭不受。三年，轉尚書僕射，[5]尋領吏部。五年，加中書令，又領丹陽尹。[6]六年，上於華林園茅堂講《周易》，粲爲執經。又知東宮事，徙爲右僕射。七年，領太子詹事，僕射如故。未拜，遷尚書令，丹陽尹如故。坐前選武衛將軍江柳爲江州刺史，[7]柳有罪，降爲守尚書令。[8]太宗臨崩，粲與褚淵、劉勔並受顧命，[9]加班劍二十人，給鼓吹一部。後廢帝即位，[10]加兵五百人。帝未親朝政，下詔曰：“比亢序愆度，[11]留熏燡暑，有傷秋稼，方貽民瘼。朕以眇疢，未弘政道，囹圄尚繁，枉滯猶積，晨兢夕厲，每惻于懷。尚書令可與執法以下，就訊衆獄，使冤訟洗遂，困弊昭蘇。[12]頒下州郡，咸令無壅。”元徽元年，[13]丁母憂，[14]葬竟，攝令親職，加衛將軍，[15]不受，敦逼備至，中使相望，粲終不受。性至孝，居喪毁甚，祖日及祥變，[16]常發詔衛軍斷客。

[1]領軍將軍：官名。與中領軍通職，統領禁衛軍。資輕者爲中領軍，資重者稱領軍將軍，地位非常重要。三品。

[2]六門：臺城之六門。《通鑑》梁元帝承聖元年胡三省注：“臺城六門，大司馬門、萬春門、東華門、西華門、太陽門、承明門。”參閱周一良《札記》。

[3]中書令：官名。中書省長官，職主爲皇帝起草詔令，接受百官章奏，發布詔告，相當於君主的秘書長。時視爲清顯之職。三品。

[4]太子詹事：官名。太子的重要屬官，總領太子宮屬事務。秩二千石。三品。

[5]尚書僕射：官名。尚書省次官，一般分置左、右僕射，單置時唯稱僕射，協助尚書令領尚書曹事。三品。

[6]丹陽尹：官名。東晉南朝以丹陽爲京畿，故以丹陽太守爲尹，領治京畿，位比諸卿。三品。丹陽，郡名。治所在今江蘇南京市。

[7]武衛將軍：官名。五武將軍之一。四品。　　江柳：人名。本書僅此一見，其事不詳。　　江州：治所在今江西九江市。

[8]守：留職察看。以其有過，留其尚書令職，帶職補過。

[9]褚淵：人名。字彥回，河南陽翟（今河南禹州市）人，宋、齊時大臣。《南齊書》卷二三有傳。　　劉勔：人名。字伯猷，彭城（今江蘇徐州市）人。本書卷八六有傳。

[10]後廢帝：即劉昱。字德融，小字慧震。明帝長子，泰豫元年立（472），元徽五年（477）被殺。本書卷九有紀。

[11]亢序愆度：乾旱得時序失調。亢序，各本並作“元序”，中華本據本書《後廢帝紀》改。

[12]困弊：各本並作“痍弊”，中華本據本書《後廢帝紀》改。

[13]元徽：宋後廢帝劉昱年號（473—477）。

[14]丁母憂：遭逢母親去世。丁，當。

[15]衛將軍：官名。地位僅次於驃騎、車騎將軍，位亞三司、儀同三司，常作爲重臣加官。三品。

[16]祖日：爲死者設祭奠之日，一説祭祖神之日。　祥變：《南史》作“祥”，無“變”字。按：“祥”爲親喪的祭名，是古人居父母和親人之喪，滿一年或二年而祭的通稱。祥變爲吉祥變異之意，非祭名，應以《南史》爲是。

　　二年，桂陽王休範爲逆，[1]粲扶曳入殿，詔加兵自隨，府置佐史。時兵難危急，賊已至南掖門，[2]諸將意沮，咸莫能奮。粲慷慨謂諸將帥曰：“寇賊已逼，而衆情離沮。孤子受先帝顧託，本以死報，今日當與褚護軍同死社稷！”因命左右被馬，辭色哀壯。於是陳顯達等感激出戰，[3]賊即平殄。事寧，授中書監，[4]即本號開府儀同三司，[5]領司徒，[6]以揚州解爲府，[7]固不肯移。三年，徙尚書令，衛軍、開府如故，並固辭，服終乃受。加侍中，進爵爲侯，又不受。時粲與齊王、褚淵、劉秉入直，[8]平決萬機，時謂之“四貴”。粲閑默寡言，不肯當事，主書每往諮決，或高詠對之，時立一意，則衆莫能改。宅宇平素，器物取給。好飲酒，善吟諷，獨酌園庭，以此自適。居負南郭，時杖策獨遊，素寡往來，門無雜客。及受遺當權，四方輻湊，閑居高卧，一無所接，談客文士，所見不過一兩人。

　　[1]桂陽王休範爲逆：事在元徽二年。桂陽王，王爵名。王國在今湖南郴州市。休範，人名。即劉休範。文帝第十八子。本書卷七九有傳。
　　[2]南掖門：臺城之南門。臺城爲皇宫及中樞所在。
　　[3]陳顯達：人名。南彭城人，宋、齊時將領。《南齊書》卷二六有傳。

[4]中書監：官名。中書省長官，職與中書令略同，時或與令並置，地位高於令。多以授重臣兼領，爲顯職。

[5]即本號開府儀同三司：時粲爲衛將軍，開府儀同三司，以衛將軍名號開府，在儀制上享受三司待遇。本號，本有名號。三司，太尉、司徒、司空。

[6]司徒：官名。三公（三司）之一，可參謀朝政，但無實權，爲重臣榮譽性職務。一品。

[7]以揚州解爲府：以揚州府官署爲司徒府。解，同“廨”。官舍，官署。

[8]齊王：即齊高帝蕭道成。時爲宋大臣。《南齊書》卷一、二有紀。 劉秉：人名。字彥節，宋宗室，劉裕弟劉道憐之孫。本書卷五一有附傳。

順帝即位，[1]遷中書監，司徒、侍中如故。時齊王居東府，故使粲鎮石頭。[2]粲素静退，每有朝命，多不即從，逼切不得已，然後方就。及詔移石頭，即便順旨。有周旋人解望氣，[3]謂粲曰：“石頭氣甚乖，往必有禍。”粲不答。又給油絡通幰車，仗士五十人入殿。時齊王功高德重，天命有歸，粲自以身受顧託，不欲事二姓，密有異圖。丹陽尹劉秉，宋代宗室；前湘州刺史王藴，[4]太后兄子，素好武事，並慮不見容於齊王，皆與粲相結。將帥黄回、任候伯、孫曇瓘、王宜興、彭文之、卜伯興等，[5]並與粲合。

[1]順帝：即宋末帝劉準。昇明元年（477）即位，三年爲齊高帝取代。本書卷一〇有紀。

[2]石頭：地名。石頭戍。在今江蘇南京市西清涼山，控扼江

險，時爲京師的重要防務點。

　　[3]望氣：方術之一種，謂能觀測某方之凶吉興衰之氣。

　　[4]王蘊：人名。字彥深，小字阿益，琅邪臨沂人。本書卷八五有附傳。

　　[5]黃回：人名。竟陵郡（今湖北鍾祥市）人。本書卷八三有傳。　任候伯：人名。臨淮（今江蘇盱眙縣）人，任農夫之弟，曾任輔國將軍，行湘州刺史，以反蕭道成被誅。本書卷八三有附傳。　孫曇瓘：人名。吳郡富陽（今浙江富陽市）人。本書卷八三有附傳。　王宜興：人名。吳興（今浙江湖州市）人，與黃回共應袁粲反蕭道成，事敗，被黃回所殺。本書卷八三有附傳。　彭文之：人名。泰山（今山東泰安市）人。本書卷八三有附傳。　卜伯興：人名。吳興餘杭（今浙江杭州市餘杭區）人，卜天與之子。本書卷九一有附傳。

　　昇明元年，[1]荆州刺史沈攸之舉兵，[2]齊王自詣粲，粲稱疾不見。粲宗人通直郎袁達以爲不宜示異同，粲曰：“彼若以主幼時艱，與桂陽時不異，劫我入臺，便無辭以拒。一如此，不復得出矣。”時齊王入屯朝堂，秉從父弟領軍將軍韞入直門下省，[3]伯興爲直閤，[4]黃回諸將皆率軍出新亭。[5]粲謀克日矯太后令，使韞、伯興率宿衛兵攻齊王於朝堂，回率軍來應。秉、候伯等並赴石頭，本期夜發，其日秉恇擾不知所爲，晡後便束裝，未暗，載婦女席卷就粲，由此事洩。先是，齊王遣將薛淵、蘇烈、王天生等領兵戍石頭，[6]云以助粲，實禦之也。又令腹心王敬則爲直閤，[7]與伯興共總禁兵。王蘊聞秉已奔，嘆曰：“今年事敗矣。”時齊王使蘊募人，已得數百，乃狼狽率部曲向石頭。本期開南門，時已暗

夜，薛淵等據門射之，蘊謂粲已敗，即便散走。齊王以
報敬則，率所領收蘊殺之，并誅伯興。又遣軍主戴僧靜
向石頭助薛淵，自倉門得入。時粲與秉等列兵登東門，
僧靜分兵攻府西門，粲與秉欲還赴府，既下城，列燭自
照，僧靜挺身暗往，粲子最覺有異人，以身衛粲，僧靜
直前斬之，父子俱殞，左右各分散。粲死時，年五十
八。任候伯等其夜並乘輕舸，自新亭赴石頭，聞粲敗，
乃馳還。其後並誅。秉事在《宗室傳》。

[1]昇明：宋順帝劉準年號（477—479）。

[2]荊州：治所在今湖北荊州市荊州區。　沈攸之：人名。字
仲達，宋時將領。本書卷七四有傳。

[3]領軍將軍韞入直門下省：丁福林《校議》據本書卷五一
《長沙景王道憐傳》附《劉韞傳》《劉秉傳》、卷一〇《順帝紀》考
證，“皆云劉韞時爲中領軍。則此作‘領軍將軍’，恐誤”。韞，人
名。即劉韞。宋宗室劉道憐之孫，宋時將領。本書卷五一有附傳。
入直，值守宿衛。門下省，官署名。爲掌權的三省之一，由侍中主
之，是皇帝的參謀機構。

[4]直：值守。　閣：殿閣。

[5]新亭：地名。在今江蘇南京市南。地近江濱，時爲軍事
要地。

[6]薛淵：人名。河東汾陰（今山西萬榮縣）人。《南齊書》
卷三〇有傳。據張忱石《南朝五史人名索引》考證，薛淵本名道
淵，《南齊書》避蕭道成諱，省道字，唐修《南史》又避李淵諱，
改作“薛深”或“薛道深”。　蘇烈：人名。字休文，武邑（今河
北武邑縣）人，蘇侃之弟。《南齊書》卷二八有附傳。　王天生：
人名。曾任沈仲玉益州府司馬，平定巴西李承明叛亂，後爲蕭道成
軍主，在平定袁粲之戰中，屢立戰功。

[7]王敬則：人名。晋陵南沙（今江蘇常熟市西北）人。蕭齊開國功臣。《南齊書》卷二六有傳。

齊永明元年，[1]詔曰："昔魏矜袁紹，恩給丘墳；[2]晋亮兩王，榮覃餘裔。[3]斯蓋懷舊流仁，原心興宥，二代弘義，前載美談。袁粲、劉秉，並與先朝同獎宋室，[4]沈攸之於景和之世，特有乃心，雖末節不終，而始誠可録。歲月彌往，宜沾優隆，粲、秉前年改葬，塋兆未脩，材官可爲經略，粗合周禮。攸之及其諸子喪柩在西，可符荆州以時致送，還反舊墓，在所營葬事。"

[1]永明：齊武帝蕭賾年號（483—493）。
[2]昔魏矜袁紹，恩給丘墳：曹操平定袁紹勢力之後，親祭袁紹之墓。魏，三國曹魏，此指曹操。袁紹，人名。漢末大臣。董卓之亂後，擁兵討卓，成爲漢末勢力最大的軍閥。官渡之戰敗於曹操後，不久病死。
[3]晋亮兩王，榮覃餘裔：曹髦被殺後，司馬昭曾上奏自責，並厚葬之。陳留王奐被廢後，晋仍以天子禮待之並允許其裔繼承王位。兩王，曹魏高貴鄉公髦與陳留王奐。
[4]宋室：各本並作"宗室"，《南史》作"宋室"，中華本據改。按："宋室"意合。

史臣曰：闓運創基，非機變無以通其務，世及繼體，非忠貞無以守其業。闓運之君，千載一有，世及之主，無乏於時，□□須機變之用短，資忠貞之路長也。故漢室□□，文舉不屈曹氏，[1]魏鼎將移，夏侯義不北面。[2]若悉以二子爲心，則兩代宜不亡矣。袁粲清標簡

貴，任屬負圖，[3]朝野之望雖隆，然未以大節許也。及
其赴危亡，審存滅，豈所謂義重於生乎。雖不達天命，
而其道有足懷者。昔王經被旌於晉世，[4]粲等亦改葬於
聖朝，盛代同符，美矣。

　　[1]故漢室□□，文舉不屈曹氏：漢室將亡（□□兩字原缺，
今以意斷），孔融不向曹操屈服。文舉，人名。即孔融。孔子二十
世孫。事見《三國志》卷一二《魏書·崔琰傳》注引《續漢書》。
　　[2]魏鼎將移，夏侯義不北面：曹魏政權將移於晉，夏侯氏堅
持忠義，不肯北面稱臣。查《三國志》《晉書》皆無夏侯族人"義
不北面"的記載，沈約當另有所據。
　　[3]任屬負圖：屬於周公輔佐成王之重任。典出《漢書》卷六
八《霍光傳》。漢武帝令畫者畫周公負成王之圖以賜霍光，曰："立
少子，君行周公之事。"後遂以負圖喻周公之任。
　　[4]王經：人名。三國魏臣，時任尚書，與高貴鄉公同攻司馬
昭將軍府，事敗被殺。其後爲晉作爲忠臣表彰。

宋書　卷九〇

列傳第五十

明四王

邵陵殤王友　隨陽王翽　新興王嵩　始建王禧

　　明帝十二子：陳貴妃生後廢帝。[1]謝修儀生皇子法良。[2]陳昭華生順帝。[3]徐婕妤生第四皇子。[4]鄭修容生皇子智井。[5]次晋熙王燮，與皇子法良同生。泉美人生邵陵殤王友。[6]次江夏王躋，[7]與第四皇子同生。徐良人生武陵王贊。[8]杜修華生隨陽王翽。[9]次新興王嵩，與武陵王贊同生。又泉美人生始建王禧。智井、燮、躋、贊並出繼。[10]法良未封，第四皇子未有名，早夭。

　　[1]陳貴妃：名妙登。丹陽建康（今江蘇南京市）人。本書卷四一有傳。　後廢帝：即劉昱。本書卷九有紀。
　　[2]謝修儀：史失其名。本書僅此一見。修儀，嬪妃名號，位

視九卿。　　皇子：未及封爵而死者，概稱皇子。　　法良：人名。即劉法良。本書僅此一見，其事不詳。

[3]陳昭華：名法容，丹陽建康人。本桂陽王休範妻，及孕，爲明帝收入宮，遂生順帝。本書卷四一有傳。　　順帝：即劉準。本書卷一〇有紀。

[4]徐婕妤：史失其名。本書僅此一見。婕妤，嬪妃名號，班亞九嬪。

[5]鄭修容：史失其名。本書《禮志二》曾議第七皇子訓養母鄭修容喪事，餘事不詳。修容，嬪妃名號，九嬪之一。　　智井：人名。即劉智井。過繼給東平王休倩，不久即死去。

[6]泉美人：史失其名。本書僅此一見。美人，嬪妃名號，位在九嬪之下。

[7]江夏王：王爵名。王國在今湖北武漢市武昌區。　　躋：人名。即劉躋。過繼給江夏王義恭爲孫，後廢帝時官至會稽太守，左將軍。入齊降爲長沙縣公，以謀反罪賜死。

[8]徐良人：史失其名。本書僅此一見。良人，嬪妃名號，位在五職九嬪之下。　　武陵王：王爵名。王國在今湖南常德市。贊：人名。即劉贊。本書卷八〇有傳。

[9]杜修華：史失其名。本書僅此一見。修華，嬪妃名號，位列九嬪。

[10]躋：各本並脫“躋”字，中華本據《南史》補。

邵陵殤王友字仲賢，明帝第七子也。後廢帝元徽二年，[1]太尉、江州刺史桂陽王休範反誅，[2]皇室寡弱，友年五歲，出爲使持節、督江州豫州之西陽新蔡晉熙三郡諸軍事、南中郎將、江州刺史，[3]封邵陵王，[4]食邑二千户。府州文案及臣吏不諱有無之有。順帝即位，進號左將軍，[5]改督爲都督。昇明二年，徙都督南豫豫司三州

諸軍事、安南將軍、南豫州刺史、歷陽太守。^[6]三年，
薨，無子，國除。

　　[1]元徽：宋後廢帝劉昱年號（473—477）。

　　[2]太尉：官名。東漢時爲三公之首，魏晋時無實權，爲榮譽
性職務，多作爲勳重之臣賞銜。但東晋末年劉裕爲太尉時則有實
權。一品。　　江州：治所在今江西九江市。　　桂陽王：王爵名。王
國在今湖南郴州市。　　休範：人名。即劉休範。文帝第十八子。本
書卷七九有傳。

　　[3]使持節：官名。出鎮重臣的加銜，有權殺二千石級别的官
員。　　督諸軍事：官名。出鎮將軍的職權名號，以都督諸軍事爲
上，督諸軍事爲下。　　豫州：時治所在今安徽壽縣。　　西陽：郡
名。治所在今湖北黄岡市黄州區。　　新蔡：郡名。治所在今河南固
始縣。　　晋熙：郡名。治所在今安徽潛山縣。　　南中郎將：官名。
四中郎將（東、南、西、北）之一，多授予出鎮京師之南方的將
領。四品。

　　[4]邵陵王：王爵名。王國在今湖南邵陽市。

　　[5]左將軍：官名。軍府名號，用作加官。四品。

　　[6]南豫：州名。治所在今安徽和縣。　　司：州名。治所在今
河南信陽市。　　安南將軍：官名。四安將軍之一。三品。　　歷陽：
郡名。治所在今安徽和縣歷陽鎮。

　　隨陽王翽字仲儀，明帝第十子也。元徽四年，年六
歲，封南陽王，^[1]食邑二千户。昇明元年，爲使持節、
督郢州司州之義陽諸軍事、西中郎將、郢州刺史。^[2]未
拜，徙督湘州諸軍事、南中郎將、湘州刺史，^[3]持節如
故。未之鎮，進號前將軍。^[4]二年，以南陽荒遠，改封
隨陽王，^[5]以本號停京師。齊受禪，降封舞陰縣公，^[6]食

邑千五百户。謀反，賜死。

[1]南陽王：王爵名。王國在今河南南陽市。
[2]郢州：治所在今湖北武漢市。　義陽：郡名。治所在今河
南信陽市。　西中郎將：官名。四中郎將之一，多授出鎮京師之西
方的將領。四品。
[3]湘州：治所在今湖南長沙市。
[4]前將軍：官名。軍府名號，用作加官。三品。
[5]隨陽王：王爵名。王國在今湖北隨州市。
[6]舞陰縣公：公爵名。公國在今河南泌陽縣西北。

新興王嵩字仲岳，[1]明帝第十一子。元徽四年，年
六歲，封新興王，食邑二千户。齊受禪，降封定襄縣
公，[2]食邑千五百户。謀反，賜死。

[1]新興王：王爵名。王國在今湖北荆州市荆州區。
[2]定襄縣公：公爵名。公國在今湖北荆州市荆州區東北。

始建王禧字仲安，[1]明帝第十二子也。元徽四年，
年六歲，封始建王，食邑二千户。齊受禪，降封荔浦縣
公，[2]食邑千五百户。謀反，賜死。

[1]始建王：王爵名。以始安郡改名置，王國在今廣西桂林市。
[2]荔浦縣公：公爵名。公國在今廣西荔浦縣。荔浦，殿本、
毛本、三朝本等作“荔封”。中華本校勘記認爲以荔浦爲是。本書
《州郡志》始建郡下有荔浦而無荔封。

史臣曰：太宗負螟之慶，[1]事非己出，枝葉不茂，豈能庇其本根。侯服于周，[2]斯爲幸矣。

[1]負螟：典出《詩·小雅·小宛》：“螟蛉有子，蜾蠃負之。”古人誤認爲蜾蠃養螟蛉爲子，故以喻收養他人之子作爲嗣子。此處喻指明帝早失親母爲路太后所收養之事，也暗示他沒有很好的母教而養成怪癖及剪落皇支之事。

[2]侯服于周：此喻指宋亡臣服於齊之事。以周喻齊，是對齊的贊頌之辭。

宋書　卷九一

列傳第五十一

孝義

　　《易》曰："立人之道，曰仁與義。"[1]夫仁義者，合君親之至理，實忠孝之所資，雖義發因心，情非外感，然企及之旨，聖哲詒言。至於風漓化薄，禮違道喪，忠不樹國，孝亦惡家，而一世之民，權利相引，仕以勢招，榮非行立，乏翱翔之感，棄舍生之分，[2]霜露未改，大痛已忘於心，名節不變，戎車遽爲其首，斯並軌訓之理未弘，汲引之塗多闕。若夫情發於天，行成乎己，捐軀舍命，濟主安親，雖乘理闇至，[3]匪由勸賞，而宰世之人，曾微誘激。乃至事隱閭閻，無聞視聽，故可以昭被圖篆，百不一焉。今采綴湮落，以備闕文云爾。

　　[1]立人之道，曰仁與義：此句見《易·説卦》。
　　[2]棄舍生之分：丁福林《校議》云："'舍生之分'，義頗難明，舍生，恐是'含生'之誤。曹澤《對酒行》：'含生蒙澤，草

木茂延。'點校本《南史》據別本《宋書》改爲'含生'，是也。"

[3]乘理：順理。趙壹《刺世疾邪賦》："乘理雖死而非亡，違義雖生而匪存。" 闇至：闇合至情。

龔穎，遂寧人也。[1]少好學，益州刺史毛璩辟爲勸學從事。[2]璩爲譙縱所殺，[3]故佐吏並逃亡，穎號哭奔赴，殯送以禮。縱後設宴延穎，不獲已而至。樂奏，穎流涕起曰："北面事人，亡不能死，何忍舉觴聞樂、蹈跡逆亂乎。"[4]縱大將譙道福引出，[5]將斬之。道福母即穎姑，跣出救之，故得免。縱既僭號，備禮徵，又不至，乃收穎付獄，脅以兵刃，執志彌堅，終無回改。至于蜀平，遂不屈節。

[1]遂寧：郡名。東晉以廣漢郡改。治所在今四川射洪縣。

[2]益州：治所在今四川成都市。 毛璩：人名。字叔連，滎陽陽武（今河南原陽縣）人。 勸學從事：官名。州刺史的屬吏，職主教化。

[3]譙縱：人名。巴西南充（今四川南充市）人。《晉書》卷一〇〇有傳。

[4]何忍舉觴聞樂：各本並作"何忍聞舉樂"。中華本據《南史》、《御覽》卷四二一引《宋書》改。

[5]譙道福：人名。譙縱稱成都王後，派道福率重兵守涪（今四川綿陽市涪城區東），後爲劉裕大將朱齡石所滅。

其後刺史至，輒加辟引，[1]歷府參軍，[2]州別駕從事史。[3]太祖元嘉二十四年，[4]刺史陸徽上表曰：[5]"臣聞運纏明夷，[6]則艱貞之節顯；時屬棟撓，[7]則獨立之操彰。昔之元興，[8]皇綱弛紊，譙縱乘釁，肆虐巴、庸，[9]害殺前益州刺史毛璩，竊據蜀土，涪、岷士庶，[10]怵迫受職。璩故吏龔穎，獨秉身貞白，抗志不撓，殯送舊君，哀敬盡禮，全操九載，不染僞朝。縱雖殘凶，猶重義概，遂延以旌命，劫以兵威，穎忠誠奮發，辭色方壯，雖桎梏在身，踐危愈信其節，白刃臨頸，見死不更其守。若王蠋之抗辭燕軍，[11]同周苛之肆詈楚王，[12]方之於穎，蔑以加焉。誠當今之忠壯，振古之遺烈。而名未登於王府，爵猶齒於鄉曹，[13]斯實邊氓遠土，所爲於邑。臣過叨恩私，宣風萬里，志存砥竭，有懷必聞，故率愚惷，舉其所知。追懼紕妄，伏增悚栗。"穎遂不被朝命，終於家。

[1]辟：官制用語。辟除，指各級長官自行任用屬吏。

[2]府：將軍府。　參軍：官名。將軍的屬吏，主一曹事，佐將軍處理軍政。

[3]州別駕從事史：官名。州刺史的屬吏，職隨刺史巡察屬下郡國，與州刺史分乘，故曰別駕。

[4]太祖：宋文帝劉義隆廟號。　元嘉：宋文帝劉義隆年號（424—453）。

[5]陸徽：人名。字休猷，吳郡吳（今江蘇蘇州市）人。本書卷九二有傳。中華本校勘記云："各本並作'陸徵'，據《南史》改。按陸徽見《良吏傳》，元嘉二十三年爲益州刺史，二十九年卒官。"

[6]明夷：六十四卦之一，離下坤上。《易·明夷卦》："明夷，利艱貞。"鄭玄曰："夷，傷也。日出地上，其明乃光；至其入地，明則傷矣。"後世遂以"明夷"喻昏君在上，賢人受難。

[7]棟撓：亦作"棟橈"。《易·大過卦》：《彖》曰："棟撓，本末弱也。"高亨注："造屋者用本末弱之木材爲屋棟，乃大事上之錯誤，其屋將壞矣。"後世乃以"棟撓"喻形勢危急。

[8]元興：晋安帝司馬德宗年號（402—404）。

[9]巴、庸：益州之謂。益州古爲巴、庸之人所居地。

[10]涪、岷：概言益州。涪，涪水，涪江。嘉陵江支流。岷，岷山。在今四川松潘縣北。《尚書·禹貢》"岷山導江"，即此山。

[11]若王蠋之抗辭燕軍：典出《史記》卷八二《田單列傳》。燕軍入齊，聞王蠋賢，欲勸王蠋降。蠋曰："齊王不聽吾諫，故退而耕於野。國既破亡，吾不能存；今又劫之以兵爲君將，是助桀爲暴也。與其生而無義，固不如烹。"遂自經死。王蠋，《説苑·立節》作"王歜"。

[12]周苛之肆詈楚王：典出《史記》卷七《項羽本紀》。楚漢相爭於滎陽，項羽攻下滎陽，擒漢將御史大夫周苛。項王謂周苛曰："爲我將，我以公爲上將軍，封三萬户。"周苛罵曰："若不趣降漢，漢今虜若，若非漢敵也。"項王怒，烹周苛。

[13]鄉曹：此指州曹。穎任州別駕，故曰齒於鄉曹。"鄉曹"各本作"卿曹"，中華本據《元龜》卷六八八改。按：中華本所改爲是。鄉，故土，本州郡之謂。

　　劉瑜，歷陽人也。[1]七歲喪父，事母至孝。年五十二，又喪母，三年不進鹽酪，[2]號泣晝夜不絶聲。勤身運力，以營葬事。服除後，[3]二十餘年布衣蔬食，言輒流涕。常居墓側，未嘗暫違。太祖元嘉初卒。

[1]歷陽：郡名。治所在今安徽和縣歷陽鎮。

[2]酪：即醋。《禮記·雜記》："食菜果，飲水漿，無鹽酪。"鄭玄注："酪，酢截。"酢截即醋。

[3]服除：服喪期結束。服，喪服。

賈恩，會稽諸暨人也。[1]少有志行，爲鄉曲所推重。元嘉三年，母亡，居喪過禮。未葬，爲鄰火所逼，恩及妻桓氏號哭奔救，鄰近赴助，棺櫬得免。[2]恩及桓俱見燒死。有司奏改其里爲孝義里，蠲租布三世。[3]追贈天水郡顯親縣左尉。[4]

[1]會稽：郡名。治所在今浙江紹興市。　諸暨：縣名。今浙江諸暨市。

[2]棺櫬（chèn）：棺材。

[3]蠲：免除。　租布：兩種主要賦稅的名稱。租，田稅。布，户賦。　三世：三代人。

[4]天水郡：治所在今甘肅天水市。郡，各本並作“部”，中華本據《南史》、《元龜》卷二一六改。　顯親：縣名。治所在今甘肅秦安縣西北。　左尉：官名。縣尉之一，負責治安工作的官員。

郭世道，[1]會稽永興人也。[2]生而失母，父更娶，世道事父及後母，孝道淳備。年十四，又喪父，居喪過禮，殆不勝喪。[3]家貧無產業，傭力以養繼母。婦生一男，夫妻共議曰：“勤身供養，力猶不足，若養此兒，則所費者大。”乃垂泣瘞之。母亡，負土成墳，親戚咸共賻助，[4]微有所受，葬畢，傭賃倍還先直。服除後，哀戚思慕，終身如喪者，以爲追遠之思，無時去心，故未嘗釋衣幧。仁厚之風，行於鄉黨，鄰村小大，莫有呼其名者。嘗與人共於山陰市貨物，[5]誤得一千錢，當時不覺，分背方悟。請其伴求以此錢追還本主，伴大笑不答，世道以己錢充數送還之，錢主驚嘆，以半直與世道，世道委之而去。

[1]郭世道：人名。《南史》作"郭世通"。

[2]永興：縣名。治所在今浙江杭州市蕭山區。

[3]殆不勝喪：《南史》卷七三《孝義傳上》作"殆不勝哀"。

[4]咸：各本及《南史》並作"或"。中華本據《通志》改。咸，皆，全部。或，有。按：兩意皆通。　賵：送人辦喪事的財物。《玉篇·貝部》："賵，以財助喪也。"

[5]山陰：縣名。治所在今浙江紹興市。

元嘉四年，[1]遣大使巡行天下，散騎常侍袁愉表其淳行，[2]太祖嘉之，敕郡牓表閭門，蠲其税調，改所居獨楓里爲孝行焉。太守孟顗察孝廉，[3]不就。

[1]四年：丁福林《校議》據本書卷六四《裴松之傳》、卷五《文帝紀》、卷九二《良吏傳》考證，此"四年"當爲"三年"之訛。

[2]散騎常侍：官名。皇帝的高級侍從顧問，職如侍中。　袁愉：人名。本書僅此一見，其事不詳。

[3]孟顗：人名。字彥重，平昌安丘（今山東安丘市西南）人，孟昶弟，歷任東陽、吳、丹陽、會稽等郡太守及侍中、僕射、太子詹事等官，卒於會稽太守任内。　孝廉：時察舉科目之一。被推薦爲孝廉者要赴京師考試，試中者，可以做官。

子原平字長泰，[1]又稟至行，養親必己力。性閑木

功，傭賃以給供養。性謙虛，每爲人作匠，取散夫
價。[2]主人設食，原平自以家貧，父母不辦有肴味，唯
飡鹽飯而已。若家或無食，則虛中竟日，義不獨飽，要
須日暮作畢，受直歸家，於里中買糴，然後舉爨。父抱
篤疾彌年，原平衣不解帶、口不嘗鹽菜者，跨積寒暑。
又未嘗睡臥。父亡，哭踊慟絕，數日方蘇。以爲奉終之
義，情禮所畢，營壙凶功，不欲假人。本雖智巧，而不
解作墓，乃訪邑中有營墓者，助人運力，經時展勤，久
乃閑練。又自賣十夫，[3]以供衆費。窀穸之事，儉而當
禮，性無術學，因心自然。葬畢，詣所買主，執役無
懈，與諸奴分務，每讓逸取勞，主人不忍使，每遣之，
原平服勤，未曾暫替。所餘私夫，傭賃養母，有餘聚以
自贖。本性智巧，既學構冢，尤善其事，每至吉歲，求
者盈門。原平所赴，必自貧始，既取賤價，又以夫日助
之。父喪既終，自起兩間小屋，以爲祠堂。每至節歲烝
嘗，於此數日中，哀思，絕飲粥。父服除後，不復食魚
肉，於母前，示有所噉，在私室未曾妄嘗，自此迄終，
三十餘載。高陽許瑤之居在永興，[4]罷建安郡丞還家，[5]
以縣一斤遺原平，原平不受，送而復反者前後數十，瑤
之乃自往曰：“今歲過寒，而建安縣好，以此奉尊上下
耳。”原平乃拜而受之。及母終，毀瘠彌甚，僅乃免喪。
墓前有數十畝田。不屬原平，每至農月，耕者恒裸袒，
原平不欲使人慢其墳墓，乃販質家貨，貴買此田。三農
之月，[6]輒束帶垂泣，躬自耕墾。

　　[1]長泰：人名。即郭長泰。《南史》卷七三《孝義傳上》作
"長恭"。

　　[2]散夫：即今之零工。以日工計價，非熟練工。散，零散。
夫，日功。

　　[3]十夫：傭工之名。一說十夫即十個工日，以月計，每月十
個工日（參見黃惠賢《讀〈宋書·郭世道傳〉書後》，《華東師大
學報》叢刊1986年）。

　　[4]高陽：郡名。治所在今河北蠡縣南。　許瑤之：人名。本
書僅此一見，其事不詳。

　　[5]建安郡：治所在今福建建甌市。　丞：官名。郡守之佐吏，
職助郡守處理郡務。

　　[6]三農之月：春、夏、秋三個農時。

　　每出市賣物，人問幾錢，裁言其半。如此積時，邑
人皆共識悉，輒加本價與之。彼此相讓，欲買者稍稍減
價，要使微賤，然後取直。居宅下濕，遶宅爲溝，以通
淤水。宅上種少竹，春月夜有盜其筍者，原平偶起見
之，盜者奔走墜溝。原平自以不能廣施，至使此人顛
沛，乃於所植竹處溝上立小橋，令足通行，又采筍置籬
外。鄰曲慚愧，無復取者。

　　太祖崩，原平號哭致慟，日食麥粺一枚，[1]如此五
日。人或問之曰："誰非王民，何獨如此？"原平泣而答
曰："吾家見異先朝，蒙褒贊之賞，不能報恩，私心感
慟耳。"

　　[1]麥粺：麥餅。

又以種瓜爲業。世祖大明七年大旱，瓜瀆不復通船，縣官劉僧秀愍其窮老，[1]下瀆水與之。原平曰：“普天大旱，百姓俱困，豈可減溉田之水，以通運瓜之船。”乃步從他道往錢唐貨賣。[2]每行來，見人牽埭未過，輒迅檝助之，己自引船，不假旁力。若自船已渡，後人未及，常停住須待，以此爲常。嘗於縣南郭鳳埭助人引船，遇有相鬭者，爲吏所錄，聞者逃散，[3]唯原平獨住。吏執以送縣，縣令新到，未相諳悉，將加嚴罰，原平解衣就罪，義無一言。左右小大咸稽顙請救，然後得免。由來不謁官長，自此以後，乃修民敬。

[1]劉僧秀：人名。本書二見，知其曾任始興王國常侍，餘事不詳。

[2]錢唐：縣名。治所在今浙江杭州市。

[3]聞者逃散：《南史》卷七三《孝義傳上》作“鬭者逃散”，更符合實際。

太守王僧朗察孝廉，[1]不就。太守蔡興宗臨郡，[2]深加貴異，以私米餽原平及山陰朱百年妻，[3]教曰：“秩年之覬，著自國書，餼貧之典，有聞甲令。況高柴窮老、萊婦屯暮者哉。[4]永興郭原平世禀孝德，洞業儲靈，深仁絶操，追風曠古，棲貞處約，華耇方嚴。山陰朱百年道終物表，妻孔薹齒孀居，寠迫殘日，欽風撫事，嗟慨滿懷。可以帳下米，各餉百斛。”原平固讓頻煩，誓死不受。人或問曰：“府君嘉君淳行，愍君貧老，故加此贍，豈宜必辭。”原平曰：“府君若以吾義行邪，則無一介之善，不可濫荷此賜。若以其貧老邪，齯齒甚多，屢空比室，非吾一人而已。”終不肯納。百年妻亦辭不受。

[1]王僧朗：人名。外戚，太宗王皇后之父。本書卷八五有附傳。

[2]蔡興宗：人名。濟陽考城（今河南民權縣）人。本書卷五七有附傳。

[3]朱百年妻：本書僅此一見，其事不詳。

[4]高柴窮老：典出《孔子家語·致思》。高柴爲衛國士師，依法刖人之足。不久蒯聵作亂，高柴逃走，至郭門，刖者守門，三救高柴。臨行高柴問刖者，我曾刖你之足，現在正是報仇的時機，爲什麽還要救我？刖者曰：“斷足固我之罪，無可奈何。曩者君治臣以法，令先人後臣，欲臣之免也，臣知。獄決罪定，臨當論刑，君愀然不樂，見君顏色，臣又知之。君豈私臣哉，天生君子，其道固然。此臣之所以悅君也。”高柴依法行刑，心存仁恕，最終得到善報。高柴，人名。字子羔，孔子弟子。《家語》《左傳》作“季羔”，亦作“高子皋”。事見《史記》卷六七《仲尼弟子列傳》。
萊婦屯暮：典出《列女傳·楚老萊妻》。楚王知老萊子賢，請其從政，老萊子允之。其妻曰：“受人官祿，爲人所制也，能免於患乎？妾不能爲人所制。”老萊子遂隨其妻遷至江南而居之，“民從而家者，一年成落，三年成聚。君子謂老萊妻果於從善”。

會稽貴重望計及望孝，[1]盛族出身，不減秘、著。[2]太宗泰始七年，興宗欲舉山陰孔仲智長子爲望計，[3]原平次息爲望孝。仲智會土高門，原平一邦至行，欲以相敵。會太宗別敕用人，故二選並寢。泰豫元年，興宗徵還京師，表其殊行，宜舉拔顯選，以勸風俗。舉爲太學博士，[4]會興宗薨，事不行。明年，[5]元徽元年，卒於家。原平少長交物，無忤辭於人，與其居處者數十年，未嘗見喜愠之色。三子一弟，並有門行。長子伯林，舉孝廉，次子靈馥，儒林祭酒，[6]皆不就。

[1]望計及望孝：時察舉兩科目。有聲望的上計吏與孝者。

[2]秘、著：官名。秘書郎與著作郎。

[3]孔仲智：人名。孔稚珪之兄，會稽山陰人，其妾李氏驕妒，爲稚珪所殺，餘事不詳。

[4]太學博士：官名。職主教授太學生，備皇帝顧問，多以有學識者任之。五品。

[5]明年：衍文，當刪。

[6]儒林祭酒：州吏。職講授儒家經典，位比從事史。

嚴世期，會稽山陰人也。好施慕善，出自天然。同里張邁三人，[1]妻各產子，時歲飢儉，慮不相存，欲棄而不舉。[2]世期聞之，馳往拯救，分食解衣，以贍其乏，三子並得成長。同縣俞陽妻莊年九十，莊女蘭七十，[3]並各老病，單孤無所依。世期衣飴之二十餘年，死並殯葬。宗親嚴弘、鄉人潘伯等十五人，[4]荒年並餓死，露骸不收。世期買棺器殯埋，存育孩幼。山陰令何曼之表言之。[5]元嘉四年，有司奏牓門曰“義行嚴氏之閭”，復其身徭役，蠲租稅十年。

[1]張邁：人名。本書僅此一見，其事不詳。

[2]不舉：不養。

[3]俞陽妻莊、莊女蘭：本書均一見，其事不詳。

[4]嚴弘、潘伯：皆人名。本書均一見，事皆不詳。

[5]何曼之：人名。本書僅此一見，其事不詳。

　　吳逵，吳興烏程人也。[1]經荒飢饉，係以疾疫，父母兄弟嫂及群從小功之親，男女死者十三人。逵時病困，鄰里以葦席裹之，埋於村側。既而逵疾得瘳，親屬皆盡，唯逵夫妻獲全。家徒壁立，冬無被綺，晝則庸賃，夜則伐木燒塼，此誠無有懈倦。逵夜行遇虎，虎輒下道避之。朞年中，成七墓，葬十三棺。鄰里嘉其志義，葬日悉出赴助，送終之事，亦儉而周禮。逵時逆取鄰人夫直，葬畢，衆悉以施之，逵一無所受，皆傭力報答焉。太守張崇之三加禮命，[2]太守王韶之擢補功曹史，[3]逵以門寒，[4]固辭不就，舉爲孝廉。

　　[1]吳興：郡名。治所在今浙江湖州市吳興區。　烏程：縣名。治所在今浙江湖州市吳興區。

　　[2]張崇之：人名。本書僅此一見，其事不詳。

　　[3]王韶之：人名。字休泰，琅邪臨沂人。本書卷六〇有傳。功曹史：吏名。郡守屬吏，主郡功曹，掌郡吏選用及察舉事務。

　　[4]門寒：家族地位低下。

　　潘綜，吳興烏程人也。孫恩之亂，[1]妖黨攻破村邑，綜與父驃共走避賊。驃年老行遲，賊轉逼，驃語綜："我不能去，汝走可脱，幸勿俱死。"驃困乏坐地，綜迎賊叩頭曰："父年老，乞賜生命。"賊至，驃亦請賊曰："兒年少，自能走，今爲老子不走去。老子不惜死，乞活此兒。"賊因斫驃，綜抱父於腹下，賊斫綜頭面，凡四創，綜當時悶絶。有一賊從傍來，相謂曰："卿欲舉大事，此兒以死救父，云何可殺。殺孝子不祥。"賊良久乃止，父子並得免。

[1]孫恩：人名。東晉時五斗米道首領，率衆起兵反晉。轉戰江南，後遇挫投水自殺。學者對其評判不一，有稱其爲農民起義，亦有稱其爲道衆起兵。《晋書》卷一〇〇有傳。

綜鄉人秘書監丘繼祖、廷尉沈赤黔以綜異行，[1]廉補左民令史，[2]除遂昌長，[3]歲滿還家。太守王韶之臨郡，發教曰："前被符，孝廉之選，必審其人。雖四科難該，[4]文質寡備，必能孝義邁俗、拔萃著聞者，便足以顯應明敕，允將符旨。烏程潘綜守死孝道，全親濟難。烏程吳逵義行純至，列墳成行。咸精誠内淳，休聲外著，可並察孝廉，并列上州臺，陳其行跡。"及將行，設祖道，贈以四言詩曰：

[1]秘書監：官名。秘書省長官，掌國家圖書、秘籍。三品。丘繼祖：人名。《南史》卷七三《潘綜傳》作"丘系祖"。 廷尉：官名。九卿之一，職主司法。三品。 沈赤黔：人名。沈演之的祖父，吳興武康人，餘事不詳。

[2]廉補：《南史》作"薦補"。按"廉補"之前當有漏字，應爲"察孝廉，補左民令史"，漏"察孝"二字。時秘書監、廷尉皆有察舉權。 左民令史：官名。尚書省下左民尚書的屬吏。九品。

[3]遂昌：縣名。今浙江遂昌縣。

[4]四科：選拔人才的四項標準。漢武帝時爲丞相府辟除屬吏而定。四科爲"一曰德行高妙，志節清白；二曰學通行修，經中博

士；三曰明習法令，足以決疑，能案章覆問，文中御史；四曰剛毅多略，遭事不惑，明足決斷，材任三輔縣令"。見本書《百官志》。

東寶惟金，南木有喬。發煇曾崖，竦幹重霄。美哉兹土，世載英髦。育翮幽林，養音九皋。其一

唐后明敭，[1]漢宗蒲輪。[2]我皇降鑑，思樂懷人。群臣競薦，舊章惟新。余亦奚貢，曰義與仁。其二

仁義伊在，惟吳惟潘。心積純孝，事著艱難。投死如歸，淑問若蘭。吳實履仁，心力偕單。固此苦節，易彼歲寒。霜雪雖厚，松栢丸丸。其三

人亦有言，無善不彰。二子徽猷，彌久彌芳。拔叢出類，景行朝陽。誰謂道遐，弘之則光。咨爾庶士，無然怠荒。其四

江革奉摰，[3]慶禄是荷。姜詩入貢，[4]漢朝咨嗟。勗哉行人，敬爾休嘉。俾是下國，照煇京華。其五

伊余朽駘，竊服懼盜。無能禮樂，豈暇聲教。順彼康夷，懿德是好。聊綴所懷，以贈二孝。其六

元嘉四年，有司奏改其里爲純孝里，蠲租布三世。

[1]唐后明敭：唐堯重視選舉。唐后，指堯。明敭，同"明揚"。指選舉。

[2]漢宗蒲輪：漢世宗（武帝）以蒲輪迎賢人。《漢書》卷六《武帝紀》："遣使者安車蒲輪，束帛加璧，徵魯申公。"蒲輪，以蒲草裹車輪，保證車行安穩，以示對賢人的關懷和重視。

[3]江革：人名。東漢人。《後漢書》卷三九有傳。

[4]姜詩:人名。東漢孝者。事見《後漢書》卷八四《姜詩妻傳》。

張進之,永嘉安固人也。[1]爲郡大族。少有志行,歷郡五官、主簿,[2]永寧、安固二縣領校尉。[3]家世富足,經荒年散其財,救贍鄉里,遂以貧罄,全濟者甚多。進之爲太守王味之吏,[4]味之有罪當見收,逃避投進之家,供奉經時,盡其誠力。以本村淺近,移入池溪,味之墮水沈没,進之投水拯救,相與沈淪,危而得免。時劫掠充斥,每入村抄暴,至進之門,輒相約勒,不得侵犯,其信義所感如此。元嘉初,詔在所蠲其縣役。

[1]永嘉:郡名。治所在今浙江温州市。 安固:縣名。治所在今浙江瑞安市。

[2]五官:官名。五官掾。郡守的屬吏,主綜合諸曹事。 主簿:官名。郡守屬吏,主郡之文書簿籍。

[3]永寧:縣名。治所在今浙江温州市。 校尉:各本及《南史》並作“校尉”。按:校尉秩二千石,與郡守埒。縣無校尉而有縣尉。疑此“校尉”當作“縣尉”,其下段話“進之爲太守王味之吏”可證。

[4]王味之:人名。本書僅此一見,其事不詳。

孫恩之亂,永嘉太守司馬逸之被害,[1]妻子並死,兵寇之際,莫敢收藏。郡吏俞僉以家財買棺斂逸之等六喪,[2]送致還都,葬畢乃歸鄉里。元嘉中,老病卒。

[1]司馬逸之：人名。丁福林《校議》云："《晉書·安帝紀》、《建康實錄》卷一〇、《通鑑》卷一一一皆作'司馬逸'，蓋是時人名後之'之'字有時可省。"

[2]俞斂：人名。本書僅此一見，其事不詳。　六喪：六親之喪事。六親一般指父母兄弟妻子，也泛指近親。

王彭，盱眙直瀆人也。[1]少喪母。元嘉初父又喪亡，家貧力弱，無以營葬。兄弟二人，晝則備力，夜則號感。鄉里並哀之，乃各出夫力助作塼，塼須水而天旱，穿井數十丈，泉不出。墓處去淮五里，荷檐遠汲，困而不周。彭號天自訴，如此積日，一旦大霧，霧歇，塼竈前忽生泉水。鄉鄰助之者，並嗟嘆神異，縣邑近遠，悉往觀之。葬事既竟，水便自竭。元嘉九年，太守劉伯龍依事表言，[2]改其里爲通靈里，蠲租布三世。

[1]盱眙：郡名。治所在今江蘇盱眙縣東北。　直瀆：縣名。治所在今江蘇盱眙縣南。

[2]劉伯龍：人名。曾任尚書左丞。北魏軍攻彭城，伯龍守采石，餘事不詳。又本書卷五三《庾炳之傳》作"劉伯寵"。

蔣恭，義興臨津人也。[1]元嘉中，晉陵蔣崇平爲劫見禽，[2]云與恭妻弟吳晞張爲侶。晞張先行不在，本村遇水，妻息五口避水移寄恭家。討錄晞張不獲，收恭及兄協付獄治罪。恭、協並款舍住晞張家口，而不知劫情。恭列晞張妻息是婦之親，親今有罪，恭身甘分，求遣兄協。協列協是户主，延制所由，有罪之日，關協而已，求遣弟恭。兄弟二人，爭求受罪，郡縣不能判，依事上詳。州議之曰：“禮讓者以義爲先，自厚者以利爲上，末世俗薄，靡不自私。伏膺聖教，猶或不逮，況在野夫，未達誥訓，而能互發天倫之憂，甘受莫測之罪，若斯情義，實爲殊特。蔑爾恭、協，而能行之，兹乃終古之所希，盛世之嘉事。二子乘舟，無以過此。豈宜拘執憲文，[3] 加以罪戮。且晞張封筒遠行，他界爲劫，造釁自外，贓不還家，所寓村伍，容有不知，不合加罪。”勒縣遣之，還復民伍。乃除恭義成令，[4] 協義招令。[5]

[1]義興：郡名。治所在今江蘇宜興市。　臨津：縣名。治所在今江蘇宜興市西北。

[2]晋陵：郡名。治所在今江蘇常州市。

[3]拘：各本並作“惣”，中華本據《元龜》卷八五一改。按：“惣”亦通。“惣”爲“揔”字之訛。《中華大字典·心部》：“惣，揔訛字。”“揔”同“總”，即“總”。總，持。

[4]義成：縣名。治所在今安徽懷遠縣東北。

[5]義招：縣名。治所在今廣東大埔縣。各本並作“義怡”。中華本據《南史》改。按：本書《州郡志》無義怡。中華本所改爲是。

徐耕，晋陵延陵人也。[1] 自令史除平原令。[2] 元嘉二十一年，大旱民飢，耕詣縣陳辭曰：“今年亢旱，禾稼不登。氓黎飢餒，採掇存命，聖上哀矜，已垂存拯。但饉饉來久，困殆者衆，米穀轉貴，糴索無所。方涉春夏，日月悠長，不有微救，永無濟理。不惟凡瑣，敢憂身外，《鹿鳴》之求，思同野草，氣類之感，能不傷心。民糴得少米，資供朝夕，志欲自竭，義存分飡，今以千斛，助官賑貸。此境連年不熟，今歲尤甚，晋陵境特爲偏枯。[3]此郡雖弊，猶有富室，承陂之家，處處而是，並皆保熟，所失蓋微。陳積之穀，皆有巨萬，旱之所弊，實鍾貧民，温富之家，各有財寶。謂此等並宜助官，得過儉月，所損至輕，所濟甚重。今敢自勵，爲勸造之端。實願掘水揚塵，崇益山海。”縣爲言上。當時議者以耕比漢卜式，[4]詔書褒美，酬以縣令。大明八年，[5]東土飢旱，東海嚴成、東莞王道蓋各以穀五百斛助官賑恤。[6]

[1]延陵：縣名。治所在今江蘇丹陽市。

[2]令史：吏名。《漢書》晋灼注引《漢儀注》曰：“令吏曰令史。”故尚書臺有令史，設令的縣，亦有縣令史。徐耕擔任的令史，爲縣令史。

[3]偏枯：諸本並作“偏祐”。中華本據《元龜》卷四八五、八〇三改。

[4]卜式：人名。漢武帝伐匈奴，軍餉空竭，卜式以家資一半助官。《漢書》卷五八有傳。

[5]大明：宋孝武帝劉駿年號（457—464）。

[6]東海：郡名。治所在今山東蒼山縣。　嚴成：人名。本書僅此一見，其事不詳。　東莞：郡名。治所在今山東莒縣，東晋僑置於今江蘇常州市。　王道蓋：人名。本書僅此一見，其事不詳。

孫法宗，吳興人也。父遇亂被害，尸骸不收，母兄並餓死。法宗年小流迸，至年十六，方得還。單身勤苦，霜行草宿，營辦棺槨，造立冢墓，葬送母兄，儉而有禮。以父喪不測，於部境之内，尋求枯骨，刺血以灌之，如此者十餘年不獲。乃纕経，終身不娶，饋遺無所受。世祖初，[1]揚州辟爲文學從事，[2]不就。

[1]世祖：宋孝武帝劉駿廟號。

[2]揚州：治所在今江蘇南京市，時爲京畿所在。　文學從事：吏名。州刺史的屬吏，掌教化。

范叔孫，吳郡錢唐人也。少而仁厚，周窮濟急。[1]同里范法先父母兄弟七人，[2]同時疫死，唯餘法先，病又危篤，喪尸經月不收。叔孫悉備棺器，親爲殯埋。又同里施淵夫疾病，[3]父母死不殯，[4]又同里范苗父子並亡，[5]又同里危敬宗家口六人俱得病，[6]二人喪没，親鄰畏遠，莫敢營視。叔孫並殯葬，躬恤病者，並皆得全。鄉曲貴其義行，莫有呼其名者。世祖孝建初，[7]除竟陵王國中軍將軍，[8]不就。

[1]周：諸本並作“固”。中華本據《南史》、《御覽》卷四七七引改。

[2]范法先：人名。本書僅此一見，其事不詳。

[3]施淵夫：人名。《南史》作“施夫”，其事不詳。

[4]父母死：《南史》作“父死”。

[5]范苗：人名。本書僅此一見，其事不詳。

[6]危敬宗：人名。《南史》作“范敬宗”，其事不詳。

[7]孝建：宋孝武帝劉駿年號（454—456）。

[8]竟陵王：王爵名。王國在今湖北鍾祥市。　中軍將軍：官名。宋時王國置上、中、下三軍。中軍將軍統王國中軍。

義興吳國夫，亦有義讓之美。人有竊其稻者，乃引還，爲設酒食，以米送之。

卜天與，吳興餘杭人也。[1]父名祖，有勇幹，徐赤特爲餘杭令，[2]祖依隨之。赤特死，[3]高祖聞其有幹力，召補隊主，[4]從征伐，封關中侯，[5]歷二縣令。

[1]餘杭：縣名。今浙江餘杭市。

[2]徐赤特：人名。劉裕起兵初曾任參軍，後以違軍令被斬。

[3]赤特：諸本並作“赤將”。中華本據本書卷一《武帝紀上》校改。

[4]隊主：官名。軍隊基層一隊的長官。

[5]關中侯：侯爵名。位在名號侯下，不食租。秩六百石。

天與善射，弓力兼倍，容貌嚴正，笑不解顏。太祖以其舊將子，使教皇子射。居累年，以白衣領東掖防閤隊。[1]元嘉二十七年，臧質救懸瓠，[2]劉興祖守白石，[3]並率所領隨之，虜退罷。遷領輦後第一隊，[4]撫恤士卒，甚得衆心。二十九年，以爲廣威將軍，[5]領左細仗，[6]兼帶營禄。[7]

[1]白衣：庶民之服，與烏衣（官服）相對。意無官職。　東掖：即東掖門，皇宮之偏門。　防閤隊：警衛殿閤的衛隊。閤，諸本作“關”，殿本作“閤”。中華本改作“閤”。按：作“閤”亦通。

[2]臧質：人名。字含文，東莞莒（今山東莒縣）人。本書卷七四有傳。　懸瓠：地名。在今河南汝南縣。時爲軍事要地。

[3]劉興祖：人名。曾任振武將軍、青冀二州刺史。　白石：地名。在今江蘇南京市西。時爲軍壘。

［4］輦後第一隊：即皇帝第一衛隊。輦，皇帝所乘之車。

［5］廣威將軍：官名。五威將軍之一。四品。

［6］左細仗：皇帝儀衛隊之一，與右細仗並置。多以直閤將軍擔任領隊。

［7］兼帶營禄：言天與兼領左細仗營兵，而帶其俸禄。營，軍隊編制單位。禄，俸禄。

元凶入弒，[1]事變倉卒，舊將羅訓、徐罕皆望風屈附，[2]天與不暇被甲，執刀持弓，疾呼左右出戰。徐罕曰：“殿下入，汝欲何爲？”天與罵曰：“殿下常來，云何即時方作此語。只汝是賊。”手射賊劭於東堂，幾中。逆徒擊之，臂斷倒地，乃見殺。其隊將張泓之、朱道欽、陳滿與天與同出拒戰，[3]並死。世祖即位，詔曰：“日者逆豎犯蹕，釁變卒起，廣威將軍關中侯卜天與提戈赴難，挺身奮節，斬殪凶黨，而旋受虐刃。勇冠當時，義侔古烈，興言追悼，傷痛于心。宜加甄贈，以旌忠節。可贈龍驤將軍、益州刺史，[4]謚曰壯侯。”[5]車駕臨哭，泓之等各贈郡守，給天與家長稟。[6]

［1］元凶：即劉劭。文帝太子。本書卷九九有傳。

［2］羅訓：人名。原爲劉劭軍主，後歸降劉彧。　徐罕：人名。本書僅此一見，其事不詳。

［3］張泓之、朱道欽、陳滿：均人名。本書僅此一見，其事不詳。

［4］龍驤將軍：官名。名號將軍之一。三品。

［5］壯侯：即莊侯。按《謚法》：“死于原野曰莊。”“武而不遂曰莊。”

[6]長稟：官府長期供給糧米。"稟"同"廩"。

　子伯宗，殿中將軍。[1]太宗泰始初，領幢，擊南賊於赭圻，[2]戰沒。

　　[1]殿中將軍：官名。宮廷侍衛武職。六品。
　　[2]南賊：指晉安王子勛的軍隊。時明帝劉彧殺前廢帝自立，子勛受眾將擁戴亦稱帝並攻京師。　赭圻：城名。在今安徽繁昌縣西北。

　伯宗弟伯興，官至前將軍、南平昌太守，[1]直閣，領細仗主。順帝昇明元年，[2]與袁粲同謀，[3]伏誅。

　　[1]前將軍：官名。軍府名號，用作加官。三品。　南平昌：郡名。僑置於南徐州（今江蘇鎮江市）。
　　[2]昇明：宋順帝劉準年號（477—479）。
　　[3]袁粲：人名。字景倩，陳郡陽夏（今河南太康縣）人。時蕭道成謀篡，袁粲密謀止之。本書卷八九有傳。

　天與弟天生，少爲隊將，十人同火。[1]屋後有一大阬，廣二丈餘，十人共跳之皆渡，唯天生墜阬。天生乃取實中苦竹，剡其端使利，交橫布阬內，更呼等類共跳，並畏懼不敢。天生曰："我向已不渡，今者必墜此阬中。丈夫跳此不渡，亦何須活。"乃復跳之，往反十餘，曾無留礙，眾並嘆服。以兄死節，爲世祖所留心，稍至西陽王子尚撫軍參軍，[2]加龍驤將軍。隸沈慶之攻廣陵城，[3]天生推車塞塹，率數百人先登西北角，徑至城上。賊爲重柵斷攻道，苦戰移日不拔，乃還。詔曰：
“天生始受戎任，甫造寇壘，而投輪越塹，率果先騰，
驍壯之氣，嘉嘆無已。可且賜布千匹，以厲衆校。”大
明末，爲弋陽太守。[4]太宗泰始初，與殷琰同逆，[5]邊城
令宿僧護起義討斬之。[6]

[1]十人同火：十人一夥。火，即夥。軍隊的下層編制。

[2]西陽王：王爵名。王國在今湖北黃岡市黃州區。　子尚：
人名。即劉子尚，字孝師，孝武帝第二子。年六歲封爲西陽王，大
明五年（461）改封豫章王。本書卷八〇有傳。　撫軍參軍：官名。
撫軍將軍的屬吏，主一曹事，參謀軍事。

[3]沈慶之：人名。字弘先，吳興武康（今浙江德清縣）人。
本書卷七七有傳。　廣陵：縣名。治所在今江蘇揚州市西北。

[4]弋陽：郡名。治所在今河南潢川縣。

[5]與殷琰同逆：與殷琰一起反對明帝即位。殷琰，人名。陳
郡長平（今河南西華縣）人。本書卷八七有傳。

[6]邊城：縣名。治所在今河南商城縣。　宿僧護：人名。本
書兩見，但所記爲一事，餘事不詳。

許昭先，義興人也。叔父肇之，[1]坐事繫獄，七年
不判。子姪二十許人，昭先家最貧薄，專獨料訴，無日
在家。餉饋肇之，莫非珍新，家產既盡，賣宅以充之。
肇之諸子倦怠，昭先無有懈息，如是七載。尚書沈演之
嘉其操行，[2]肇之事由此得釋。昭先舅夫妻並疫病死亡，
家貧無以殯送，[3]昭先賣衣物以營殯葬。舅子三人並幼，
贍護皆得成長。昭先父母皆老病，家無僮役，竭力致
養，甘旨必從，宗黨嘉其孝行。雍州刺史劉真道板爲征

虜參軍，[4]昭先以親老不就。本邑補主簿，[5]昭先以叔未
仕，又固辭。

[1]肇之：人名。即許肇之。本書僅此一見，其事不詳。

[2]尚書：官名。尚書省部曹的長官，掌一部曹政務。

[3]殯：諸本並脱“殯”字，中華本據《南史》補。按：所補
爲是。

[4]雍州：治所在今湖北襄陽市襄城區。　劉真道：人名。彭
城人，劉懷肅之侄。本書卷四七有附傳。　板爲征虜參軍：任爲征
虜參軍。板，官制用語。時官員任命狀，多以板書寫，故名。征虜
參軍，官名。征虜將軍的參軍。

[5]本邑：時“邑”字之意可用於縣，亦可用於郡。以許昭先
義興人也，本邑似指義興郡。

元嘉初，西陽董陽五世同財，爲鄉邑所美。

會稽姚吟事親至孝。孝建初，揚州辟文學從事，
不就。

余齊民，晉陵晉陵人也。少有孝行，爲邑書吏。[1]
父殖，大明二年，在家病亡，家人以父病報之。信未
至，齊民謂人曰：“比者肉痛心煩，有若割截，居常違
駭，必有異故。”信尋至，便歸，四百餘里，一日而至。
至門，方詳父死，號踊慟絶，良久乃蘇。問母：“父所
遺言。”母曰：“汝父臨終，恨不見汝。”曰：“相見何
難。”於是號叫殯所，須臾便絶。州郡上言，有司奏曰：
“收賢旌善，萬代無殊，心至自天，古今豈異。齊民至
性由中，情非外感，淳情凝至，深心天徹，跪訊遺旨，
一慟殞亡。雖迹異參、柴，[2]而誠均丘、趙。[3]方今聖務

彪被，移革華夏，實乃風淳以禮，治本惟孝，靈詳歸
應，其道先彰。齊民越自氓隸，行貫生品，旌閭表墓，
允出在兹。"改其里爲孝義里，蠲租布，賜其母穀百斛。

[1]書吏：吏名。承辦官府文書案牘之事。

[2]參：人名。即曾參。字子輿，孔子弟子，事親至孝。嘗耘
瓜，誤斷瓜根，其父大怒，以杖擊之，幾至死。過後仍鼓琴作歌，
以慰親心。是古代二十四孝之一。　柴：人名。即高柴。孔子弟
子，性仁孝，足不履影，啓蟄不殺，方長不折。執親之喪，泣血三
年。是古代著名孝子。

[3]丘：即丘傑。《御覽》卷四一一引宋躬《孝子傳》：傑字偉
蒔，吳興烏程人也。遭母喪，以熟菜有味，恐傷其母，不嘗於口，
噉生菜。遇蝦蟆毒，後服藥打下蝌蚪數升。　趙：即趙咨。《御覽》
卷四一二引《東觀漢記》曰："趙咨，字文楚，東郡燕人。大司農
陳奇舉咨至孝，躬率子孫耕農爲養。盜嘗夜往劫之，咨恐母驚懼，
乃先至門迎盜，因請爲設食。謝曰：'老母八十，疾病須養，居貧
無儲，乞少置衣糧，妻子餘物一無所請。'"盜皆慚，奔走。

孫棘，彭城彭城人也。[1]世祖大明五年，發三五
丁，[2]弟薩應充行，坐違期不至，依制，軍法，人身付
獄。未及結竟，棘詣郡辭："不忍令當一門之苦，乞以
身代薩。"薩又辭列："門户不建，罪應至此，狂愚犯
法，實是薩身，自應依法受戮。兄弟少孤，薩三歲失
父，一生恃賴，唯在長兄，兄雖可垂愍，有何心處世。"
太守張岱疑其不實，以棘、薩各置一處，語棘云："已
爲諮詳，聽其相代。"棘顏色甚悦，答云："得爾，旦則
爲不死。"又語薩，亦欣然曰："死自分甘，但令兄免，

薩有何恨。"棘妻許又寄語屬棘："君當門户，豈可委罪小郎。且大家臨亡，以小郎屬君，竟未妻娶，家道不立，君已有二兒，死復何恨。"岱依事表上，世祖詔曰："棘、薩虻隸，節行可甄，特原罪。"州加辟命，并賜許帛二十匹。

[1]彭城：郡名。治所在今江蘇徐州市。　彭城：縣名。治所在今江蘇徐州市。

[2]發三五丁：一説爲三丁抽一，五丁抽二。一説爲三丁抽二，五丁抽三。見張澤咸《六朝徭役制度》（《中國古史論集》，吉林人民出版社1981年版）。三五丁，指一家人口之男丁。

先是，新蔡徐元妻許，[1]年二十一，喪夫，子甄年三歲。父攬愍其年少，[2]以更適同縣張買。許自誓不行，父逼載送買，許自經氣絶，家人奔赴，良久乃蘇。買知不可奪，夜送還攬。許歸徐氏，養元父季。元嘉中，年八十餘，卒。

[1]新蔡：郡名。治所在今河南新蔡縣。　徐元妻許：徐元及其妻許氏本書均一見，其事不詳。

[2]攬：人名。即許氏之父許攬。本書僅此一見，其事不詳。

太宗泰始二年，長城奚慶思殺同縣錢仲期。[1]仲期子延慶屬役在都，聞父死，馳還，於庚浦埭逢慶思，[2]手刃殺之，自繫烏程縣獄。吳興太守郗顒表不加罪，[3]許之。

[1]長城：縣名。在今浙江長興縣東。　奚慶思：人名。《南

史》作"吳慶恩"。

[2]庚浦:《南史》作"庾浦"。　慶思:《南史》作"慶恩"。

[3]郗顒:人名。宋文帝時任黃門侍郎,曾與沈懷文、王景文共同上書議徙民事,餘事不詳。本書《符瑞志下》、卷五四《孔靈符傳》作"郄顒"。

何子平,廬江灊人也。[1]曾祖楷,晉侍中。[2]祖友,會稽王道子驃騎諮議參軍。[3]父子先,建安太守。

[1]廬江:郡名。治所在今安徽舒城縣。　灊:縣名。治所在今安徽霍山縣。

[2]楷:人名。即何楷。不見於《晋書》,其事不詳。　侍中:官名。皇帝的高級顧問與參謀,職拾遺補缺,顧問應對。時編制額四人,但大多以加銜授予大臣。三品。

[3]友:人名。即何友。亦不見於《晋書》。　會稽王:王爵名。王國在今浙江紹興市。　道子:人名。即司馬道子。東晉宗王,簡文帝子。東晉末與其子元顯執政,後爲桓玄推翻。《晋書》卷六四有傳。　驃騎諮議參軍:官名。即驃騎將軍府諮議參軍。掌參謀軍事。

子平世居會稽,少有志行,見稱於鄉曲。事母至孝。揚州辟從事史,月俸得白米,輒貨市粟麥。人或問曰:"所利無幾,何足爲煩?"子平曰:"尊老在東,不辦常得生米,何心獨饗白粲。"每有贈鮮肴者,若不可寄致其家,則不肯受。母本側庶,籍注失實,[1]年未及養,[2]而籍年已滿,便去職歸家。時鎮軍將軍顧覬之爲州上綱,[3]謂曰:"尊上年實未八十,親故所知。州中差有微禄，當启相留。"子平曰："公家正取信黄籍，[4]籍年既至，便應扶侍私庭，何容以實年未滿，苟冒榮利。且歸養之願，又切微情。"覬之又勸令以母老求縣，子平曰："實未及養，何假以希禄。"覬之益重之。既歸家，竭身運力，以給供養。

[1] 籍注：户籍上記載入籍者生平的内容。籍，户籍。

[2] 養：養老之年齡，時俗以八十歲爲養。家有老人及養年，應辭掉公職，歸家侍養老人。

[3] 鎮軍將軍：官名。重要的名號將軍，與中軍、撫軍號稱三將軍。三品。　顧覬之：人名。字偉仁，吴郡吴人。本書卷八一有傳。　州上綱：州刺史的上佐，重要的僚屬。

[4] 公家：國家。　黄籍：國家所編制的户籍，因寫在黄紙上，故名爲黄籍。

元嘉三十年，元凶弑逆，安東將軍隨王誕入討，[1]以爲行參軍。[2]子平以凶逆滅理，普天同奮，故廢己受職，事寧，自解。又除奉朝請，[3]不就。末除吴郡海虞令，[4]縣禄唯以養母一身，而妻子不犯一毫。人或疑其儉薄，子平曰："希禄本在養親，不在爲己。"問者慚而退。母喪去官，哀毁踰禮，每至哭踊，頓絶方蘇。值大明末，東土飢荒，繼以師旅，八年不得營葬，晝夜號絶擗踊，不闋俄頃，叫慕之音，常如袒括之日。[5]冬不衣絮，暑避清凉，日以數合米爲粥，不進鹽菜。所居屋敗，不蔽雨日，兄子伯與採伐茅竹，[6]欲爲葺治。子平不肯，曰："我情事未申，天地一罪人耳，屋何宜覆。"

蔡興宗爲會稽太守，甚加旌賞。泰始六年，爲營冢椁。子平居喪毀甚，困瘠踰久，及至免喪，支體殆不相屬。幼持操檢，敦厲名行，雖處闇室，如接大賓。學義堅明，處之以默，安貧守善，不求榮進，好退之士，彌以貴之。順帝昇明元年，卒，時年六十。

[1]安東將軍：官名。四安將軍之一。三品。　隨王：王爵名。王國在今湖北隨州市。　誕：人名。即劉誕。字休文，文帝第六子。本書卷七九有傳。

[2]行參軍：官名。將軍的僚屬，掌參謀事。行參軍比參軍地位略低。

[3]奉朝請：官稱。不爲官，因朝會到，故名奉朝請。舊以奉車、駙馬、騎都尉三者爲奉朝請。後以駙馬都尉爲奉朝請。

[4]吳郡：治所在今江蘇蘇州市。　海虞：縣名。治所在今江蘇常熟市。

[5]袒括：古喪禮，死者已小殮，吊喪者袒衣括髮而吊。《禮記·檀弓上》：“主人既小斂，袒，括髮。”

[6]伯與：《南史》作“伯興”。

史臣曰：漢世士務治身，故忠孝成俗，至乎乘軒服冕，非此莫由。晋、宋以來，風衰義缺，刻身屬行，事薄膏腴。若夫孝立閨庭，忠被史策，多發溝畎之中，[1]非出衣簪之下。[2]以此而言聲教，不亦卿大夫之恥乎。

[1]溝畎：田間水道，借指田野。此處指田野之人。

[2]衣簪：衣冠簪纓，古代仕宦者的服飾。此處代指官門貴族和世家大族。

宋書　卷九二

列傳第五十二

良吏

　　高祖起自匹庶，[1]知民事艱難，及登庸作宰，[2]留心吏職，而王略外舉，未遑內務。奉師之費，日耗千金，播茲寬簡，雖所未暇，而絀華屏欲，以儉抑身，左右無幸謁之私，閨房無文綺之飾，故能戎車歲駕，邦甸不擾。太祖幼而寬仁，[3]入纂大業，及難興陝方，[4]六戎薄伐，[5]命將動師，經略司、兗，[6]費由府實，[7]役不及民。自此區宇宴安，方內無事，三十年間，氓庶蕃息，奉上供徭，止於歲賦，晨出莫歸，[8]自事而已。守宰之職，以六朞爲斷，[9]雖没世不徙，未及曩時，而民有所係，吏無苟得。家給人足，即事雖難，轉死溝渠，於時可免。凡百户之鄉，有市之邑，謌謡舞蹈，觸處成群，蓋宋世之極盛也。暨元嘉二十七年，北狄南侵。[10]戎役大起，傾資掃蓄，猶有未供，於是深賦厚斂，天下騷動。自兹至于孝建，[11]兵連不息，以區區之江東，[12]地方不至數千里，戶不盈百萬，荐之以師旅，因之以凶荒，宋氏之盛，自此衰矣。晉世諸帝，多處內房，朝宴所臨，東西二堂而已。孝武末年，[13]清暑方構，高祖受命，無所改作，所居唯稱西殿，不制嘉名，太祖因之，亦有合殿之稱。及世祖承統，制度奢廣，犬馬餘菽粟，土木衣綈繡，追陋前規，更造正光、玉燭、紫極諸殿，雕欒綺節，珠窗網戶，嬖女幸臣，賜傾府藏，竭四海不供其欲，單民命未快其心。[14]太宗繼阼，[15]彌篤浮侈，恩不恤下，以至橫流。苺民之官，遷變歲屬，竈不得黔，席未暇煖，蒲、密之化，[16]事未易階。豈徒吏不及古，民偽於昔，蓋由爲上所擾，致治莫從。今採其風迹粗著者，以爲《良吏篇》云。

[1]高祖：宋武帝劉裕廟號。

[2]登庸：登帝位。庸，同“用”。《史記》卷二《夏本紀》：“舜登用，攝行天子之政。”

[3]太祖：宋文帝劉義隆廟號。

[4]陝方：指西北。舊陝（今河南三門峽市）以西謂陝西，亦謂之陝。東晉南朝則以長江中上游爲陝方，有時專指荆州。

[5]六戎：六軍。軍隊之總稱。

[6]司：州名。治所在今河南洛陽市。　兗：州名。治所在今山東兗州市。

[7]費由府實：費用由國家承擔。府，大司農所掌之國庫。

[8]莫：通“暮”。

[9]以六朞爲斷：以六年爲限。朞，一年。

[10]北狄：古代北方少數民族，此指鮮卑。

[11]孝建：宋孝武帝劉駿年號（454—456）。

[12]江東：長江在蕪湖以東至南京間作西南東北流向，從此以下的長江東岸稱爲江東。六朝以建康爲京師，建康居江東。

[13]孝武：指晉孝武帝。

[14]單：殫。盡，竭盡。

[15]太宗：宋明帝劉彧廟號。

[16]蒲、密之化：蒲即蒲縣，密爲密縣。春秋時，子路治蒲三年，政績卓著，孔子入其境，三稱其善。事見《孔子家語·辯政》。又東漢時，卓茂爲密縣令，數年間教化大行，道不拾遺。事見《後漢書》卷二五《卓茂傳》。後世遂稱二縣之治爲"蒲、密之化"。

　　王鎮之字伯重，琅邪臨沂人，[1]徵士弘之兄也。[2]曾祖廙，[3]晉驃騎將軍。[4]祖耆之，[5]中書郎。[6]父隨之，[7]上虞令。[8]

[1]琅邪：郡名。治所在今山東臨沂市。　臨沂：縣名。治所在今山東費縣。但王氏故居在今臨沂市。

[2]徵士：官制用語。受皇帝徵召辟用的士人。時多以有才學名望者受徵。　弘之：人名。即王弘之。本書卷九三有傳。

[3]廙：人名。即王廙。東晉大臣，王導從弟，晉元帝之表弟。《晉書》卷七六有傳。

[4]驃騎將軍：官名。重號將軍，多授重臣。二品。

[5]耆之：人名。即王耆之。《晉書》卷三七僅一見，其事不詳。

[6]中書郎：官名。中書省屬官。五品。

[7]隨之：人名。即王隨之。本書僅此一見。《晉書》卷七、八一作"王隨"。

[8]上虞：縣名。治所在今浙江上虞市百官鎮。

鎮之初爲琅邪王衛軍行參軍，[1]出補剡、上虞令，[2]並有能名。内史謝輶請爲山陰令，[3]復有殊績。遷衛軍參軍，[4]本國郎中令，[5]加寧朔將軍。[6]桓玄輔晉，[7]以爲大將軍録事參軍。[8]時三吳飢荒，[9]遣鎮之銜命賑恤，而會稽内史王愉不奉符旨，[10]鎮之依事糾奏。愉子綏，玄之外甥，當時貴盛，鎮之爲所排抑，以母老求補安成太守。[11]及玄敗，玄將苻宏寇亂郡境，[12]鎮之拒戰彌年，子弟五人，並臨陣見殺。母憂去職，在官清潔，妻子無以自給，乃棄家致喪還上虞舊墓。[13]葬畢，[14]爲子標之求安復令，[15]隨子之官。服闋，[16]爲征西道規司馬、南平太守。[17]徐道覆逼江陵，[18]加鎮之建威將軍，統檀道濟、到彦之等討道覆，[19]以不經將帥，固辭，不見聽。既而前軍失利，白衣領職，[20]尋復本官。以討道覆功，封華容縣五等男，[21]徵廷尉。[22]晋穆帝何皇后山陵，[23]領將作大匠。[24]遷御史中丞，[25]秉正不撓，百僚憚之。

[1]琅邪王衛軍：官名。即琅邪王國衛將軍。職掌侍衛。此琅邪王爲司馬道子。　行參軍：官名。將軍僚屬，職主一曹事，參謀軍事，地位略低於參軍。

[2]剡：縣名。治所在今浙江嵊州市。

[3]内史：官名。王國的行政長官，職比於郡守。五品。　謝輶：人名。陳郡謝氏中的佼佼者，與琅邪王茂之並稱“南北之望”。時任會稽内史，曾揭發過孫泰謀反事，孫泰被殺。　山陰：縣名。治所在今浙江紹興市。

[4]衛軍參軍：官名。此爲王國衛軍參軍。

[5]郎中令：官名。此爲王國郎中令，是王國三卿之一。六品。

[6]寧朔將軍：官名。名號將軍之一。四品。

［7］桓玄：人名。東晋大臣，桓温之子。曾篡晋稱帝，後爲北府兵所敗。《晋書》卷九九有傳。

［8］大將軍録事參軍：官名。爲大將軍府録事曹長官，總録衆曹文簿，處列曹參軍之上。

［9］三吳：區域名。指吳、吳興、會稽三郡。

［10］會稽：郡國名。治所在今浙江紹興市。　王愉：人名。字茂和，太原晋陽（今山西太原市）人。《晋書》卷七五有附傳。

［11］安成：郡名。治所在今江西安福縣東南。

［12］苻宏：人名。氐族，苻堅長子。苻堅敗，投晋，爲桓玄部將。桓玄敗，歸劉裕，義熙中以謀反罪被殺。

［13］舊墓：各本並作“舊基”。中華本據《南史》、《元龜》卷六七九改。

［14］葬畢：各本並脱“葬”字。中華本據《南史》補。

［15］標之：人名。即王標之。本書僅此一見，其事不詳。　安復：縣名。治所在今江西安福縣西。

［16］服闋：喪服結束。

［17］征西道規司馬：即征西將軍劉道規司馬。道規，人名。即劉道規，字道則，宋武帝劉裕之少弟。本書卷五一有傳。　南平：郡名。治所在今湖北公安縣。

［18］徐道覆：人名。東晋時孫恩、盧循反晋軍的將領，盧循之姐夫。建議盧循攻京師，曾自率一支軍隊攻江陵，後敗於劉裕。事見《晋書》卷一〇〇《盧循傳》。

［19］檀道濟：人名。宋初將領，頗有戰功，後爲宋文帝猜忌所殺。本書卷四三有傳。　到彦之：人名。宋時將領，曾任右將軍，數次北伐，多有戰功。本書卷四六有其傳目，文佚。《南史》卷二五有傳。

［20］白衣領職：官制用語。對有過失官員的一種處分。類似今留職察看，處分期内改過，有政績，可復職俸，重服官服。白衣，庶民之服。

[21]華容：縣名。治所在今湖北監利縣北。　五等男：男爵名。五等爵之男爵。

[22]廷尉：官名。九卿之一，職主刑罰。秩中二千石，三品。時制定刑獄政令仰承尚書省，又置"建康三官"分掌刑獄，廷尉職權已輕。

[23]晋穆帝何皇后：名法倪，晋大臣何準之女。死於元興三年（404），享年六十六。《晋書》卷三二有傳。

[24]將作大匠：官名。不常置，有重要土木工程則設，事畢即撤。多以他官兼領，品秩如九卿。

[25]御史中丞：官名。御史臺之長，職主監察百官。四品。

　　出爲使持節、都督交廣二州諸軍事、建威將軍、平越中郎將、廣州刺史。[1]高祖謂人曰："王鎮之少著清績，必將繼美吳隱之。[2]嶺南之弊，[3]非此不康也。"在鎮不受俸祿，蕭然無所營，去官之日，不異始至。高祖初建相國府，[4]以爲諮議參軍，[5]領錄事。[6]善於吏職，嚴而不殘。遷宋臺祠部尚書。[7]高祖踐阼，鎮之以脚患自陳，出爲輔國將軍、琅邪太守，[8]遷宣訓衛尉，[9]領本州大中正。[10]永初三年，[11]卒官，時年六十六。弟弘之，在《隱逸傳》。

　　[1]使持節：官名。皇帝授予重臣的一種憑信，多授總統一方軍政大權的將帥。使持節可代表皇帝專制一方，誅殺二千石以下的官員。　都督諸軍事：官名。總統所督區域的軍政，爲地方權力最大的官員。　建威將軍：官名。將軍名號，五威將軍之一。　平越中郎將：官名。特殊之名號將軍，主管南越事務，專授交、廣二州刺史。　廣州：治所在今廣東廣州市。

[2]吴隱之：人名。東晋良吏，晋安帝時爲廣州刺史，以清廉著稱於世。《晋書》卷九〇有傳。

[3]嶺南：地區名。舊指五嶺以南，約爲當今兩廣、越南北部地區。

[4]高祖初建相國府：義熙十二年（416），劉裕受晋相國之位。高祖，宋武帝劉裕廟號。

[5]諮議參軍：官名。此指相國府諮議參軍，職主參謀。

[6]録事：軍府屬曹之一，此爲相國府録事，職主閤下衆事。

[7]遷宋臺祠部尚書：東晋義熙十二年，劉裕受晋封宋國公，宋國置官一如朝廷。宋臺即宋國尚書臺，祠部爲尚書屬曹之一。祠部尚書爲祠部曹長官，職主祭祀等事。

[8]輔國將軍：官名。名號將軍。三品。

[9]宣訓衛尉：官名。職主太后宮禁衛，秩比衛尉，爲太后三卿之一。宋武帝母後宮曰宣訓。

[10]本州大中正：職主一州人才品等之評判，多由當地有名望的在朝廷任職的官員兼任。本州，籍貫所在之州。

[11]永初：宋武帝劉裕年號（420—422）。

杜慧度，交阯朱䵅人也。[1]本屬京兆。[2]曾祖元，爲寧浦太守，[3]遂居交阯。父瑗字道言，[4]仕州府爲日南、九德、交阯太守。[5]初，九真太守李遜父子勇壯有權力，[6]威制交土，聞刺史滕遯之當至，[7]分遣二子斷遏水陸津要，瑗收衆斬遜，州境獲寧。除龍驤將軍。[8]遯之在州十餘年，與林邑累相攻伐。[9]遯之將北還，林邑王范胡達攻破日南、九德、九真三郡，[10]遂圍州城。時遯之去已遠，瑗與第三子玄之悉力固守，多設權策，累戰，大破之。追討於九真、日南，連捷，故胡達走還林邑。乃以瑗爲龍驤將軍、交州刺史。義旗進號冠軍將軍。[11]盧循竊據廣州，遣使通好，瑗斬之。義熙六年，[12]年八十四，卒，追贈右將軍，[13]本官如故。

[1]交阯：郡名。治所在龍編縣（今越南北寧省仙遊縣東）。朱載：縣名。治所在今越南河內。

[2]京兆：郡名。治所在今陝西西安市。

[3]寧浦：郡名。治所在今廣西橫縣西南。

[4]瑗：人名。即杜瑗。《晋書》不見記載。

[5]日南：郡名。治所在今越南廣平省。　九德：郡名。治所在今越南義安省榮市。

[6]九真：郡名。治所在今越南清化省。　李遜：人名。僅見本卷，其事不詳。

[7]滕遯之：人名。本書僅此一見。滕，諸本並作“騰”。中華本據《南史》改。

[8]龍驤將軍：官名。名號將軍之一。三品。

[9]林邑：國名。在今越南南部。

[10]范胡達：人名。林邑國之王，因進犯九真等，被杜慧度斬殺。

[11]義旗：當作“義旗建”，指東晋末劉裕建立義旗，起兵反桓玄之舉。　冠軍將軍：官名。三品。

[12]義熙：晋安帝司馬德宗年號（405—418）。

[13]右將軍：官名。前、後、左、右四將軍之一，軍府名號，用作加官。三品。

　　慧度，瑗第五子也。初爲州主簿，[1]流民督護，[2]遷九真太守。瑗卒，府州綱佐以交土接寇，[3]不宜曠職，共推慧度行州府事，[4]辭不就。七年，除使持節、督交州諸軍事、廣武將軍、交州刺史。[5]詔書未至，其年春，盧循襲破合浦，[6]徑向交州。慧度乃率文武六千人距循於石碕，[7]交戰，禽循長史孫建之。[8]循雖敗，餘黨猶有三千人，皆習練兵事。李遜子李弈、李脫等奔竄石碕，[9]盤結俚、獠，[10]各有部曲。循知弈等與杜氏有怨，遣使招之，弈等引諸俚帥眾五六千人，受循節度。六月庚子，[11]循晨造南津，[12]命三軍入城乃食。慧度悉出宗族私財，以充勸賞。弟交阯太守慧期、九真太守章民並督率水步軍，[13]慧度自登高艦，合戰，放火箭雉尾炬，步軍夾兩岸射之，循眾艦俱然，[14]一時散潰，循中箭赴水死。斬循及父嘏，[15]并循二子，親屬録事參軍阮靜、中兵參軍羅農夫、李脫等，[16]傳首京邑。封慧度龍編縣侯，[17]食邑千户。

[1]州主簿：州吏。職掌簿書，爲州主吏之一。

[2]流民督護：官名。管理流民的州吏。

[3]府州綱佐：冠軍將軍府與交州的要吏。府，將軍府，此時指冠軍將軍府。州，交州。

[4]行州府事：代理統率將軍府及州的軍政事務。

[5]廣武將軍：官名。名號將軍，五武將軍之一。四品。

[6]合浦：郡名。在今廣西合浦縣東北。

[7]石碕：地名。今地不詳，約在越南、廣西交界一帶。

[8]孫建之：人名。盧循長史，負責留守廣州。孫季高攻陷廣州，建之退守始興。始興被沈田攻占，又退向交州，於石碕被俘。

[9]李遜子李弈、李脫等："李遜子"諸本作"李子遜"。《南史》作"李遜子孫李弈、李移、李銳等"。張森楷《校勘記》云："案下云循知弈等與杜氏有怨，則當是上杜瑗所誅李遜子也。"李

弈、李脱，皆人名。本書均一見，事皆不詳。

[10]俚、獠：古代少數民族。黎族的祖先。

[11]六月庚子：丁福林《校議》云："《晉書·安帝紀》、《建康實録》卷一〇則記盧循爲杜慧度所斬在義熙七年夏四月，《通鑑》卷一二六記在其年四月庚子。此'六月'，或爲'四月'之訛。"

[12]南津：地名。《通鑑》作"龍編南津"，在今越南北寧省仙遊縣東。

[13]慧期：人名。即杜慧期。曾任九真太守，打退過林邑王范胡達的入侵，餘事不詳。　章民：人名。即杜章民。本書兩見，在九真太守任内被盧循餘黨劉敬道所殺。

[14]然：同"燃"。

[15]睱：人名。即盧睱。本書僅此一見，身世不明。《南史》雖三見，所記與此相同。

[16]録事參軍：盧循仿晉制設置的官員，職掌文書。　阮静：人名。本書僅此一見，其事不詳。　中兵參軍：官名。亦爲盧循仿晉制而設，職備參謀咨詢。　羅農夫：人名。本書僅此一見，其事不詳。

[17]龍編縣侯：侯爵名。三品。侯國在今越南北寧省仙遊縣東。

　　高祖踐阼，進號輔國將軍。其年，率文武萬人南討林邑，所殺過半，前後被抄略，悉得還本。林邑乞降，輸生口、大象、金銀、古貝等，[1]乃釋之。遣長史江悠奉表獻捷。[2]

[1]生口：健壯的奴隸。

[2]長史：將軍的屬吏。掌將軍府衆吏之事，爲屬吏之長。

江悠：人名。本書僅此一見。《南史》作“江攸”。

慧度布衣蔬食，儉約質素，能彈琴，頗好《莊》《老》。禁斷淫祀，崇脩學校，歲荒民饑，則以私禄賑給。爲政纖密，有如治家，由是威惠沾洽，姦盗不起，乃至城門不夜閉，道不拾遺。少帝景平元年，[1] 卒，時年五十，追贈左將軍。[2]

[1]少帝：即劉義符。宋武帝劉裕之子，在位二年。本書卷四有紀。 景平：宋少帝劉義符年號（423—424）。

[2]左將軍：官名。軍府名號，用作加官，與前、後、右將軍合稱四將軍。三品。

以慧度長子員外散騎侍郎弘文爲振威將軍、刺史。[1] 初，高祖北征關、洛，[2] 慧度板弘文爲鷹揚將軍，[3] 流民督護，配兵三千，北係大軍。行至廣州，關、洛已平，乃歸。統府板弘文行九真太守。及繼父爲刺史，亦以寬和得衆，襲爵龍編侯。太祖元嘉四年，以廷尉王徽爲交州刺史，弘文就徵。會得重疾，牽以就路，親舊見其患篤，勸表待病瘳。弘文曰：“吾世荷皇恩，杖節三世，常欲投軀帝庭，以報所荷。況親被徵命，而可宴然者乎？如其顛沛，此乃命也。”弘文母既年老，見弘文輿疾就路，不忍分別，相與俱行。到廣州，遂卒。臨死，遣弟弘猷詣京，朝廷甚哀之。

[1]員外散騎侍郎：官名。散騎省屬官，職騎從皇帝，參預議

政。多爲貴族子弟起家官，由此官出身者，多能較快進入貴要官僚層。六品。　振威將軍：官名。五威將軍之一。四品。《南史》作"振遠將軍"。

[2]關洛：指今中原及陝西一帶。關，關中。洛，河洛。

[3]鷹揚將軍：官名。屬品位較低的將軍。五品。

徐豁字萬同，東莞姑幕人也，[1]中散大夫廣兄子。[2]父邈，晋太子左衛率。[3]

[1]東莞：郡名。治所在今山東莒縣，東晋僑置於晋陵（今江蘇常州市）。　姑幕：縣名。治所在今山東諸城市，東晋僑置於今江蘇常州市。

[2]中散大夫：官名。可顧問應對但又無具體職任的一種散官，多用以養老疾病官吏。秩六百石。七品。

[3]太子左衛率：官名。《晋書》卷九一《徐邈傳》、《南史》卷三三《徐廣傳》均作"前衛率"。按：太子前、後、左、右衛率，西晋置，各領一軍宿衛東宮。前衛率宋已廢，應從《晋書》《南史》。

豁晋安帝隆安末，[1]爲太學博士。[2]桓玄輔攻，爲中外都督，[3]豁議：[4]"致敬唯内外武官，太宰、司徒，[5]並非軍職，則琅邪王不應加敬。"[6]玄諷中丞免豁官。[7]玄敗，以爲秘書郎，[8]尚書倉部郎，[9]右軍何無忌功曹，[10]仍爲鎮南參軍，[11]又祠部，[12]永世令，[13]建武司馬，[14]中軍參軍，[15]尚書左丞。[16]永初初，爲徐羨之鎮軍司馬，[17]尚書左丞，山陰令。[18]歷二丞三邑，[19]精練明理，爲一世所推。

[1]晋安帝：即司馬德宗。《晋書》卷一〇有紀。　隆安：晋安帝司馬德宗年號（397—401）。

[2]太學博士：官名。掌教授太學生，参謀禮儀，備咨詢。秩六百石。六品。

[3]中外都督：官名。是非常時期一種權力極大的官位，大多爲權臣篡位前控制朝政的安排。

[4]谿：各本並作“諮”。殿本《考證》云：“諮當作谿，以字形相近而訛。”中華本據改。

[5]太宰：官名。號稱上公，但不録尚書事，即没有實權，僅備顧問，爲榮譽性官稱。一品。　司徒：官名。三公之一，類於太宰。一品。

[6]琅邪王：王爵名。王國在今江蘇句容市。晋恭帝司馬德文即帝位前的封爵，時任太宰。

[7]中丞：官名。即御史中丞。監察百官，爲御史臺之長。四品。

[8]秘書郎：官名。秘書監屬官，掌整理典籍。秩四百石。六品。

[9]尚書倉部郎：官名。隸尚書度支曹，掌太倉。六品。

[10]右軍：官名。右軍將軍之省稱。宿衛宫廷的將領之一，亦爲贈官加號，授予出鎮之將軍。四品。　何無忌：人名。東晋末將領，死於與盧循將領徐道覆作戰之役。《晋書》卷八五有傳。　功曹：即右軍功曹。右軍將軍府之屬吏，主管府吏選用及考功事。

[11]鎮南參軍：官名。鎮南將軍府的屬吏，掌一曹事。七品。

[12]祠部：官署名。尚書屬下郎曹之一，掌祀祠事。孫彪《考論》云：“祠部下當有郎字。”

[13]永世令：永世縣令。永世，縣名。治所在今江蘇溧陽市。

[14]建武司馬：官名。即建武將軍府司馬。建武將軍的屬吏，掌軍事。

[15]中軍參軍：官名。中軍將軍的屬吏，掌一曹事。七品。中

軍將軍爲重號將軍。三品。

[16]尚書左丞：官名。尚書省官員，尚書令的佐吏，掌尚書省内官員的考銓、監察等事。六品。

[17]徐羨之：人名。本書卷四三有傳。　鎮軍司馬：官名。鎮軍將軍的屬吏，掌軍事。

[18]山陰：縣名。治所在今浙江紹興市。

[19]歷二丞三邑：指其二任尚書左丞，三任縣職。邑，此謂縣。丁福林《校議》云："上文僅載其爲永世令，又爲山陰令，祗二邑，非三邑。不知上文所載有佚，抑或'三邑'爲'二邑'之誤，則疑不能明。"

　　元嘉初，[1]爲始興太守。[2]三年，遣大使巡行四方，并使郡縣各言損益，豁因此表陳三事。其一曰："郡大田，[3]武吏年滿十六，[4]便課米六十斛，十五以下至十三，皆課米三十斛，一户内隨丁多少，悉皆輸米。且十三歲兒，未堪田作，或是單迥，[5]無相兼通，年及應輸，便自逃逸，既邇接蠻、俚，去就益易。或乃斷截支體，産子不養，户口歲減，實此之由。謂宜更量課限，使得存立。今若減其米課，雖有交損，考之將來，理有深益。"其二曰："郡領銀民三百餘户，鑿坑採砂，皆二三丈，功役既苦，不顧崩壓，一歲之中，每有死者。官司檢切，猶致逋違，[6]老少相隨，永絕農業，千有餘口，皆資他食，豈唯一夫不耕，或受其饑而已。所以歲有不稔，便致甚困。尋臺邸用米，[7]不異於銀，謂宜准銀課米，即事爲便。"其三曰："中宿縣俚民課銀，[8]一子丁輸南稱半兩。[9]尋此縣自不出銀，又俚民皆巢居鳥語，不閑貨易之宜，每至買銀，爲損已甚。又稱兩受入，易

生姦巧，山俚愚怯，不辨自申，官所課甚輕，民以所輸
爲劇。今若聽計丁課米，公私兼利。”

[1]元嘉：宋文帝劉義隆年號（424—453）。

[2]始興：郡名。治所在今廣東韶關市東南蓮花嶺下。

[3]郡大田：郡所置公田之稱。《吕氏春秋·審分覽·勿躬》：
“墾田大邑……請置以爲大田。”又《秦律·田律》：“禀大田而毋
恒籍者，以其致到日禀之。”1960年，廣東省文管會、華南師院歷
史系聯合發掘英德兩座南齊磚室墓。陳長琦考證其中一方紀年磚應
爲始興郡大田所造。（《戰國秦漢六朝史研究》，廣東人民出版社
1997版。）

[4]武吏：郡公田作戶。

[5]單迴：單獨。迴，《一切經音義》卷三六：“迴，獨也。”

[6]逋違：違法逃亡。逋，亡命，逃亡。

[7]臺邸：官邸，官府。

[8]中宿：縣名。治所在今廣東清遠市清城區西北。

[9]一子丁：一男丁。子，男子之通稱，因後半句有“南稱”，
故作“子丁”。 南稱：嶺南流行的計量名稱。

在郡著績，太祖嘉之，下詔曰：“始興太守豁，潔
己退食，恪居在官，政事脩理，惠澤沾被。近嶺南荒
弊，郡境尤甚，拯恤有方，濟厥饑饉，雖古之良守，蔑
以尚焉。宜蒙褒賁，以旌清績，可賜絹二百匹，穀千
斛。”五年，以爲持節、督廣交二州諸軍事、寧遠將軍、
平越中郎將、廣州刺史。[1]未拜，卒，時年五十一。太
祖又下詔曰：“豁廉清勤恪，著稱所司，故擢授南服，[2]
申其才志。不幸喪殞，朕甚悼之。可賜錢十萬，布百

匹，以營葬事。"

[1]寧遠將軍：官名。統領邊遠地區的將軍。五品。

[2]南服：南土。古代王畿以外分五服，南方稱爲南服。

陸徽字休猷，吳郡吳人也。[1]郡辟命主簿，[2]仍除衛軍、車騎二府參軍，[3]揚州主簿，[4]王弘衛將軍主簿，[5]除尚書都官郎，[6]出補建康令。[7]清平無私，爲太祖所善，遷司徒左西掾。[8]

[1]吳郡：治所在今江蘇蘇州市。　吳：縣名。治所在今江蘇蘇州市。

[2]辟命：任命。　主簿：官名。即郡主簿。郡守的主要屬吏，掌簿籍文書。

[3]衛軍、車騎二府參軍：官名。即衛將軍、車騎將軍二府的參軍。參軍，軍府的僚佐，主一曹事，參謀軍事。

[4]揚州主簿：官名。揚州刺史的主要屬吏。

[5]王弘：人名。字休元，琅邪臨沂人。本書卷四二有傳。

[6]尚書都官郎：官名。尚書都官郎曹之長，掌京師官員的監察。六品。

[7]建康：縣名。治所在今江蘇南京市。

[8]司徒左西掾：官名。司徒的屬吏，掌司徒左西曹。六品。

元嘉十四年，爲始興太守。明年，仍除使持節、交廣二州諸軍事、綏遠將軍、平越中郎將、廣州刺史。[1]清名亞王鎮之，爲士民所愛詠。上表薦士曰："臣聞陵雪褒穎，貞柯必振；[2]尊風賞流，清原斯挹。[3]是以衣囊揮譽於西京，折轅延高於東帝。[4]伏見廣州別駕從事史朱萬嗣，[5]年五十三，字少豫，理業沖夷，秉操純白，行稱私庭，能著官政。雖氏非世禄，[6]宦無通資，[7]而隨牒南服，位極僚首，九綜州綱，[8]三端府職，[9]頻掌蕃機，屢績符守。年暨知命，廉尚愈高，冰心與貪流争激，[10]霜情與晚節彌茂。[11]歷宰金山，[12]家無寶鏤之飾；連組珠海，[13]室靡瑯珥之珍。確然守志，不求聞達，實足以澄革汙吏，洗鏡貪氓。臣謬忝司牧，任專萬里，雖情祗慎擢，才闕豪露，敢罄愚陋，舉其所知。如得提名禮闈，抗迹朝省，摶嶺表之清風，負冰宇之潔望，則恩融一臣，而施光萬物。敢緣天澤雲行，時德雨施，每甄外州，榮加遠國。是以獻其瞽言，希垂聽覽"。

[1]交廣二州諸軍事：丁福林《校議》云："考《南史·陸杲傳附陸徽傳》云陸徽時'除平越中郎將、廣州刺史，加督'，則其是時乃以督諸軍而刺廣州也。"故"交廣"前佚"督"字。

[2]陵雪褒穎，貞柯必振：意爲寒雪壓頂、堅挺耐寒的枝柯，必定更加茂盛。

[3]尊風賞流，清原斯挹：暖風徐吹，清澈的泉水就容易吸取。清原，即清源。清澈的源水。

[4]是以衣囊揮譽於西京，折轅延高於東帝：此句《建康實錄》作"是以袁盎揮譽於西京，韓延播德於東夏"。應以《建康實錄》爲是。袁盎，漢文帝時任郎中，先建議文帝抑制丞相周勃和淮南王劉長的驕橫；當文帝重懲周勃、劉長時，又出面替周勃、劉長辯護，由此名震朝廷。事見《漢書》卷四九《爰盎傳》。西京，代指西漢。韓延即韓延壽。延壽任東郡太守時，以禮義教化治民，"在東郡三歲，令行禁止，斷獄大減，爲天下最"。事見《漢書》

卷七六《韓延壽傳》。東夏實指東郡（治今河南濮陽市）。

[5]廣州別駕從事史：官名。廣州刺史的屬吏，職從刺史巡察所屬郡縣。　朱萬嗣：人名。其事見本卷。

[6]世禄：世代有秩禄之家，即歷代爲官。

[7]通資：通達皇帝的資歷。

[8]九綜州綱：九次綜領州的綱紀。九，指多次，非實數。

[9]三端府職：三次擔任軍府長吏。

[10]冰心：純净高潔的心。

[11]霜情：高雅的情操。

[12]金山：指最富庶的地區。

[13]珠海：珠寶如海一樣多。

　　二十一年，徵以爲南平王鑠冠軍司馬、長沙内史，[1]行湘州府事。[2]母憂去職。張尋、趙廣爲亂於益州，[3]兵寇之餘，政荒民擾。二十三年，乃追徵爲持節、督益寧二州諸軍事、寧朔將軍、益州刺史，[4]隱恤有方，威惠兼著，寇盜静息，民物殷阜，蜀土安説，至今稱之。二十九年，卒，時年六十二。身亡之日，家無餘財，太祖甚痛惜之。詔曰："徽厲志廉潔，歷任恪勤，奉公盡誠，克己無倦。襃榮未申，不幸夙殞，言念在懷，以爲傷恨。可贈輔國將軍，本官如故。"賜錢十萬，米二百斛。謚曰簡子。

[1]鑠：人名。即劉鑠。字休玄，文帝第四子。時任冠軍將軍。本書卷七二有傳。　冠軍司馬：官名。冠軍將軍的屬吏，掌軍事。
長沙内史：官名。即長沙國長吏。時制，王國設内史掌政事，職比郡太守。長沙，王國名。治所在今湖南長沙市。

[2]行湘州府事：代理湘州及軍府政事。

[3]張尋、趙廣：四川反宋軍的兩位領袖。事見本書卷四五《劉粹傳》。

[4]益州：治所在今四川成都市。

　　子叡，正員外郎。[1]弟展，臧質車騎長史、尋陽太守。[2]質敗，從誅。

[1]正員外郎：疑有衍誤。時有正員郎和員外郎之官，而無正員外郎。正員郎即編制內的散騎侍郎，員外郎爲編制外的散騎侍郎。時制，散騎侍郎，員額四人，西晉始設員外散騎侍郎，不限員額，故稱員外。

[2]臧質：人名。時任車騎將軍。本書卷七四有傳。　車騎長史：官名。車騎將軍府的屬吏之長。　尋陽：郡名。治所在今江西九江市。

　　阮長之字茂景，[1]陳留尉氏人也。[2]祖思曠，金紫光禄大夫。[3]父普，驃騎諮議參軍。[4]

[1]茂景：丁福林《校議》云：“《南史·良吏傳》《世説人名譜·陳留尉氏阮氏譜》皆作‘景茂’。張忱石點校本《建康實録》卷一四據徐抄本作‘景茂’，是也。”

[2]陳留：郡名。治所在今河南開封市祥符區陳留鎮。　尉氏：縣名。治所在今河南尉氏縣。

[3]思曠：人名。即阮思曠。名裕。《晋書》卷四九有附傳。　金紫光禄大夫：官名。多作爲重臣的加官或勳臣的贈官，禄賜與特進同，無職任。二品。

[4]普：人名。即阮普。《晋書》、本書均一見，其事不詳。

驃騎諮議參軍：官名。驃騎將軍的屬吏，掌參謀軍事。

　　長之年十五喪父，有孝性，哀感傍人。服除，蔬食者猶積載。閑居篤學，未嘗有惰容。初爲諸府參軍，[1]除員外散騎侍郎。母老，求補襄垣令，[2]督郵無禮，[3]鞭之，去職。尋補盧陵王義真車騎行正參軍，[4]平越長史，[5]東莞太守。[6]入爲尚書殿中郎，[7]出爲武昌太守。[8]時王弘爲江州，[9]雅相知重，引爲車騎從事中郎。[10]入爲太子中舍人，[11]中書侍郎，[12]以母老固辭朝直，補彭城王義康平北諮議參軍。[13]元嘉九年，遷臨川内史，[14]以南土卑濕，母年老，非所宜，辭不就。十一年，復除臨海太守。[15]至郡少時而母亡，葬畢，不勝憂，十四年，卒，時年五十九。

　　[1]諸府參軍：官名。諸將軍府參軍。

　　[2]襄垣：縣名。治所在今安徽蕪湖市。

　　[3]督郵：官名。郡守的屬吏，掌監察屬縣事。

　　[4]盧陵王：王爵名。王國在今江西吉水縣東北。　　義真：人名。即劉義真。宋武帝次子。本書卷六一有傳。　　車騎行正參軍：官名。車騎將軍的屬吏，不著曹，品秩低於參軍，亦參謀軍事。

　　[5]平越長史：官名。平越中郎將的屬吏之長。秩千石。

　　[6]東莞：僑郡名。治所在今江蘇常州市。一説在今江蘇揚州、高郵、姜堰等市一帶。

　　[7]尚書殿中郎：官名。尚書殿中曹屬吏，典宮殿禁衛。六品。

　　[8]武昌：郡名。治所在今湖北鄂州市鄂城區。

　　[9]江州：初治所在今湖北黃梅縣，宋昇明元年（477）徙治今江西九江市。

［10］車騎從事中郎：官名。車騎將軍的屬吏，職任略同參軍。六品。

［11］太子中舍人：官名。太子屬吏，掌東宮文翰，侍從規諫，如黃門侍郎。六品。

［12］中書侍郎：官名。中書省屬官，掌起草詔書文翰，參預機要。五品。

［13］彭城王：王爵名。王國在今江蘇徐州市。 義康：人名。即劉義康。宋武帝第四子。本書卷六八有傳。 平北諮議參軍：官名。平北將軍府屬官，職掌不定，位在列曹參軍上。

［14］臨川：國名。治所在今江西撫州市臨川區。

［15］臨海：郡名。治所在今浙江臨海市。

時郡縣田禄，[1]以芒種爲斷，[2]此前去官者，則一年秩禄皆入後人；[3]此後去官者，則一年秩禄皆入前人。[4]始以元嘉末改此科，計月分禄。長之去武昌郡，代人未至，以芒種前一日解印綬。[5]初發京師，親故或以器物贈別，得便緘録，後歸，悉以還之。在中書省直，[6]夜往鄰省，誤著履出閤，依事自列門下，門下以闇夜人不知，不受列，長之固遣送之，曰：“一生不侮闇室。”前後所莅官，皆有風政，爲後人所思，宋世言善治者，咸稱之。

［1］田禄：以公田的收入作爲官吏的俸禄。是在正常官俸以外的收入。

［2］以：諸本並無“以”字，中華本據《南史》、《建康實録》、《元龜》卷六七九等補。

［3］後人：諸本並作“前人”。中華本以《南史》《建康實録》

改。按：依下文之意，當作"後人"。

　　[4]前人：諸本並作"後人"。中華本據《南史》《建康實錄》改。按：改"前人"爲是。

　　[5]前一日：諸本作"後一日"。中華本據《南史》《建康實錄》改。依文意當作"前一日"，以見其仁厚。（見牛震運《讀史糾謬》，齊魯書社1989年版。）

　　[6]在中書省直：處理省務。直，值守。

　　子師門，原鄉令。[1]

　　[1]原鄉：縣名。治所在今浙江安吉縣安城鎮東。

　　江秉之字玄叔，濟陽考城人也。[1]祖逌，晉太常。[2]父纂，給事中。[3]

　　[1]濟陽：郡名。治所在今河南蘭考縣。　考城：縣名。治所在今河南民權縣。

　　[2]逌：人名。即江逌。字道載，陳留圉（今河南杞縣圉鎮）人。《晉書》卷八三有傳。

　　[3]纂：人名。即江纂。本書僅此一見，不見於《晉書》，其事不詳。　給事中：官名。門下省屬官，職侍從皇帝，諫議得失，也多作爲加官，授予近臣，時爲清要之官。五品。

　　秉之少孤，弟妹七人，並皆幼稚，撫育姻娶，罄其心力。初爲劉穆之丹陽前軍府參軍。[1]高祖督徐州，[2]轉主簿，仍爲世子中軍參軍。[3]宋受禪，隨例爲員外散騎侍郎，補太子詹事丞。[4]少帝即位，入爲尚書都官郎，出爲永世、烏程令，[5] 以善政著名東土。徵建康令，爲治嚴察，京邑肅然。殷景仁爲領軍，[6] 請爲司馬。復出爲山陰令，民户三萬，政事煩擾，訟訴殷積，階庭常數百人。秉之御繁以簡，常得無事。宋世唯顧覬之亦以省務著績，[7] 其餘雖復刑政脩理，[8] 而未能簡事。以在縣有能，遷補新安太守。[9] 元嘉十二年，轉在臨海，並以簡約見稱。所得禄秩，悉散之親故，妻子常飢寒。人有勸其營田者，秉之正色曰：“食禄之家，豈可與農人競利。”在郡作書案一枚，及去官，留以付庫。十七年，卒，時年六十。

[1]劉穆之：人名。晋、宋間大臣，宋武帝劉裕的得力助手。時任丹陽尹、前軍將軍。本書卷四二有傳。

[2]督徐州：丁福林《校議》據本書卷二《武帝紀中》考證，“督徐州”乃“領徐州”之訛。徐州，州名。僑置。治所在今江蘇鎮江市。

[3]世子：王侯的嫡長子。時制王侯及五等爵者皆可以立自己的承襲者爲世子。此指劉裕的長子劉義符。義符時爲宋公世子、中軍將軍。

[4]太子詹事丞：官名。太子詹事的屬官，掌佐太子詹事處理太子宫内衆務。七品。

[5]烏程：縣名。治所在今浙江湖州市吴興區。

[6]殷景仁：人名。陳郡長平（今河南西華縣）人。本書卷六三有傳。　領軍：官名。即領軍將軍。與中領軍通職，掌領禁軍。三品。

[7]顧覬之：人名。宋時官員。本書卷八一有傳。

[8]脩：諸本作“循”。中華本據《南史》改。

[9]新安：郡名。治所在今浙江淳安縣。

子徽，尚書都官郎，吳令。元凶殺徐湛之，[1]徽以黨與見誅。子謐，昇明末爲尚書吏部郎。[2]

[1]元凶：即劉劭。字休遠，宋文帝長子。殺文帝而立，宋人謚其元凶。本書卷九九有傳。　徐湛之：人名。宋室外戚，大臣。本書卷七一有傳。

[2]昇明：宋順帝劉準年號（477—479）。　尚書吏部郎：官名。尚書省吏部曹屬下吏部郎曹之長，職掌官吏選用。五品。

元嘉初，太祖遣大使巡行四方，兼散騎常侍孔默之、王歆之等上言：[1]“宣威將軍、陳南頓二郡太守李元德，[2]清勤均平，姦盜止息。彭城内史魏恭子，[3]廉恪脩慎，在公忘私，安約守儉，久而彌固。前宋縣令成浦，[4]治政寬濟，遺詠在民。前銅陽令李熙國，[5]在事有方，民思其政。山桑令何道，[6]自少清廉，白首彌厲。應加襃賚，以勸于後。”乃進元德號寧朔將軍，恭子賜絹五十匹，穀五百斛，浦、熙國、道各賜絹三十匹，穀二百斛。

[1]散騎常侍：官名。散騎省長官，職侍從皇帝，諫議補缺，與侍中相同。三品。　孔默之：人名。宋時官員，曾任廣州刺史，以貪贓被免職下獄。

[2]宣威將軍：官名。名號將軍之一。五品。　陳：郡名。治所在今河南淮陽縣。　南頓：郡名。治所在今河南項城市。　李元德：人名。宋初曾任潁川太守，劉粹部將，多次參與對北魏作戰，

有勝有敗，以陳、南頓二郡太守任内政績最爲顯著。

[3]魏恭子：人名。本書僅此一見，其事不詳。

[4]宋縣：治所在今安徽太和縣北。　成浦：人名。本書僅此一見，其事不詳。

[5]銅陽：縣名。治所在今安徽臨泉縣西銅城鎮。　李熙國：人名。本書僅此一見，其事不詳。

[6]山桑：縣名。東晉僑置，治所在今安徽巢湖市居巢區。何道：人名。本書僅此一見，其事不詳。

王歆之字叔道，河東人也。[1]曾祖惥期，有名晉世，官至南蠻校尉。[2]祖尋之，光禄大夫。[3]父肇之，豫章公相。[4]

[1]河東：郡名。治所在今山西夏縣西北。

[2]南蠻校尉：官名。管理少數民族事務。秩二千石。四品。

[3]光禄大夫：官名。南朝時屬榮譽性職位。二品。

[4]豫章公相：官名。爲豫章公國之長，職如縣令。七品。豫章公，公爵名。公國在今江西南昌市。

歆之被遇於太祖，歷顯官左民尚書、光禄大夫，[1]卒官。

[1]左民尚書：官名。尚書省屬官，爲尚書省左民曹之長。三品。

元嘉九年，豫州刺史長沙王義欣上言：[1]“所統威遠將軍、北譙梁二郡太守關中侯申季歷，[2]自奉職邦畿，于兹五年，信惠並宣，威化兼著，外清姦暴，内輯民

黎，役賦均平，閭井齊肅，綏穆初附，招攜荒遠，效境
之外，仰澤懷風，爵賞之授，績能是顯，宜升階秩，以
崇獎勸。"進號寧朔將軍。

[1]豫州：治所在今安徽壽縣。　長沙王：王爵名。王國在今
湖南長沙市。　義欣：人名。即劉義欣。宋宗室，宋武帝劉裕之
侄。本書卷五一有傳。

[2]北譙：郡名。宋僑置，治所在今安徽壽縣。　梁：郡名。
治所在今安徽碭山縣。　關中侯：侯爵名。位在名號侯之下，爲最
低一級的侯爵。無食邑、租。　申季歷：人名。本書僅此一見，其
事不詳。

　　其後晉壽太守郭啓玄亦有清節，[1]卒官。元嘉二十
八年，詔曰："故綏遠將軍、晉壽太守郭啓玄往銜命虜
庭，秉意不屈，受任白水，[2]盡勤靡懈，公奉私餼，纖
毫弗納，布衣蔬食，飭躬惟儉，故超授顯邦，以甄廉
績。而介誠苦節，終始匪貳，身死之日，妻子凍餒，志
操殊俗，良可哀悼。可賜其家穀五百斛。"

[1]晉壽：郡名。東晉置，治所在今四川廣元市市中區。　郭
啓玄：人名。本書僅此一見，其事不詳。

[2]受任白水：指郭啓玄任白水太守時抗擊北魏入侵事。事見
《魏書》卷五一《皮豹子傳》。白水，郡名。治所在今四川青川縣
東北白水。

　　時有北地傅僧祐、潁川陳珉、高平張祐，[1]並以吏
才見知。僧祐事在《臧燾傳》。珉爲吳令，善發姦伏，

境内以爲神明。祐祖父湛，晋孝武世，以才學爲中書侍
郎、光禄勳。[2]祐歷臨安、武康、錢塘令，[3]並著能名，
宋世言長吏者，以三人爲首。

[1]北地：郡名。治所在今陝西銅川市耀州區。　傅僧祐：人
名。劉裕表侄。本書卷五五有附傳。　潁川：郡名。治所在今河南
許昌市。　陳珉：人名。本書三見，以此處所記最詳。另二處均記
其爲太學博士。　高平：郡名。晋治所在今山東巨野縣南。　張
祐：人名。本書僅此一見，其事不詳。

[2]光禄勳：官名。九卿之一。東晋之後九卿職能蜕化，光禄
勳淪爲閑職，不常置。秩中二千石。三品。

[3]臨安：縣名。治所在今浙江臨安市。　武康：縣名。治所
在今浙江德清縣。　錢塘：縣名。治所在今浙江杭州市。

　　元嘉中，高平太守潘詞，[1]有清節。子亮爲昌慮
令，[2]亦著廉名，大明中，[3]爲徐州刺史劉道隆所表。

[1]高平：郡名。宋治所在今山東鄒城市。　潘詞：人名。本
書僅此一見，其事不詳。

[2]亮：人名。即潘亮。本書僅此一見，其事不詳。　昌慮：
縣名。治所在今山東滕州市東南。

[3]大明：宋孝武帝劉駿年號（457—464）。

　　世祖世，[1]吴郡陸法真歷官有清節，嘗爲劉秀之安
北録事參軍。[2]泰山羊希與安北諮議參軍孫詵書曰：[3]
“足下同僚似有陸録事者，此生東南名地，又張玄外孫，
持身至清，雅有志節。年高官下，秉操不衰，計當日夕

相與申意。"太宗初，爲南海太守，卒官。

[1]世祖：宋孝武帝劉駿廟號。

[2]安北録事參軍：官名。即安北將軍府録事參軍。職參謀軍事。

[3]安北諮議參軍：官名。職參謀軍府事，不領曹。

太宗世，琅邪王悦，亦莅官清正見知。悦字少明，晋右將軍羲之曾孫也。[1]父靖之，官至司徒左長史。[2]靖之爲劉穆之所厚，就穆之求侍中，[3]如此非一。穆之曰："卿若不求，久自得也。"遂不果。悦泰始中，[4]爲黄門郎，御史中丞。上以其廉介，賜良田五頃。遷尚書吏部郎，侍中，在門下，盡其心力。五年，卒官，追贈太常。[5]初，悦爲侍中，檢校御府、太官、太醫諸署，[6]得姦巧甚多。及悦死，衆咸謂諸署訊詛之。上乃收典掌者十餘人，桎梏云送淮陰，[7]密令渡瓜步江，[8]投之中流。

[1]右將軍：乃"右軍將軍"之誤。右軍將軍，官名。本爲禁軍將領，亦授大臣。　羲之：人名。即王羲之。東晋書法家。《晋書》卷八〇有傳。

[2]司徒左長史：官名。司徒府主要屬吏，位在右長史之上。掌民政及九品官人法下的人才品級評判。時司徒不常置，而長史常置，掌司徒府事。五品。

[3]侍中：官名。門下省長官，職侍從皇帝，諫議得失，是重要的參謀職。三品。

[4]泰始：宋明帝劉彧年號（465—471）。

[5]太常：官名。九卿之一，掌教化、禮儀等職。三品。

[6]御府、太官、太醫諸署：時爲門下省所隸官署。御府掌製作精細手工藝品，太官掌宮廷膳食，太醫掌宮廷醫療保健。

[7]淮陰：郡名。治所在今江蘇淮安市淮陰區。

[8]渡瓜步江：由瓜步渡江。瓜步，古渡口名。在今江蘇南京市六合區。

史臣曰：夫善政之於民，猶良工之於埴也，用功寡而成器多。漢世户口殷盛，刑務簡闊，郡縣治民，無所橫擾，勸賞威刑，事多專斷，尺一詔書，[1]希經邦邑，龔、黃之化，[2]易以有成。降及晚代，情僞繁起，民減昔時，務多前世，立績垂風，艱易百倍。若以上古之化，治此世之民，今吏之良，撫前代之俗，則武城弦歌，[3]將有未暇，淮陽卧治，如或可勉。未必今才陋古，蓋化有淳薄也。

[1]尺一詔書：漢代用一尺一寸的簡所書的詔書。多用於發布政令。

[2]龔、黃之化：西漢政聲卓著的兩位郡守。龔，龔遂。黃，黃霸。事見《漢書》卷八九《循吏傳》。

[3]武城弦歌：典出《論語·陽貨》：“子之武城，聞弦歌之聲。”朱熹集注：“弦，琴瑟也。時子游爲武城宰，以禮樂爲教，故邑人皆弦歌也。”後世遂以“武城弦歌”借指禮樂教化興盛。《史記》卷六七《仲尼弟子列傳》也記載此事。